Explication de

barre

dessine

colorie

colorie
la case

lis

entoure

écris

relie
les points

écris
les chiffres

écris
le signe

opérations

relations

ensembles

problèmes

géométrie

système
métrique

calcul
numérique

raisonnement
logique

vocabulaire

orthographe

grammaire

rédaction

compréhension
à la lecture

jeux de
langage

Dans le bon ordre!

Classe les nombres de chaque ligne du plus petit au plus grand.

5 - 76 - 48 - 92 - 47 - 9 - 12

5 - 9 - 12 - 47 - 48 - 76 - 92

69 - 56 - 71 - 70 - 35 - 34 - 2

2 - 34 - 35 - 56 - 69 - 70 - 71

14 - 48 - 3 - 74 - 13 - 12 - 42 - 63 - 82 - 94 - 11

3 - 11 - 12 - 13 - 14 - 42 - 48 - 63 - 74 - 82 - 94

Classe les nombres de chaque ligne du plus grand au plus petit.

81 - 98 - 13 - 27 - 39 - 41 - 4

98 - 81 - 41 - 39 - 27 - 13 - 4

74 - 12 - 21 - 83 - 94 - 84 - 24

94 - 84 - 83 - 74 - 24 - 21 - 12

29 - 45 - 86 - 71 - 88 - 35 - 42 - 83 - 59 - 64 - 49

88 - 86 - 83 - 71 - 64 - 59 - 49 - 45 - 42 - 35 - 29

Objectif: révision de l'ordre des nombres inférieurs à 100.

De 1 à 100

Ecris les nombres qui manquent dans les nuages.

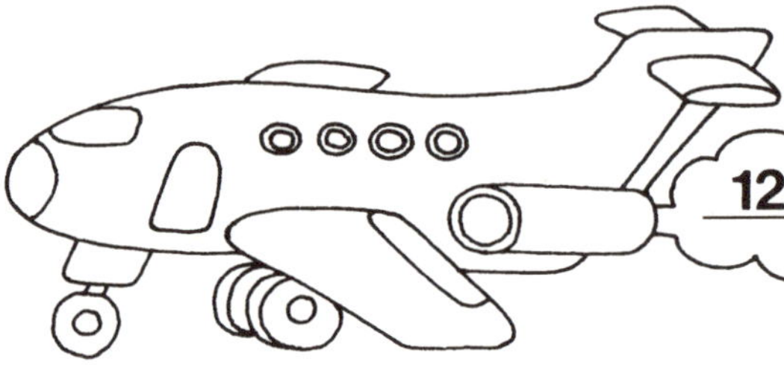

12 13 14 15 16 17

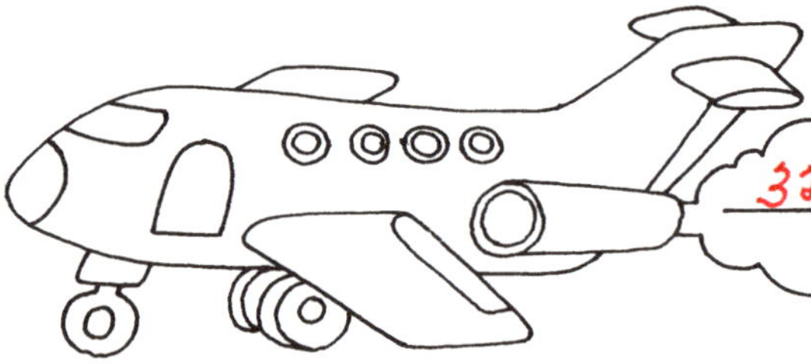

32 33 34 35 36 37

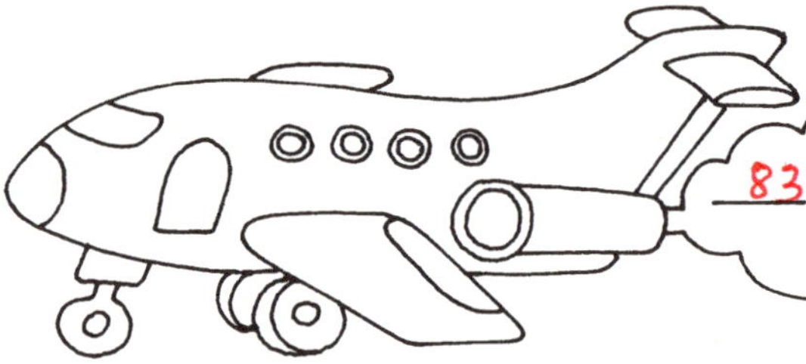

83 84 85 86 87 88

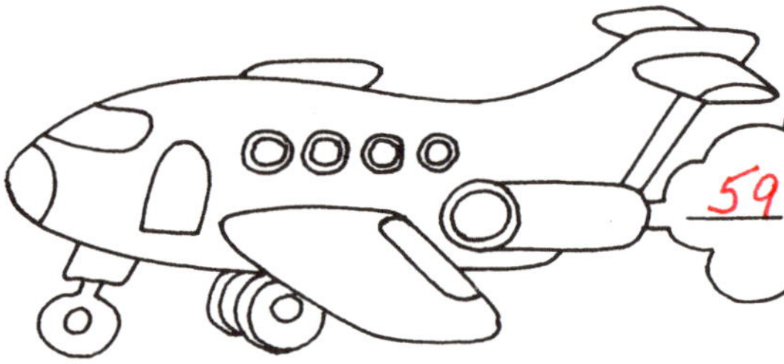

59 60 61 62 63 64

76 77 78 79 80 81

Objectif: revoir l'ordre des nombres inférieurs à 100.

Calculer

Fais tous les calculs.

49 + 17 = 66
13 + 28 = 41
22 + 49 = 71
35 + 14 = 49
10 + 80 = 90
74 + 26 = 100

68 – 59 = 9
82 – 38 = 44
28 – 27 = 1
43 – 17 = 26
54 – 35 = 19
62 – 44 = 18

27 + 14 = 41
31 + 45 = 76
69 + 19 = 88
52 + 38 = 90
33 + 61 = 94
46 + 45 = 91

39 – 39 = 0
76 – 57 = 19
42 – 25 = 17
56 – 28 = 28
83 – 65 = 18
98 – 89 = 9

3 x 5 = 15
9 x 6 = 54
2 x 7 = 14
8 x 4 = 32
7 x 9 = 63
4 x 3 = 12

54 : 9 = 6
45 : 5 = 9
10 : 2 = 5
63 : 7 = 9
48 : 8 = 6

42 : 6 = 7
72 : 8 = 9
49 : 7 = 7
35 : 5 = 7
28 : 4 = 7
81 : 9 = 9

8 x 7 = 56
8 x 5 = 40
7 x 6 = 42
9 x 9 = 81
6 x 6 = 36
3 x 8 = 24

Objectif: additionner, soustraire, multiplier et diviser les nombres inférieurs à 100.

La bonne phrase

  Fais une croix devant la phrase correcte.

La poule pond un gros œuf.
Le coq chante cocorico.
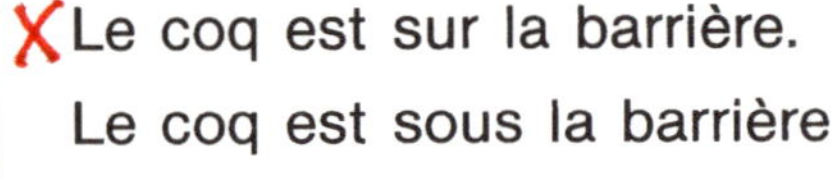
X Le coq est sur la barrière.
Le coq est sous la barrière.

X Anne ne peut plus descendre.
Anne va scier du bois.
Anne veut monter au sommet.
Marc ne peut plus descendre.

Le singe mange une cacahouète.
Le singe mange une banane bleue.
X Le singe mange une banane jaune.
Le chien mange une banane jaune.

X Elodie saute à la corde.
Elodie joue à chat perché.
Elodie a une casquette.
Jean-Marc saute à la corde.

La cuillère est à droite de l'assiette.
X La fourchette est à gauche du couteau.
Le couteau est à gauche de l'assiette.
L'assiette est à gauche de la fourchette.

Objectif: compréhension de ce qui est lu.

Les métiers

Fais tous les calculs et relie les résultats identiques pour savoir quel métier exercent ces personnes.

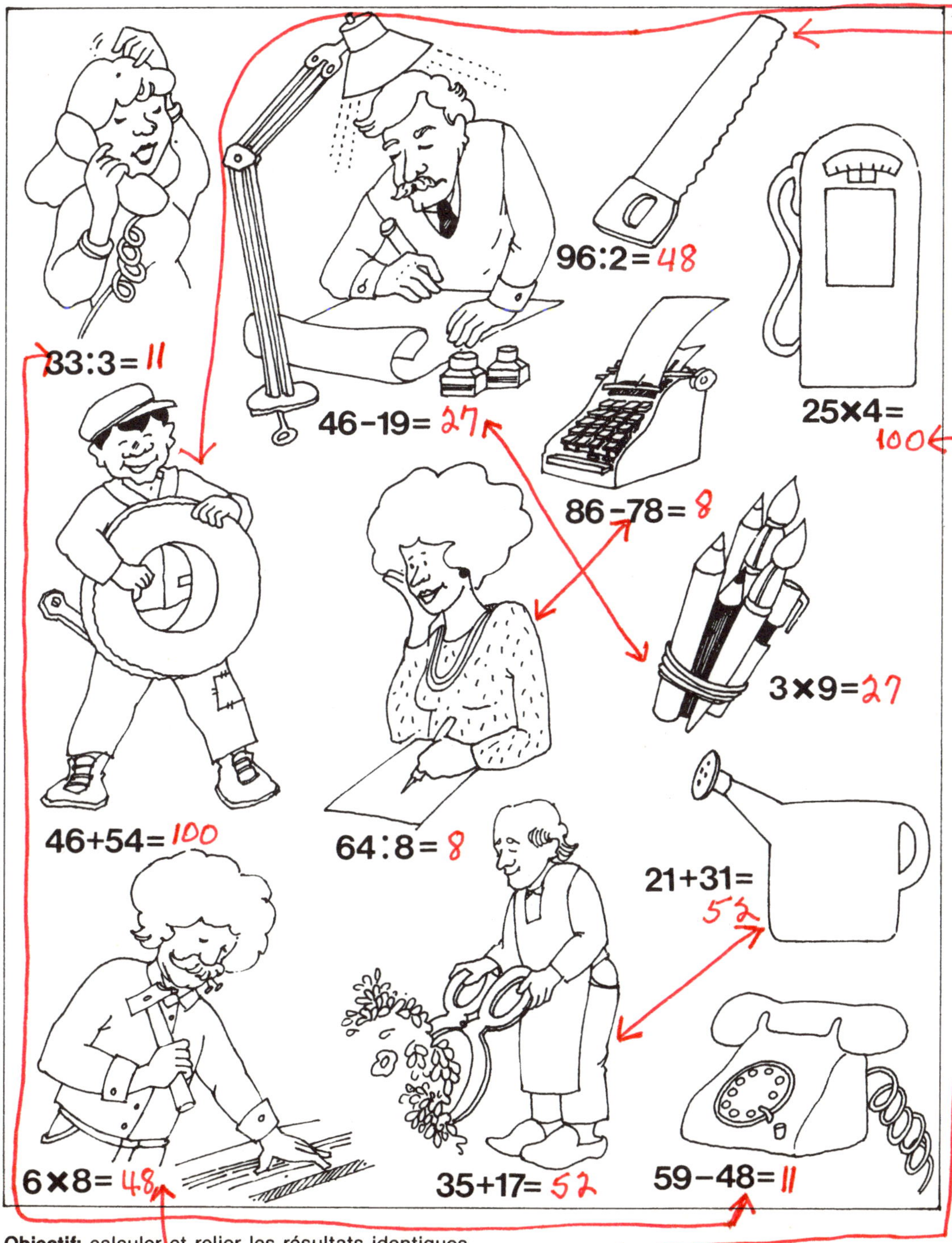

96:2= 48

33:3= 11

46−19= 27

25×4= 100

86−78= 8

3×9= 27

46+54= 100

64:8= 8

21+31= 52

6×8= 48

35+17= 52

59−48= 11

Objectif: calculer et relier les résultats identiques.

Les ballons colorés

Fais les calculs et relie les ballons aux enfants. Qui a le plus de ballons?

42+8=

48 : 2=

5+4=

18 : 2=

5×10=

3×11=

20+30=

5 × 3=

14−5=

2×12=

3×3=

4×6=

32−8=

30−6=

42−9=

33 15 9 24 50

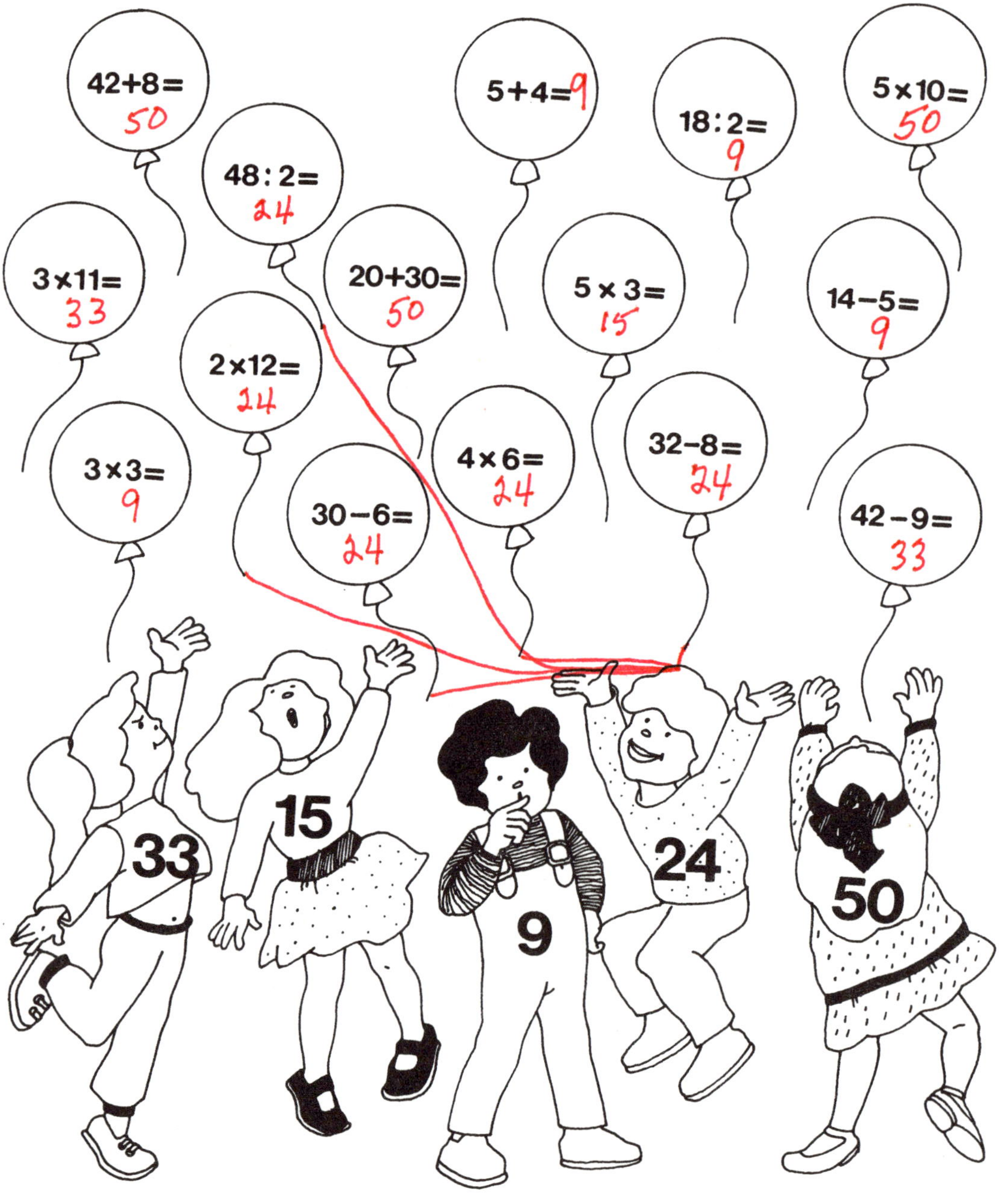

Objectif: calculer et relier les résultats obtenus aux nombres identiques.

Papa arrive en retard

Aujourd'hui, papa rentrera très tard. Ses quatre enfants lui ont écrit une lettre, mais ils ont laissé 10 fautes en tout. Entoure-les en rouge.

Chère papa,
At-tu passé une
bonne journée ?
Moi, je me suis bien
amusé. J'ai joué
avec François
dans le jardin.
a demain.
1000 bisou.
Géraldine

pappa,
Je t'ai fait un
bô dessin
Marc

Cher papa,
Comment vas-tu ?
Aujourd'hui, a
l'école, j'ai
appris à écrire
les lettres majuscule.
Bonne nuit.
François

Cher papa,
Je dois te raconter
quelque cheause
mais c'et un
secret. Je te le
dirai demain au
petit déjeuner.
Odile.

Objectif: découvrir des fautes dans un texte.

A la ferme

  Ecris les phrases dans l'ordre.

chante - le - cocorico - coq

Le coq chante cocorico

pond - poule - œuf - la - un

La poule pond un oeuf

blanche - la - fermier - noire - et - trait - vache - le

Le fermièr trait la vache noire et blanche

les - graines - poussins - petites - picorent - les

Les poussins picorent les petites graines.

roule - le - le - de - dans - blé - tracteur - champ

Le tracteur roule dans le champ de blé

verte - le - cheval - mange - brun - de - l' - herbe

Le cheval brun mange de l'herbe verte

garde - le - la - chien - grande - ferme - petit

Le petit chien garde la ferme grande

Objectif: reconnaître des parties de phrases.

Quel vent!

Des morceaux de calcul se sont envolés. Peux-tu les remettre à la bonne place?

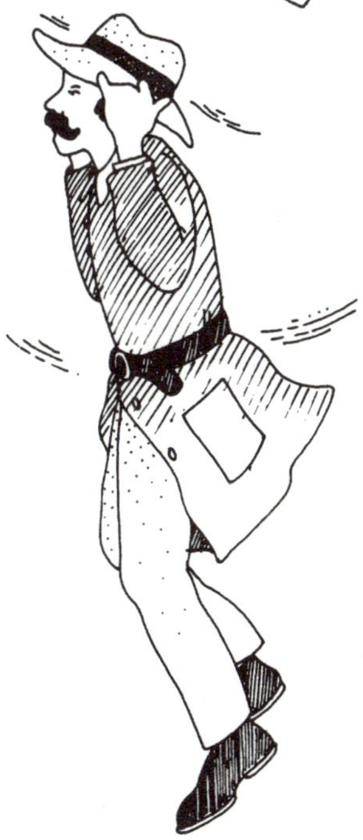

23 7 25 9 8 28 6 × 50 – 18 45 97 14 2 :

42	:	7	=	6		28	:	2	=	14
30	×	3	=	90		7	×	8	=	56
58	+	14	=	72		100	–	9	=	91
50	:	2	=	25		63	+	25	=	88
54	–	36	=	18		97	–	69	=	28
23	+	42	=	65		43	–	15	=	18
9	×	8	=	72		39	+	45	=	84
33	:	3	=	11		9	×	7	=	63

Objectif: compléter des calculs.

Qu'est-ce que tu vois?

Fais les calculs et relie les réponses dans le bon ordre.

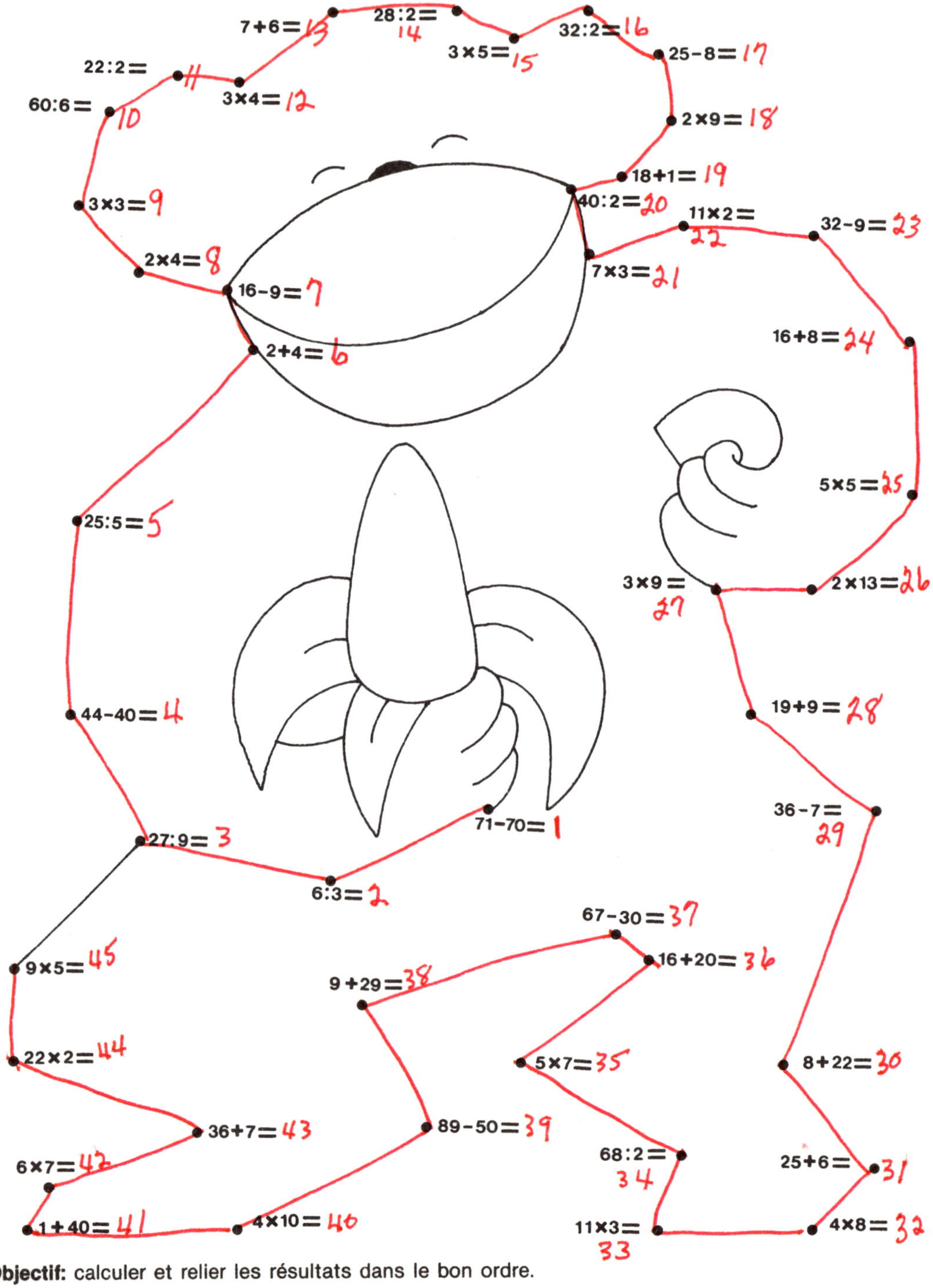

71–70=
6:3=
27:9=
44–40=
25:5=
2+4=
16–9=
2×4=
3×3=
60:6=
22:2=
3×4=
7+6=
28:2=
3×5=
32:2=
25–8=
2×9=
18+1=
40:2=
7×3=
11×2=
32–9=
16+8=
5×5=
2×13=
3×9=
19+9=
36–7=
8+22=
25+6=
4×8=
11×3=
68:2=
5×7=
16+20=
67–30=
9+29=
89–50=
4×10=
1+40=
6×7=
36+7=
22×2=
9×5=

Objectif: calculer et relier les résultats dans le bon ordre.

Les arbres fruitiers

Termine les calculs des fruits. Les résultats sont inscrits sur les arbres fruitiers.

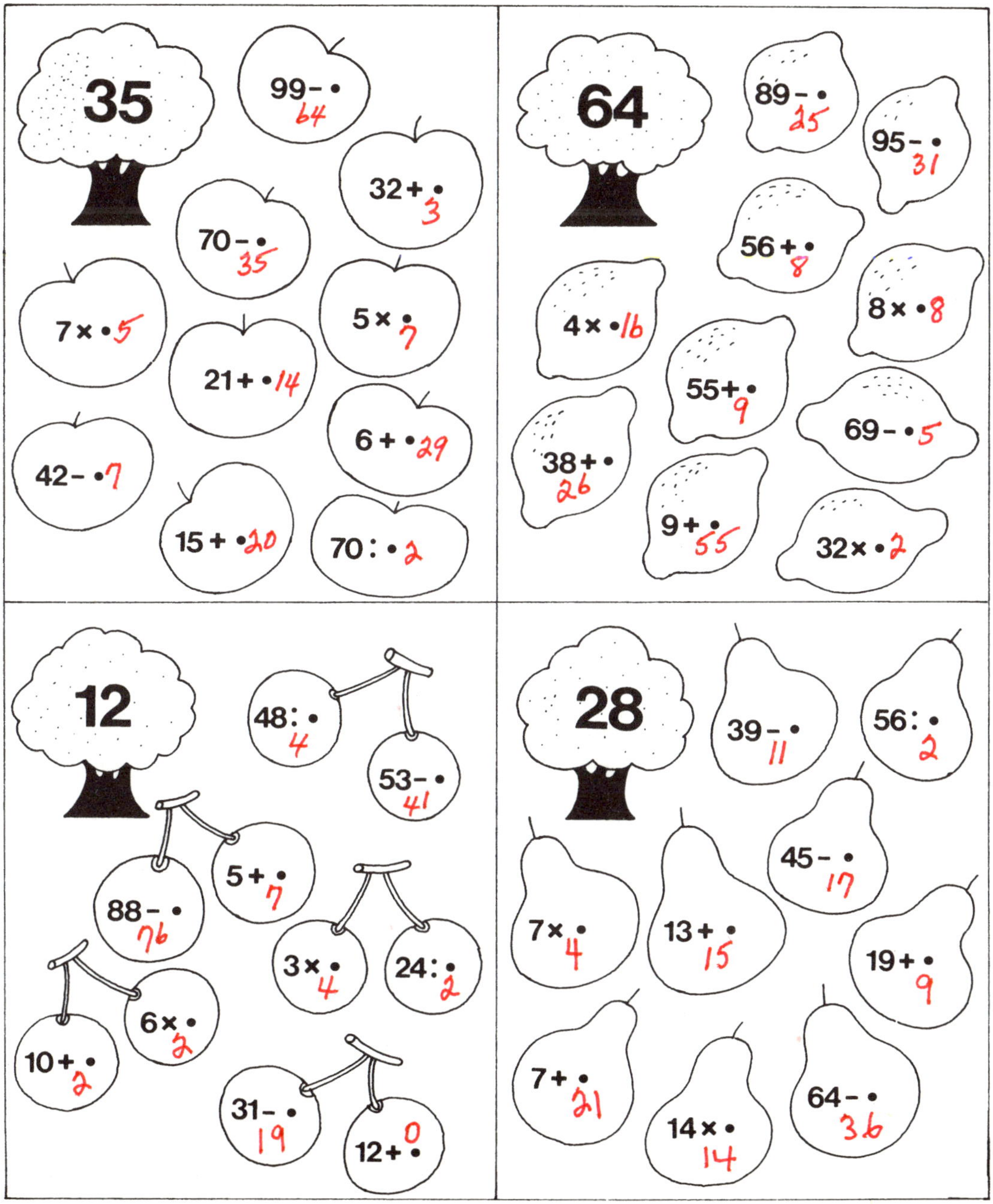

35

99 – • 64

32 + • 3

70 – • 35

7 × • 5

5 × • 7

21 + • 14

6 + • 29

42 – • 7

15 + • 20

70 : • 2

64

89 – • 25

95 – • 31

56 + • 8

4 × • 16

8 × • 8

55 + • 9

69 – • 5

38 + • 26

9 + • 55

32 × • 2

12

48 : • 4

53 – • 41

88 – • 76

5 + • 7

3 × • 4

24 : • 2

6 × • 2

10 + • 2

31 – • 19

12 + • 0

28

39 – • 11

56 : • 2

45 – • 17

7 × • 4

13 + • 15

19 + • 9

7 + • 21

14 × • 14

64 – • 36

Objectif: compléter des calculs pour former les nombres 12, 28, 35 et 64.

Les déterminants

Relie les mots aux bons déterminants.

le	prunes
la	pêche
l'	citron
les	abricot
	orange
	pommes
	poire
	raisin
	banane
	melons

un	bonnet
une	blouse
des	pantalon
	maillots
	casquette
	sandale
	chapeau
	shorts
	gant
	manteaux

mon	auto
ma	livres
mes	poupée
	vélo
	pinceaux
	bille
	train
	toupies
	joujoux
	puzzle

ce	chien
cette	écureuil
cet	vache
ces	hiboux
	chats
	chevaux
	oiseau
	chèvre
	poule
	lion

Objectif: utiliser les déterminants correctement.

Calculer

Fais tous les calculs.

3 x 8 = . 24
7 x 5 = . 35
6 x 6 = . 36
9 x 4 = . 36
8 x 7 = . 56

2 x 9 = . 18
5 x 5 = . 25
3 x 7 = . 21
6 x 8 = . 48
4 x 6 = . 24

33 − 15 = . 18
59 − 21 = . 38
14 − 12 = . 2
82 − 64 = . 18
51 − 49 = . 2

64 + 36 = . 100
19 + 25 = . 44
36 + 16 = . 52
75 + 19 = . 94
23 + 42 = . 65

18 − 18 = . 0
87 − 34 = . 53
61 − 15 = . 46
39 − 28 = . 11
75 − 41 = . 34

48 : 6 = . 8
63 : 7 = . 9
21 : 3 = . 7
45 : 5 = . 9
24 : 4 = . 6

28 : 4 = . 7
33 : 3 = . 11
81 : 9 = . 9
72 : 8 = . 9
32 : 2 = . 16

12 x 4 = . 48
11 x 7 = . 77
24 x 3 = . 72
13 x 3 = . 39
36 x 2 = . 72

66 : 6 = . 11
64 : 8 = . 8
16 : 4 = . 4
49 : 7 = . 7
27 : 9 = . 3

Objectif: additionner, soustraire, multiplier et diviser avec les nombres inférieurs à 100.

Les pattes des animaux

Les animaux n'ont pas tous le même nombre de pattes. Regarde bien les dessins et réponds aux questions.

Combien de pattes ont :	
1 oiseau : 2	6 oiseaux : 12
2 oiseaux : 4	7 oiseaux : 14
3 oiseaux : 6	8 oiseaux : 16
4 oiseaux : 8	9 oiseaux : 18
5 oiseaux : 10	10 oiseaux : 20

Combien de pattes ont :	
1 cheval : 4	6 chevaux : 24
2 chevaux : 8	7 chevaux : 28
3 chevaux : 12	8 chevaux : 32
4 chevaux : 16	9 chevaux : 36
5 chevaux : 20	10 chevaux : 40

Combien de pattes ont :	
1 papillon : 6	6 papillons : 36
2 papillons : 12	7 papillons : 42
3 papillons : 18	8 papillons : 48
4 papillons : 24	9 papillons : 54
5 papillons : 30	10 papillons : 60

Combien de pattes ont :	
1 araignée : 8	6 araignées : 48
2 araignées : 16	7 araignées : 56
3 araignées : 24	8 araignées : 64
4 araignées : 32	9 araignées : 72
5 araignées : 40	10 araignées : 80

Objectif: révision des tables de multiplication de 2, 4, 6 et 8.

Après l'école!

  Ecris les phrases en les remettant dans l'ordre.

Chloé - devoirs - leurs - et - Marc - font

Chloe et Marc font leurs devoirs

mange - à - une - la - confiture - Marc - tartine

Marc mange la tartine à une confiture.

et- maman - Chloé - Marc - belle - raconte - à - histoire - une

Maman raconte une histoire belle à
marc et chloe.

balle - joue - jardin - Marc - à - dans - la - le

Marc joue à la balle dans le jardin.

dormir - neuf - Marc - à - et - vont - Chloé - heures

Marc et chloé vont dormir à neuf heures

Objectif: reconnaître des parties de phrases.

La forêt

Ecris un V à côté de la phrase si elle est vraie et un F si elle est fausse.

F Les arbres perdent leurs feuilles au printemps.

F Les sapins perdent leurs aiguilles en automne.

F Dans la forêt on cueille des briques.

V Certains animaux vivent sous la terre.

F Les vaches vivent dans les bois.

V Certains oiseaux passent l'hiver en Afrique.

V Les oiseaux font leur nid au printemps.

F Les lapins ont de longues oreilles.

F Les cerfs rampent comme des serpents.

F Les chevaux volent de branche en branche.

F Les oiseaux creusent des terriers.

V Les pommes de pin sont les fruits du pin.

F Les écureuils sont jaunes et bleus.

V Les arbres à aiguilles sont appelés des conifères.

Objectif: compréhension de ce qui est lu.

Quelle heure est-il?

Ecris l'heure sous les montres.

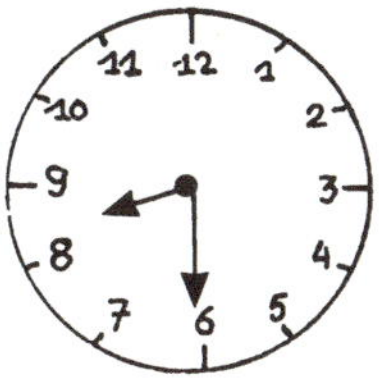 huit heures et demie	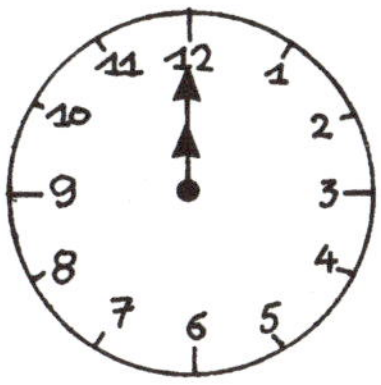 midi minuit	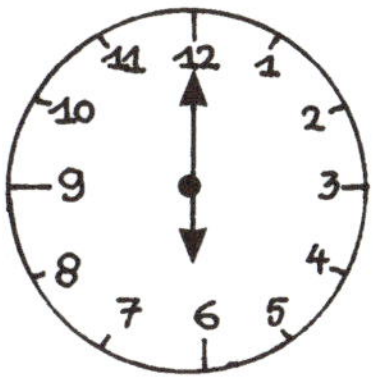 six heures
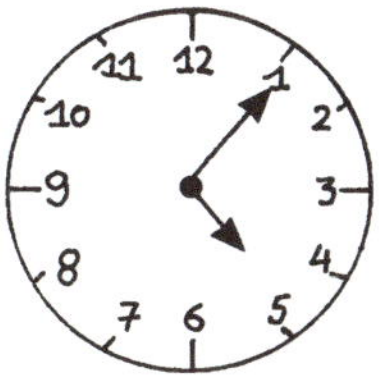 cinq heures cinq	 deux heures moins dix	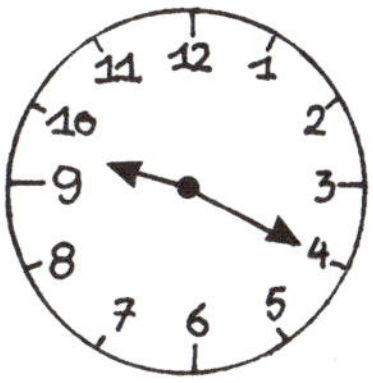 neuf heures vingt
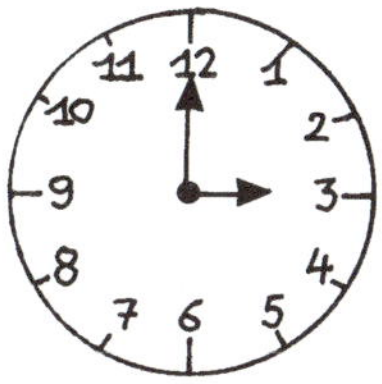 trois heures	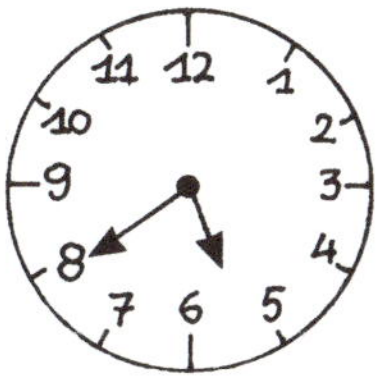 six heures moins vingt	 dix heures moins cinq
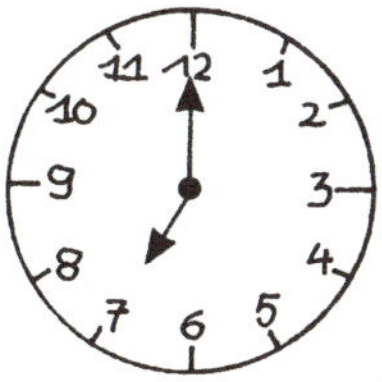 sept heures	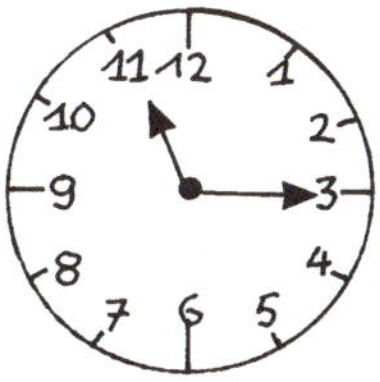 onze heures et quartre	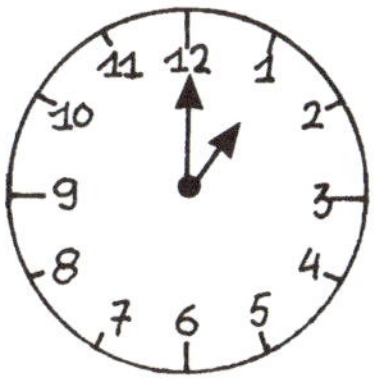 une heure

Objectif: savoir lire l'heure.

Un gâteau délicieux!

Voici une recette de gâteau que tu peux faire toi-même. Lis-la bien puis réponds aux questions.

Voici un délicieux gâteau aux pommes très facile à faire !
Tu as besoin de :
5 œufs
1/4 kg de farine
1/4 kg de beurre
1/4 kg de sucre
1/2 kg de pommes

Mélange d'abord le beurre et le sucre. Ensuite ajoute les œufs puis la farine. Ajoute les pommes coupées et épluchées, mets la pâte dans un moule beurré et glisse au four moyen 3/4 d'heure à 1 heure.

Quels ingrédients as-tu besoin pour préparer 4 gâteaux ? .... œufs, ... kilos de farine, ... kilos de beurre, ... kilos de sucre et .... kilos de pommes.

1/2 kg de pommes = 3 pommes
1 kg de pommes = ... pommes
2 kg de pommes = ... pommes
5 kg de pommes = ... pommes

3 kg et 1/2 de pommes = ... pommes
8 kg de pommes = ... pommes
1 kg et 1/2 de pommes = ... pommes
10 kg de pommes = ... pommes

3 pommes pèsent 1/2 kg. Dessine les bons poids pour que les balances soient en équilibre.

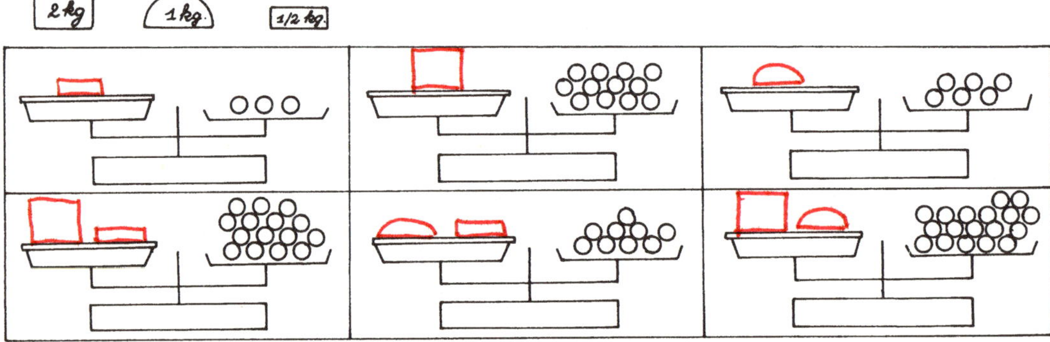

Objectif: apprendre les notions de poids (kilos, demi-kilos...).

Miam!

Pour savoir quel est le plat préféré de chaque enfant, fais tous les calculs et relie les résultats identiques.

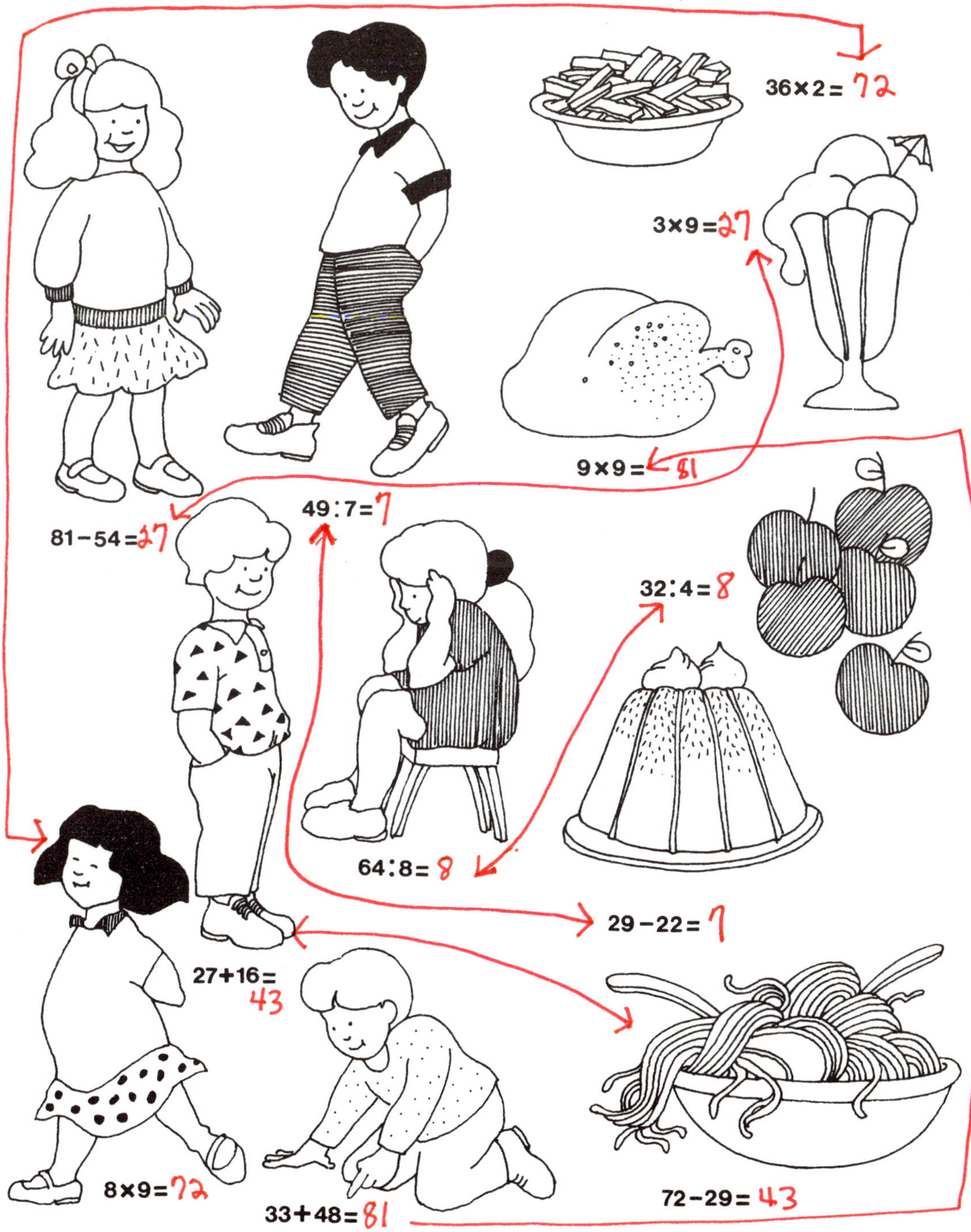

36×2= 72

3×9= 27

9×9= 81

81−54= 27

49:7= 7

32:4= 8

64:8= 8

29−22= 7

27+16= 43

8×9= 72

33+48= 81

72−29= 43

Objectif: calculer et comparer les résultats entre eux.

Le mot correct

Complète les mots.

in ou ain

p ___	m ___
jard ___	chem ___
dem ___	pouss ___
lap ___	___ venter
b ___	v ___

au ou eau

s ___	b ___	___ tour	chat ___
chev ___ x	___ tomne	p ___	ruiss ___
___ ssi	ois ___	___ tobus	t ___ pe
___ truche	v ___ tour	bur ___	m ___ vais
s ___ ter	bat ___	ch ___ d	gât ___

m ou n

i ___ prudent	lu ___ di	po ___ pe	la ___ pe
la ___ ce	e ___ brasser	ma ___ che	ti ___ bre
maiso ___	so ___ bre	e ___ preinte	bo ___ té
bru ___	chemi ___	bo ___ be	ba ___ bou
bra ___ che	chacu ___	luti ___	mo ___ tre

s ou ss

bo ___ e	lai ___ er	mu ___ ée	a ___ is
mou ___ e	tré ___ or	ti ___ u	cai ___ e
frai ___ e	cla ___ e	de ___ us	pelou ___ e
croi ___ ant	mai ___ on	bri ___ é	blou ___ e
voi ___ in	la ___ o	mé ___ ange	chemi ___ e

Objectif: exercer l'orthographe

Quel anniversaire!

Ecris les réponses dans les petites cases.

12 9 27	42 7
Combien de cadeaux Anne a-t-elle reçus en tout ? **48**	Il y a 42 bougies dans la boîte. Maman en a pris 7. Combien en reste-t-il ? **35**
4 32	49 35 17 3
En combien de morceaux chaque gâteau est-il coupé ? **8**	Combien de billes y a-t-il en tout ? **104**
6 36	14 56
Combien de cadeaux chacun peut-il pêcher ? **6**	Combien de bonbons reçoit chaque enfant ? **4**

Objectif: résoudre des problèmes simples illustrés.

Quelle vaisselle!

Les enfants ont fait un concours. Qui a lavé le plus d'assiettes?

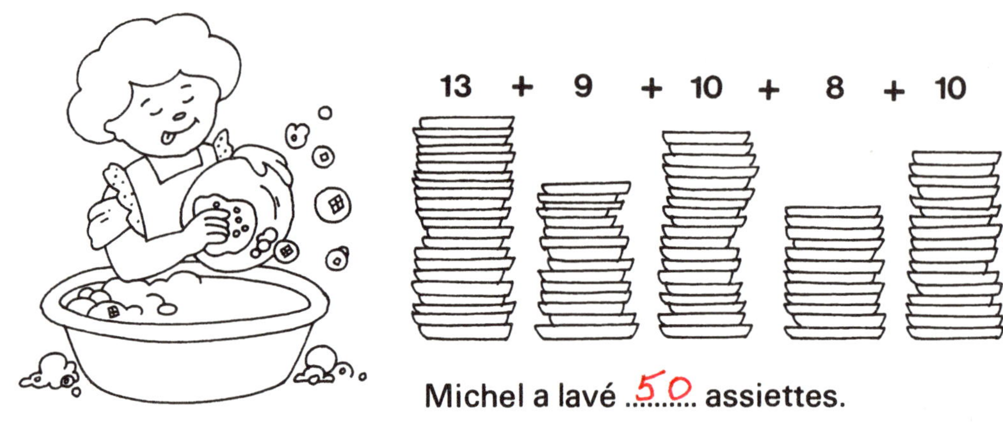

13 + 9 + 10 + 8 + 10

Michel a lavé ..50.. assiettes.

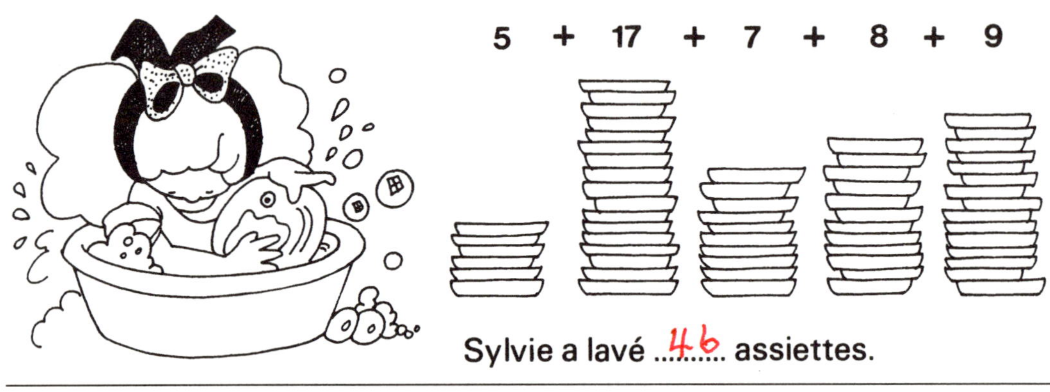

5 + 17 + 7 + 8 + 9

Sylvie a lavé ..46.. assiettes.

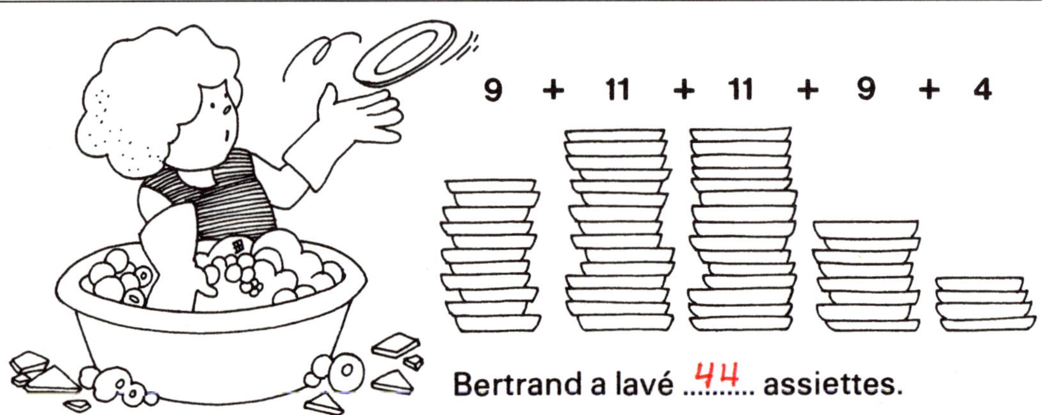

9 + 11 + 11 + 9 + 4

Bertrand a lavé ..44.. assiettes.

Objectif: faire de longues additions.

Le pluriel

s, x, z – stay same   au, eu – x
al, ail – aux

Mets les mots au pluriel.

 un parapluie des parapluies	 un bateau des bateaux	 un cheval des chevaux
 un crayon des crayons	 un nez des nez	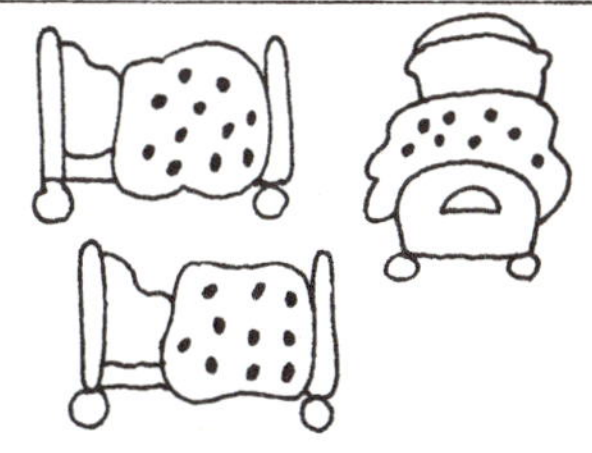 un lit des lits
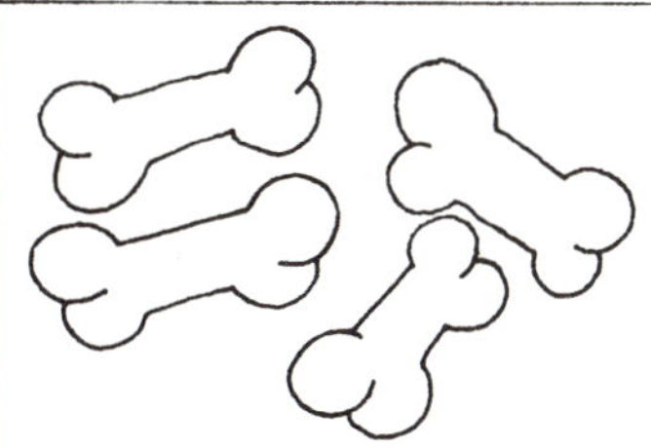 un os des os	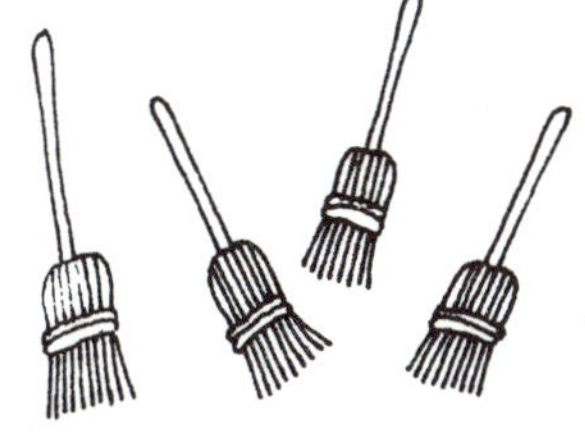 un balai des balais	 un cadeau des cadeaux
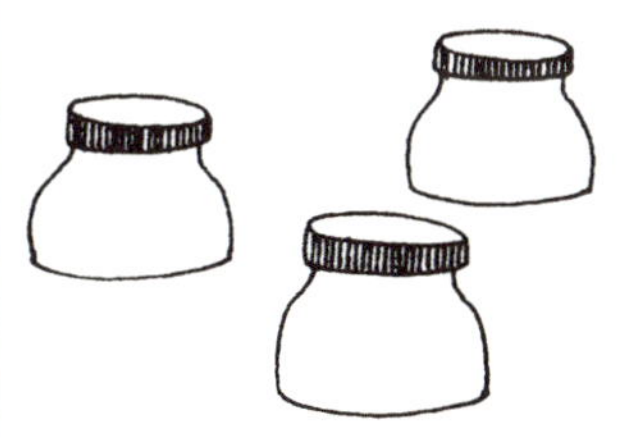 un bocal des boeaux	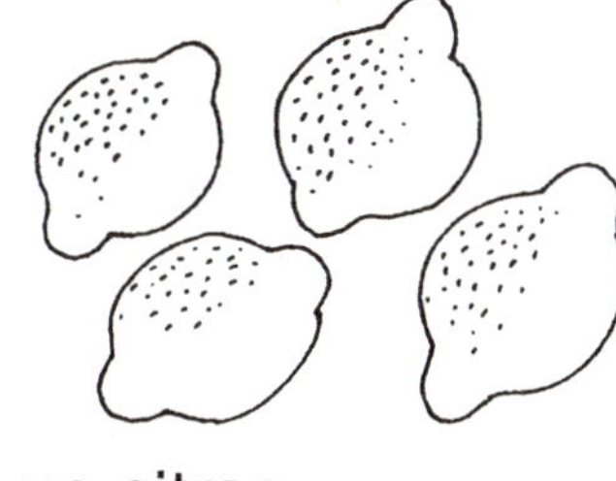 un citron des citrons	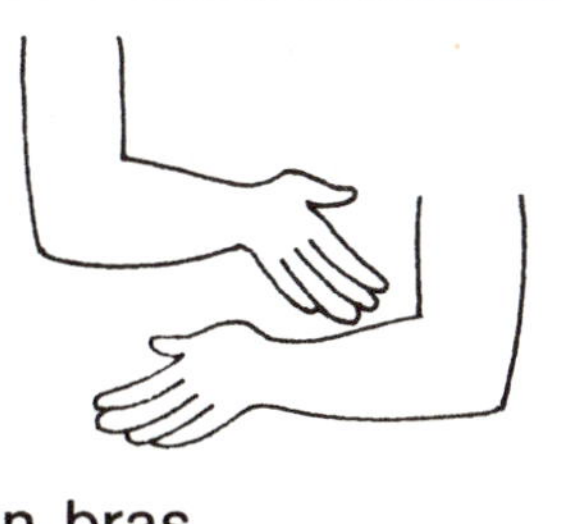 un bras des bras

Objectif: connaître le pluriel de noms.

Les verbes

Complète les phrases par un des verbes qui se trouve dans le sac.

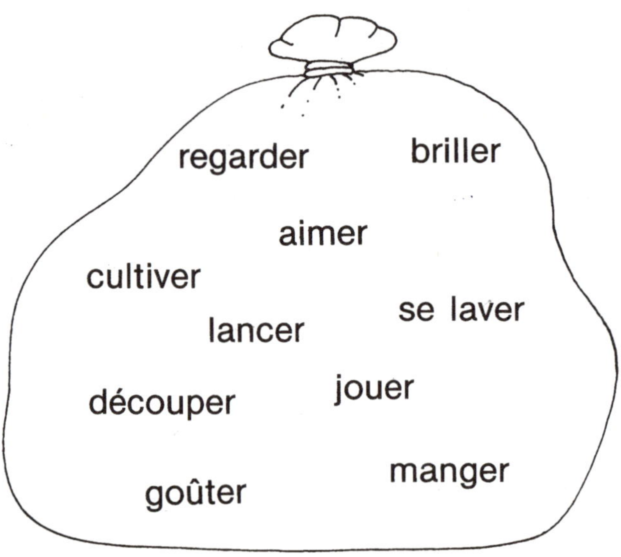

J’ aime bien manger des bonbons.

Souvent, tu regardes par la fenêtre.

Ils cultivent des légumes dans le jardin.

Je se lave dans mon bain.

Elle lance la balle à son ami.

Nous decoupons du papier avec des ciseaux.

Les enfants mangent à quatre heures.

Ils goutent des crêpes au sucre.

Le soleil brille dans le ciel bleu.

Vous jouez à saute-mouton.

Objectif: conjuguer différents verbes au présent.

Le dessin caché

Pour découvrir le dessin caché, fais d'abord tous les calculs. Si le résultat est égal à 56, colorie la case où il se trouve en noir.

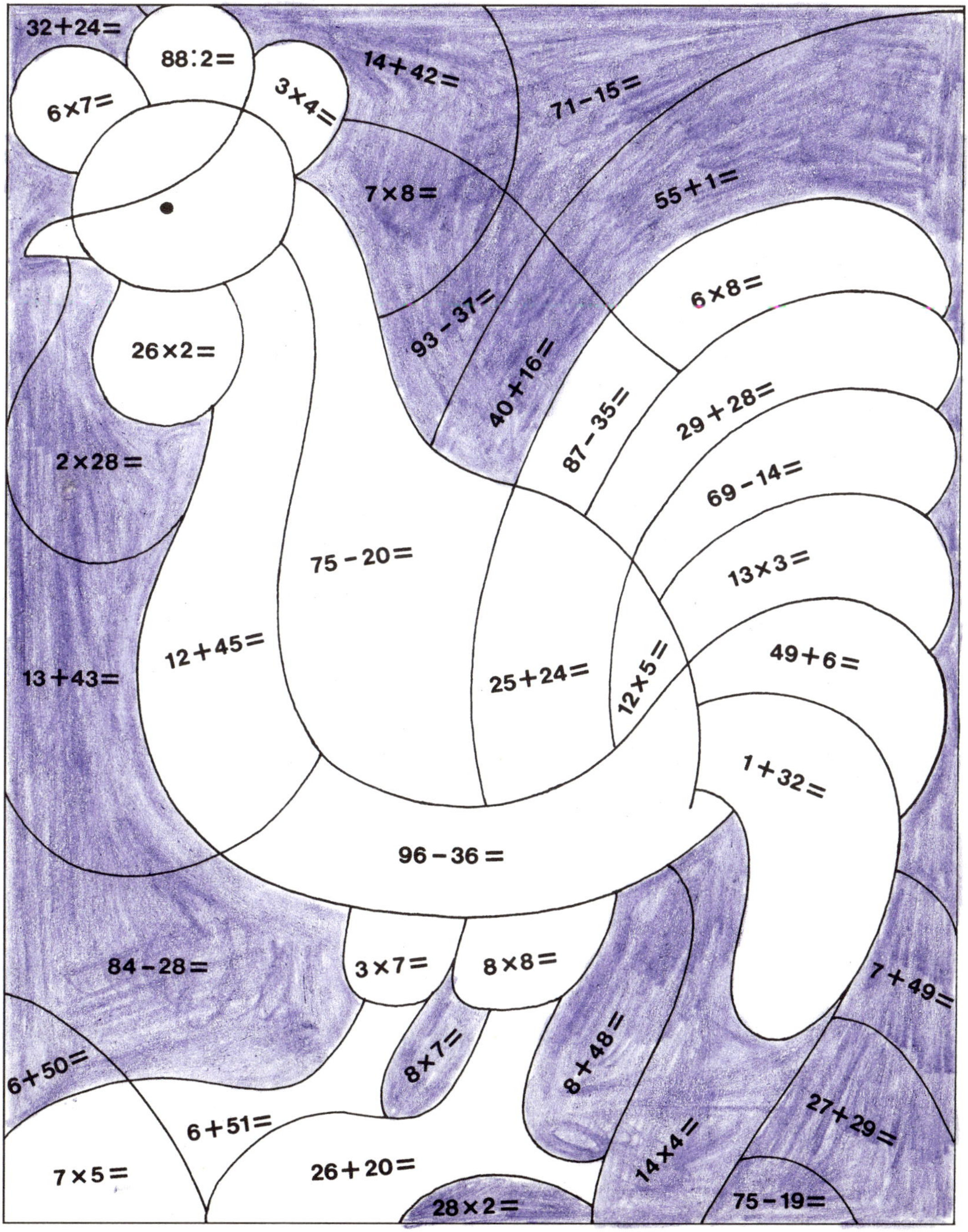

32 + 24 =
88 : 2 =
6 × 7 =
3 × 4 =
14 + 42 =
71 − 15 =
7 × 8 =
55 + 1 =
6 × 8 =
93 − 37 =
26 × 2 =
40 + 16 =
87 − 35 =
29 + 28 =
2 × 28 =
69 − 14 =
75 − 20 =
13 × 3 =
12 + 45 =
13 + 43 =
49 + 6 =
25 + 24 =
12 × 5 =
1 + 32 =
96 − 36 =
84 − 28 =
3 × 7 =
8 × 8 =
7 + 49 =
8 × 7 =
8 + 48 =
6 + 50 =
27 + 29 =
6 + 51 =
14 × 4 =
7 × 5 =
26 + 20 =
28 × 2 =
75 − 19 =

Objectif: calculer et comparer les résultats au nombre 56.

Le dessin caché

Pour savoir ce qui est caché, fais d'abord tous les calculs. Si le résultat est plus petit que 40, tu peux colorier la case en noir.

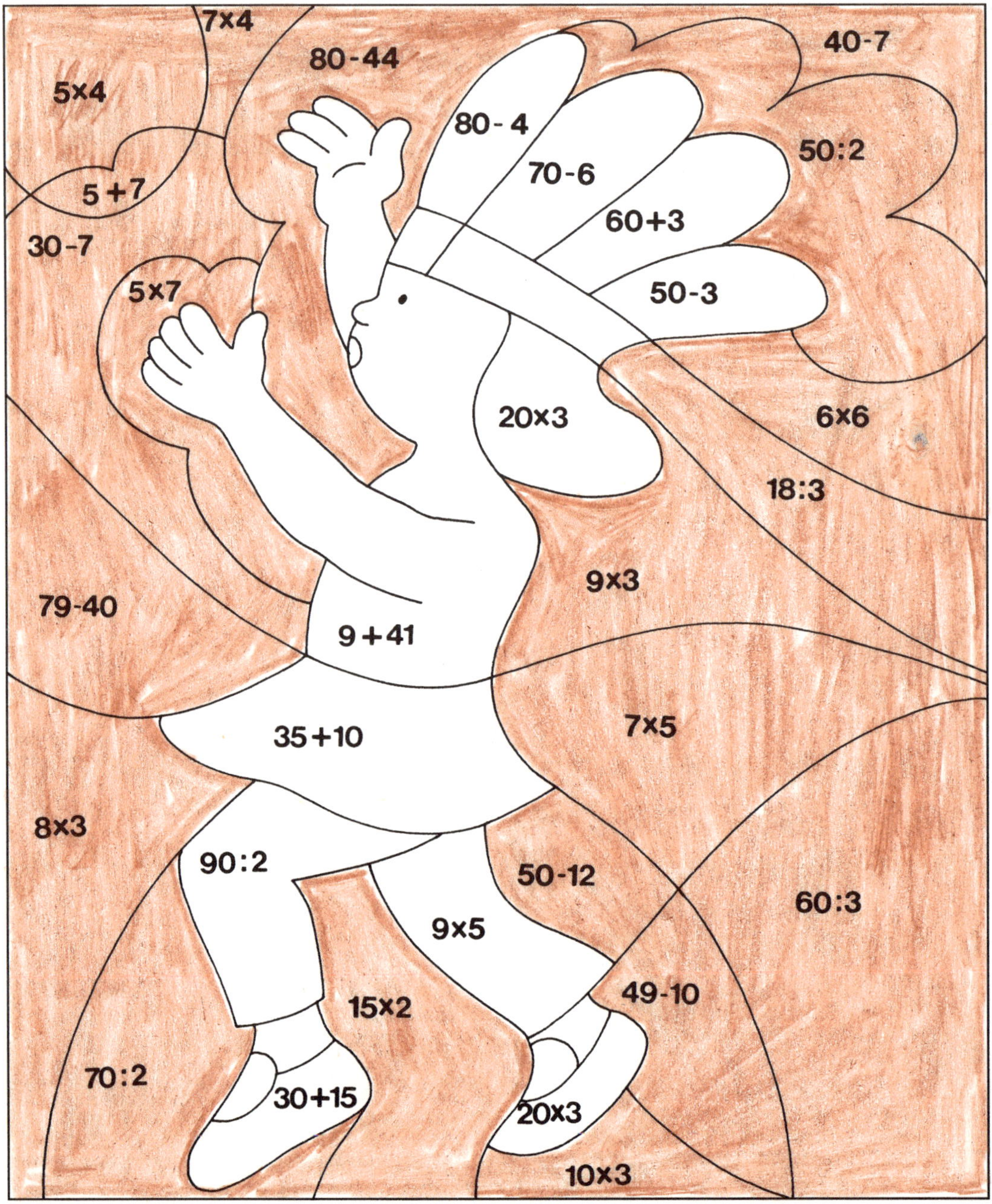

7×4
80-44
40-7
5×4
80 - 4
70-6
50:2
5 +7
60+3
30-7
5×7
50-3
20×3
6×6
18:3
9×3
79-40
9 +41
35+10
7×5
8×3
90:2
50-12
60:3
9×5
49-10
15×2
70:2
30+15
20×3
10×3

Objectif: faire des additions, des soustractions, des multiplications et des divisions.

La bonne phrase

  Fais une croix devant la bonne phrase.

Le chien aboie de toutes ses forces. Le chien est couché dans son panier. Le chien est couché devant sa niche. Le chien est couché sur sa niche.	
Monsieur Dubois a une longue barbe. Monsieur Dubois a un beau chapeau. Monsieur Dubois se promène au soleil. Monsieur Dubois est moustachu.	
Arnaud saute de branche en branche. Arnaud scie une planche de bois. Arnaud scie une branche de l'arbre. Arnaud monte au sommet de l'arbre.	
Laurence descend la rue en skateboard. Laurence monte la rue en skateboard. Laurence descend la rue en patins à roulettes. Laurent descend la rue en skateboard.	
La chaise est à gauche de la table. La chaise est sur la table. Le vase posé sur la table est rose. La chaise est à droite de la table.	

Objectif: compréhension de ce qui est lu.

Minuscules et majuscules

Relie les mêmes mots, comme dans l'exemple.

- linge
- baîlle
- douche
- tige
- ogre
- mouton
- bouche
- paille
- cocher
- orge
- tigre
- louche
- cloche
- moulin
- ligne

- mouton
- ogre
- paille
- baîlle
- louche
- bouche
- linge
- tige
- moulin
- cloche
- orge
- douche
- cocher
- tigre
- ligne

- MOULIN
- DOUCHE
- BOUCHE
- PAILLE
- COCHER
- TIGRE
- LIGNE
- LOUCHE
- MOUTON
- CLOCHE
- LINGE
- ORGE
- TIGE
- OGRE
- BAILLE

Objectif: identifier des mots écrits à la main, en minuscules imprimées et en majuscules.

Les os des chiens

Termine les calculs des os des chiens. Les résultats sont inscrits sur les chiens.

63

9× .7
14 + .49
33+ .30
55+ .8
7× .9
21× .3
84– .21

30

100– .70
60: .2
3× .10
75– .45
90: .3
2× .15

48

12× .4
56 – .8
31+ .17
6× .8
96: .2
12 + .36

32

38– .6
64: .2
50 – .18
4× .8
42 – .10
2× .16

Objectif: compléter des calculs pour obtenir les nombres 30, 32, 48 et 63.

Les calculs

Fais tous les calculs.

95 + 3 − 8 = 90
60 + 5 + 3 = 68
21 + 7 − 2 = 26
33 − 1 − 6 = 26
89 + 1 + 8 = 98
50 + 4 − 5 = 49
13 + 7 + 9 = 29
28 − 5 − 5 = 18
44 + 3 + 3 = 50
72 − 4 + 8 = 76
39 + 1 − 4 = 36
86 + 9 − 7 = 88
67 + 7 − 6 = 68
55 + 5 − 1 = 59
92 − 8 − 8 = 76
13 − 7 + 9 = 15
48 + 5 + 7 = 60
22 + 6 − 3 = 25
36 + 9 − 3 = 42
60 − 9 − 9 = 42
75 − 4 + 4 = 75

55 − 25 = 30
19 + 3 = 22
67 − 5 = 62
22 + 9 = 31
50 − 9 = 41
83 − 6 = 77
46 − 8 = 38
34 + 10 = 44
15 + 11 = 26
78 − 9 = 69
62 + 8 = 70

Objectif: faire des calculs à trois membres et compléter des additions ou des soustractions.

Le concours de tir

Le cow-boy a tiré 5 fois dans chaque cible. Compte combien de points il a obtenu pour chaque cible et pour toutes les cibles ensemble.

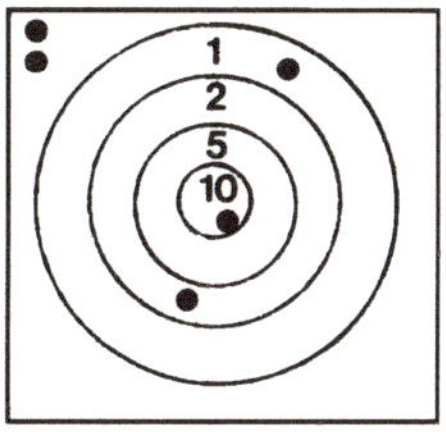

13

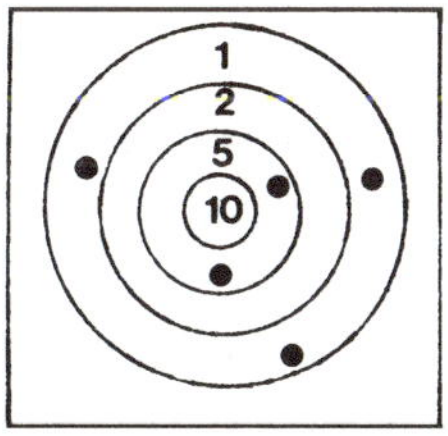

13

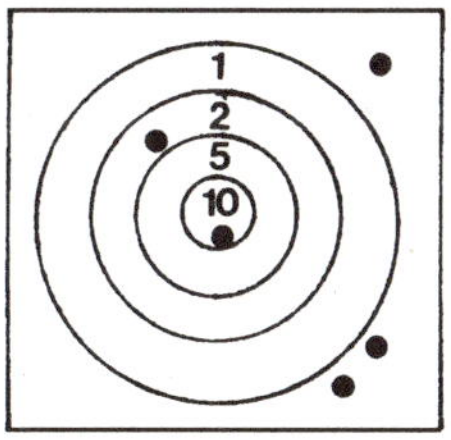

12

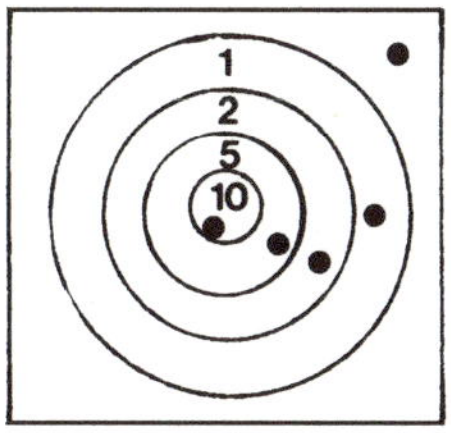

18

32

Total 88

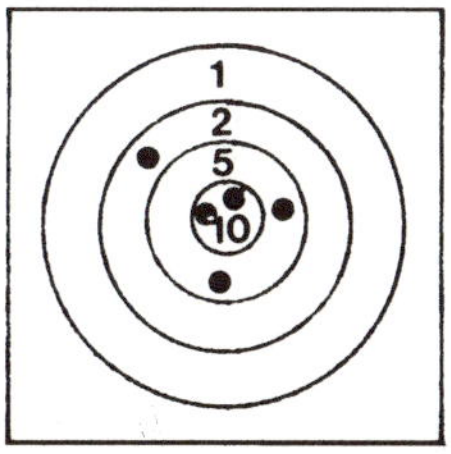

Objectif: faire de longues additions.

Les deux voitures

Complète le texte par les mots du cadre.

brune	magnifique
dit	pas
pendant	bonjour
comment	carrossier
épicier	meilleure

La vieille voiture brune appartient au boucher.
C'est la meilleure amie de la petite voiture verte de l'épicier. Tous les matins, les deux voitures se disent "bonjour" et se racontent des histoires.
Mais un matin, la voiture brune disparaît. La voiture de l'épicier l'attend pendant deux jours mais elle ne revient pas.
"J'espère qu'elle n'a pas eu d'accident" se dit la voiture verte.
Le troisième jour, une voiture bleue se gare devant la boucherie. Elle dit poliment: "Bonjour, voiture verte. Comment vas-tu?"
"Très bien, merci" répond la voiture verte. "Mais je me fais du souci pour mon amie. N'auriez-vous pas vu une vieille voiture brune ?"
"Oui, oui, j'en ai vu une!"
"Et comment va-t-elle?" demande la voiture verte inquiète.
"Le mieux du monde," s'exclame la voiture bleue. "Elle a seulement été chez le carrossier pour qu'il la repeigne en bleu."
"Ça alors, tu es mon amie brune" s'écrie la voiture de l'épicier. "Je ne t'avais pas reconnue. Tu es vraiment magnifique !"

Objectif: compréhension de ce qui est lu.

Les fractions

Ecris quelle partie de la forme est coloriée en gris, comme dans l'exemple.

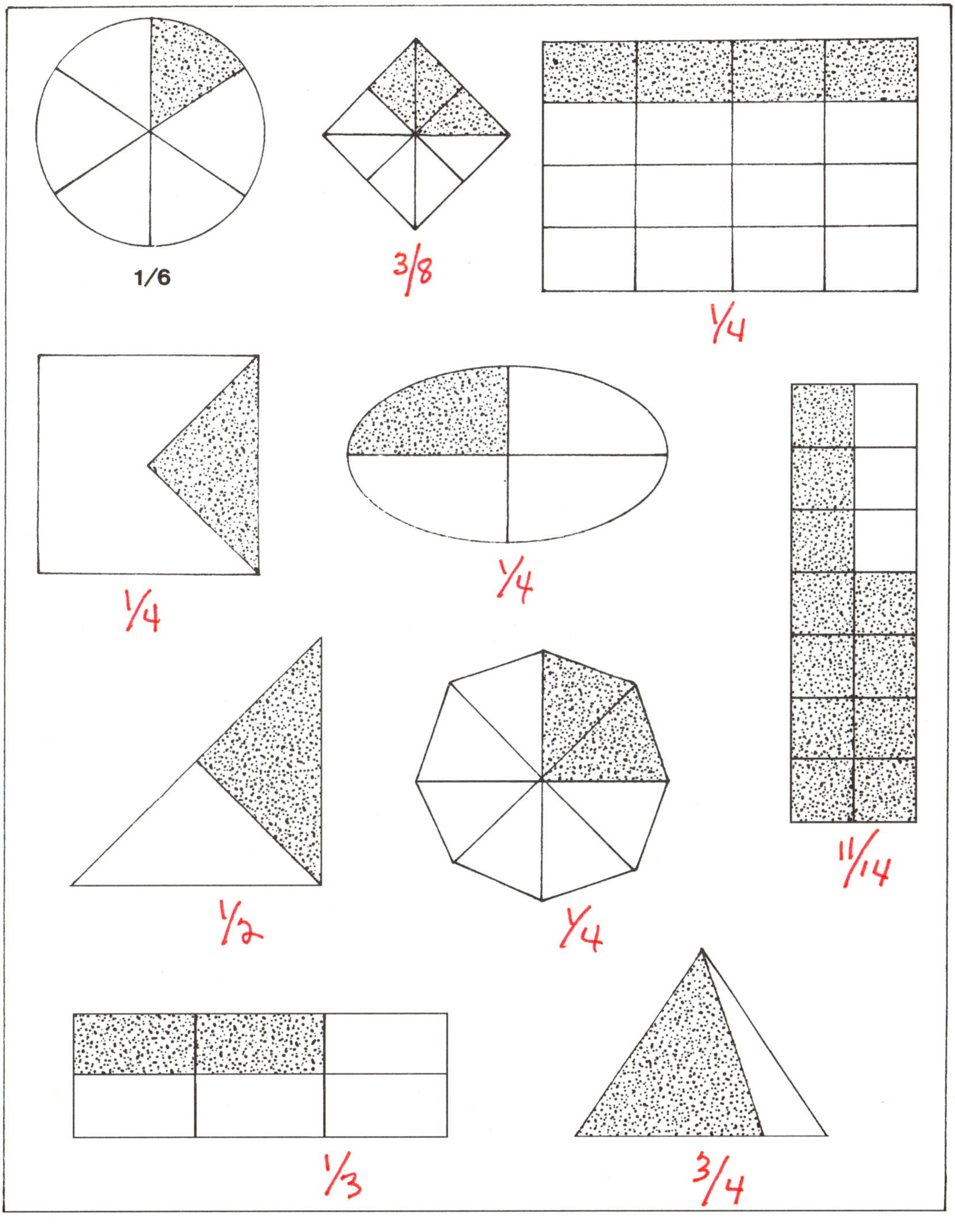

1/6

3/8

1/4

1/4

1/4

1/2

1/4

11/14

1/3

3/4

Objectif: étudier les formes et leur division.

Problèmes

Réponds aux questions et écris le nombre dans la petite case.

Thomas pêche

32 (poissons ronds)
9 (poissons longs)

Combien de poissons a-t-il pêchés ? 41

Valentine a

28 
9

Combien de bonbons a-t-elle ? 37

Eric joue avec

3
18
5

Combien de billes a-t-il ? 26

Le lapin mange

7 
28

Combien de légumes a-t-il mangés ? 35

Aurélie a acheté

33
20

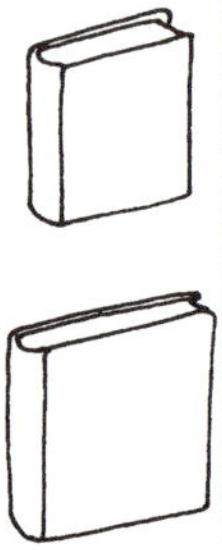

Combien de livres a-t-elle achetés ? 53

L'écureuil a ramassé

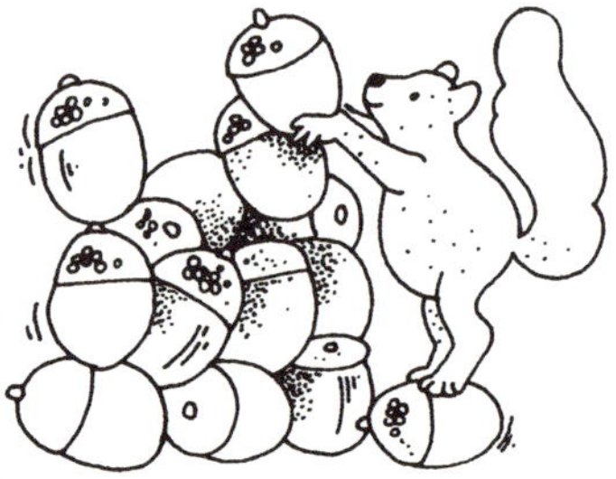

46
8

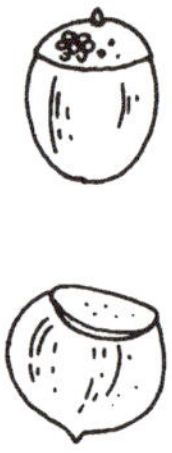

Combien de fruits a-t-il ramassés ? 54

Objectif: résoudre des problèmes simples.

Le serpent

Complète le serpent en écrivant chaque fois un mot qui commence par la dernière lettre du mot précédent, comme dans l'exemple.

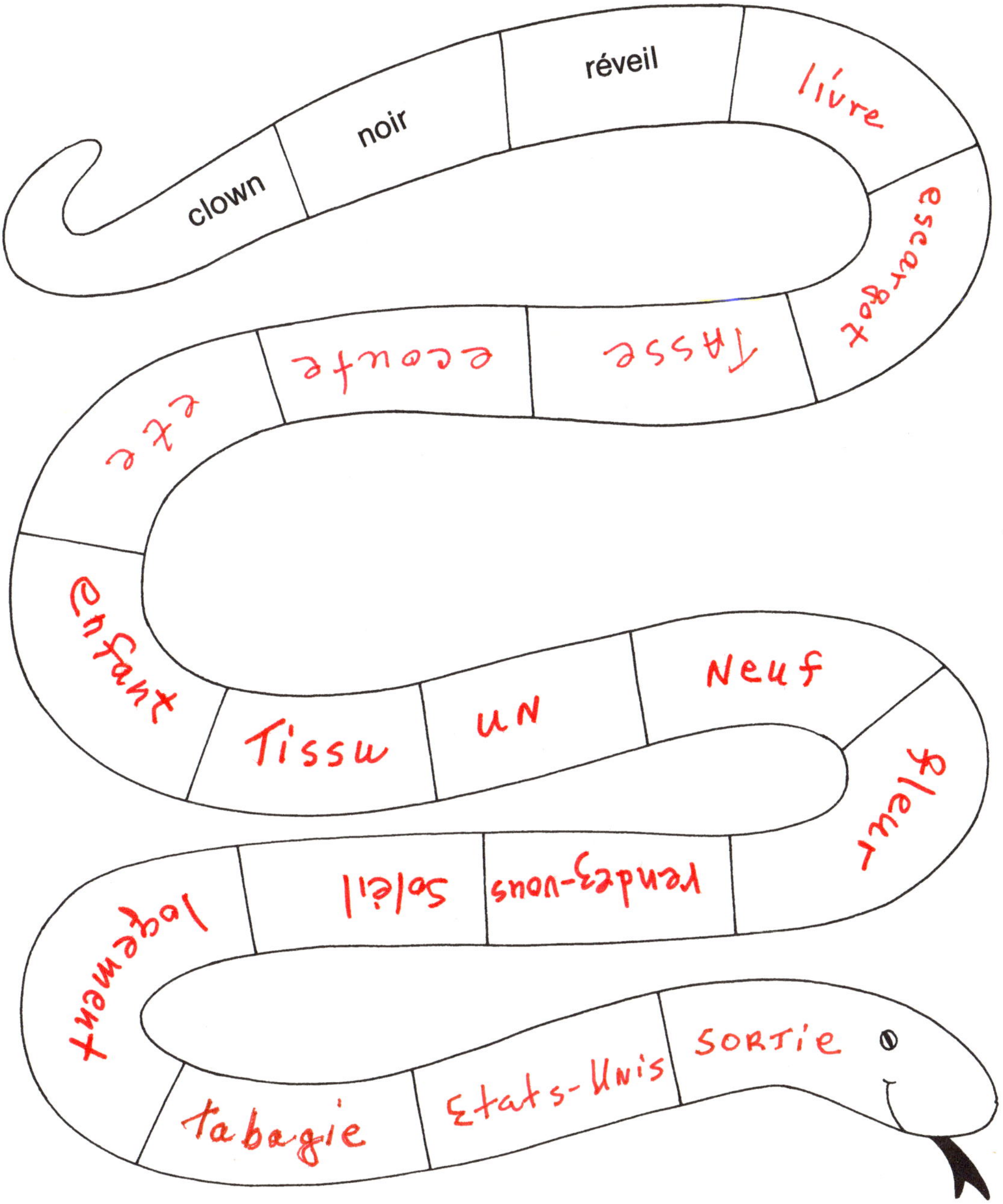

clown – noir – réveil – livre – escargot – Tasse – ecoute – ete – enfant – Tissu – uN – Neuf – fleur – rendez-vous – Soleil – logement – tabagie – Etats-Unis – SORTie

Objectif: enrichir le vocabulaire.

au, eu - x

s, x, z - same

al, ail - aux

Au pluriel!

Ecris les mots au pluriel.

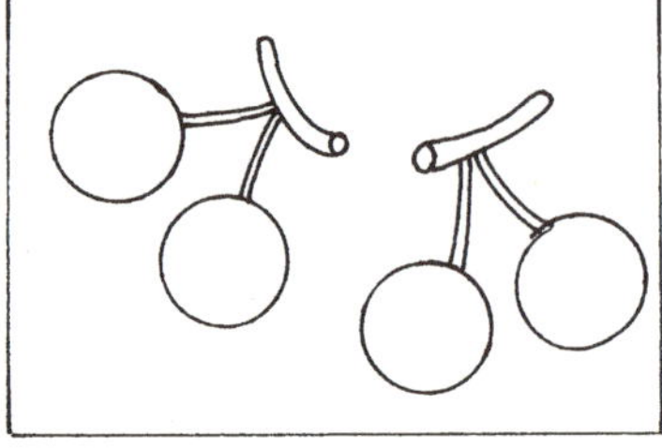		
une cerise des cerises	un chapeau des chapeaux	un journal des journaux

une souris des souris	une fleur des fleurs	une noix des noix
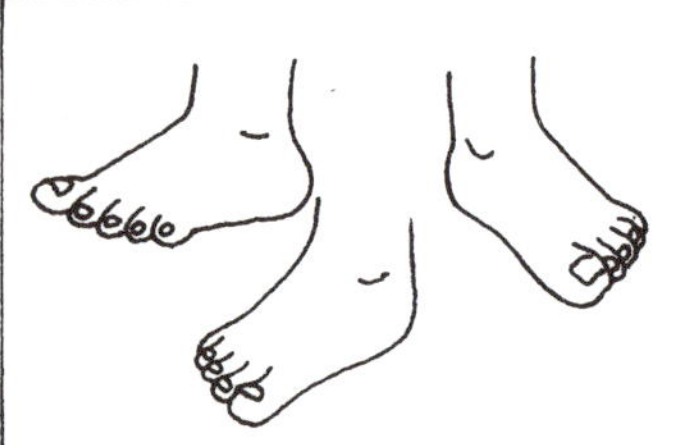		
un pied des pieds	une feuille des feuilles	un doigt des doigts

un radis des radis	un chien des chiens	une maison des maisons

Objectif: connaître le pluriel de noms.

Que boit Sandrine?

Pour savoir ce que boit Sandrine, fais les calculs et écris les lettres dans les cases correspondant aux résultats.

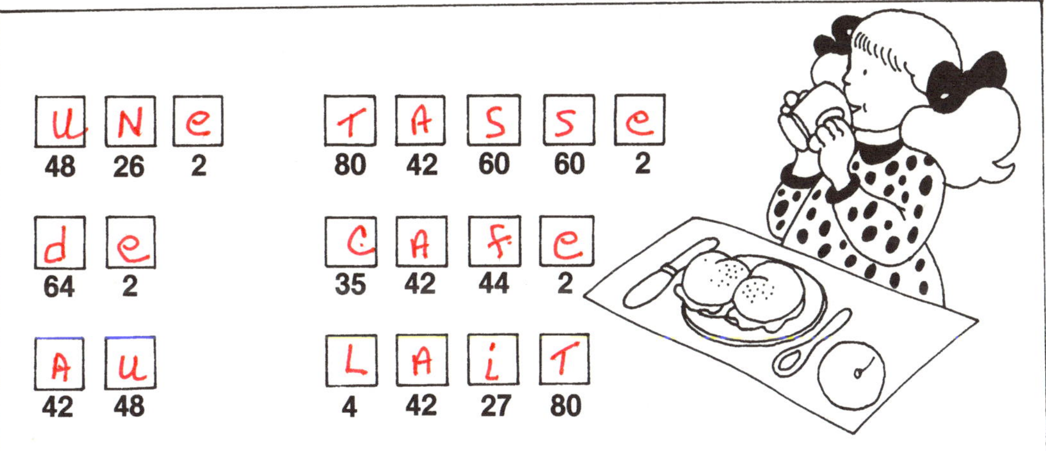

A -	13	+	29	= . 42		N -	13	+	13	= . 26
B -	56	–	19	= . 37		O -	45	–	39	= . 6
C -	7	x	5	= . 35		P -	63	:	9	= . 7
D -	8	x	8	= . 64		Q -	55	:	5	= . 11
E -	32	:	16	= . 2		R -	13	x	3	= . 39
F -	11	x	4	= . 44		S -	27	+	33	= . 60
G -	26	+	44	= . 70		T -	15	+	65	= . 80
H -	85	–	34	= . 51		U -	12	x	4	= . 48
I -	55	–	28	= . 27		V -	28	:	2	= . 14
J -	4	x	9	= . 36		W -	76	–	15	= . 61
K -	56	:	7	= . 8		X -	81	:	9	= . 9
L -	12	:	3	= . 4		Y -	30	x	3	= . 90
M -	39	+	45	= . 84		Z -	71	+	17	= . 88

Objectif: calculer et associer les résultats aux nombres identiques.

Les séries

Complète les séries.

2	4	6	8	10	12	14	16
3	6	9	12	15	18	21	24
1	3	5	7	9	11	13	15
20	18	16	14	12	10	8	6
10	20	30	40	50	60	70	80
4	7	10	13	16	19	22	25
4	8	12	16	20	24	28	32
30	27	24	21	18	15	12	9
5	10	15	20	25	30	35	40
2	7	12	17	22	27	32	37

Objectif: exercer la réflexion logique.

Qu'est-ce que c'est?

  Pour le savoir, fais tous les calculs et ensuite, relie les résultats dans le bon ordre.

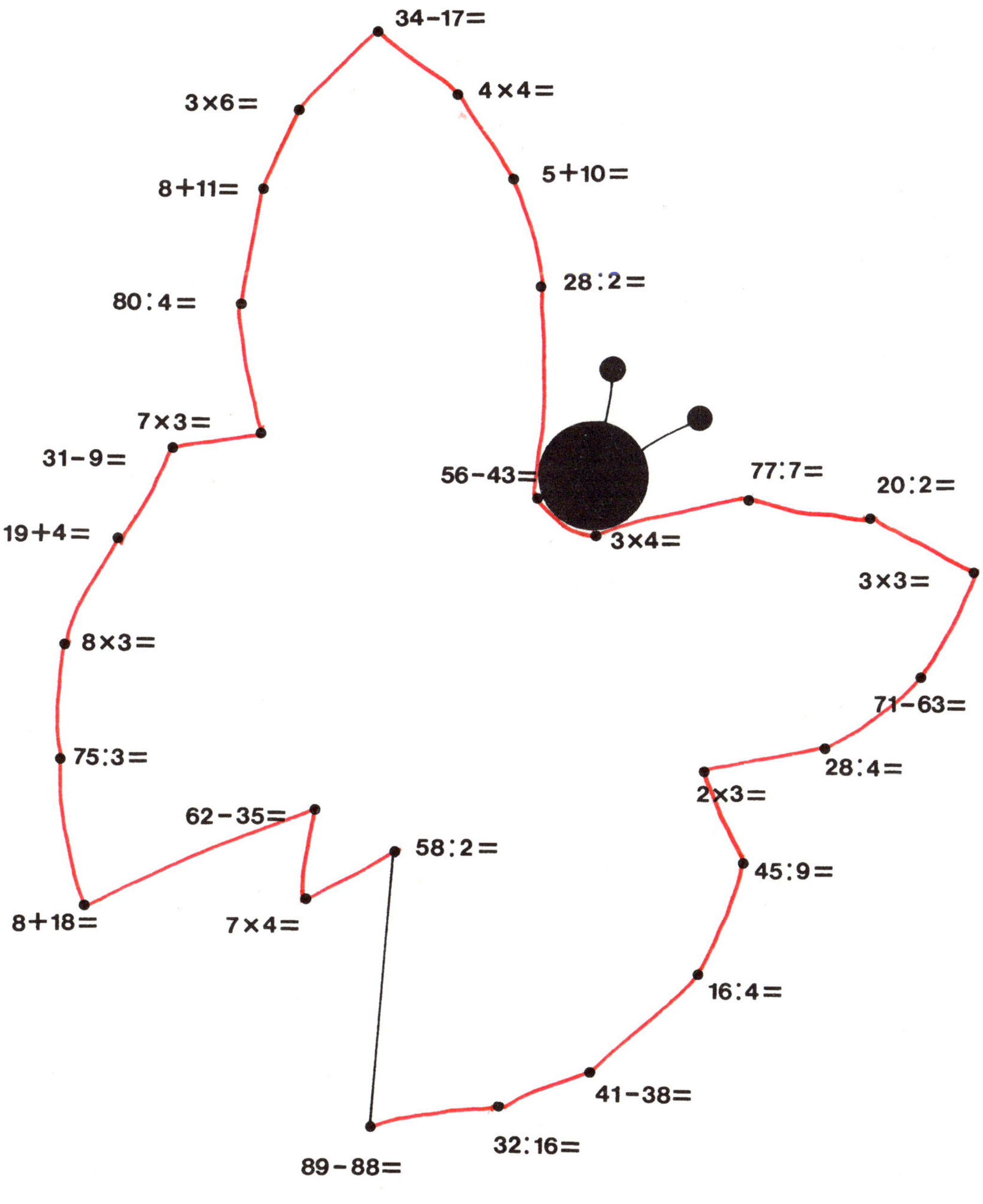

34 − 17 =
3 × 6 =
4 × 4 =
8 + 11 =
5 + 10 =
80 : 4 =
28 : 2 =
7 × 3 =
31 − 9 =
56 − 43 =
77 : 7 =
20 : 2 =
19 + 4 =
3 × 4 =
3 × 3 =
8 × 3 =
71 − 63 =
75 : 3 =
28 : 4 =
2 × 3 =
62 − 35 =
58 : 2 =
45 : 9 =
8 + 18 =
7 × 4 =
16 : 4 =
41 − 38 =
32 : 16 =
89 − 88 =

Objectif: calculer et connaître l'ordre des nombres.

Faire des phrases

Prends un mot ou une partie de phrase dans chaque case et relie-les pour former une phrase, comme dans l'exemple. Ecris cette phrase.

Je	joue	du gâteau.
Elles	s'ouvre	en grinçant.
Anne et Marc	crient	doucement.
Le garçon	boivent	de la limonade.
Tu	téléphones	à un ami.
Vous	mangez	une lettre.
La porte	écrit	très fort.
Ils	montent	sur un arbre.

Je joue sur un arbre.

Elles crient tres fort.

Anne et Marc boivent de la limonade.

Le garcon ~~est~~ ecrit une lettre.

Tu telephones à un ami.

Vous mangez du gateau.

La porte s'ouvre en grincant

Ils montent doucement.

Objectif: construire des phrases correctes et les recopier.

Le port

Peux-tu résoudre les petits problèmes suivants?

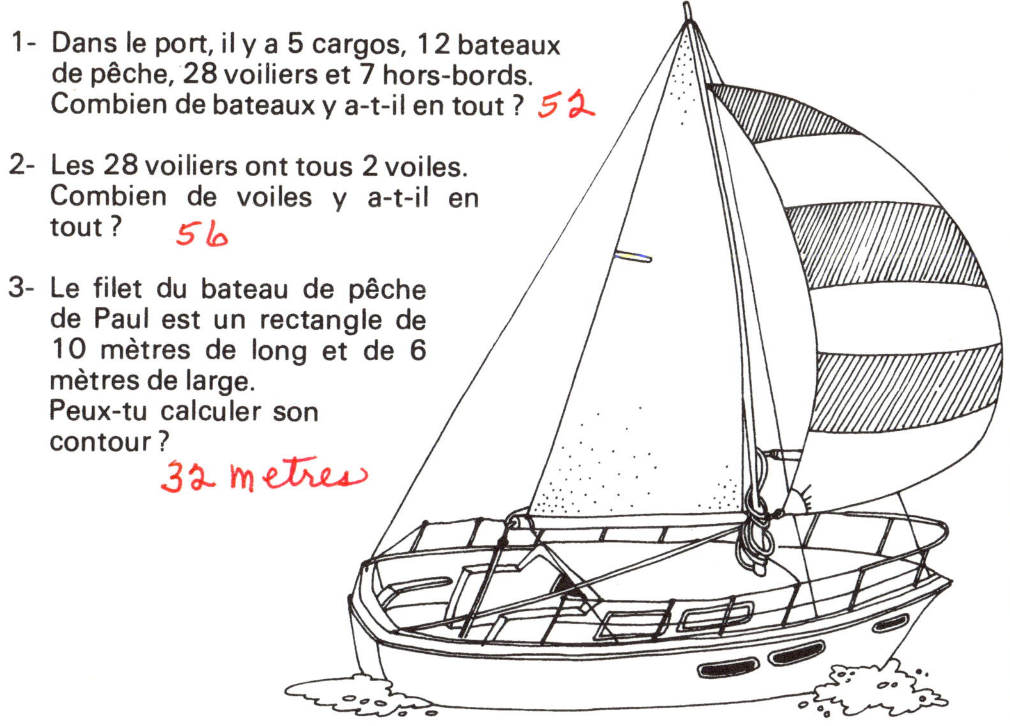

1- Dans le port, il y a 5 cargos, 12 bateaux de pêche, 28 voiliers et 7 hors-bords. Combien de bateaux y a-t-il en tout ? 52

2- Les 28 voiliers ont tous 2 voiles. Combien de voiles y a-t-il en tout ? 56

3- Le filet du bateau de pêche de Paul est un rectangle de 10 mètres de long et de 6 mètres de large. Peux-tu calculer son contour ?
32 metres

4- Sur chacun des 5 cargos il y a 25 marins. Combien de marins y a-t-il sur les 5 cargos ensemble ? 125

5- Un des bateaux de pêche mesure 25 mètres et un des voiliers mesure 8 mètres. Combien de mètres le bateau de pêche mesure-t-il en plus ?

6- Paul a pêché 64 kg de poissons et Vincent a pêché 39 kg de poissons. Combien de kg de poissons Paul a-t-il pêchés en plus ? Combien de kg de poissons ont-ils pêchés ensemble ? 103 Kg

7- Un hors-bord fait le tour du port en 10 minutes. En combien de temps fait-il 6 tours du port ? 60 minutes

Objectif: résoudre des problèmes.

Mon animal préféré

Fais les calculs et relie les résultats identiques pour savoir à qui appartiennent les animaux.

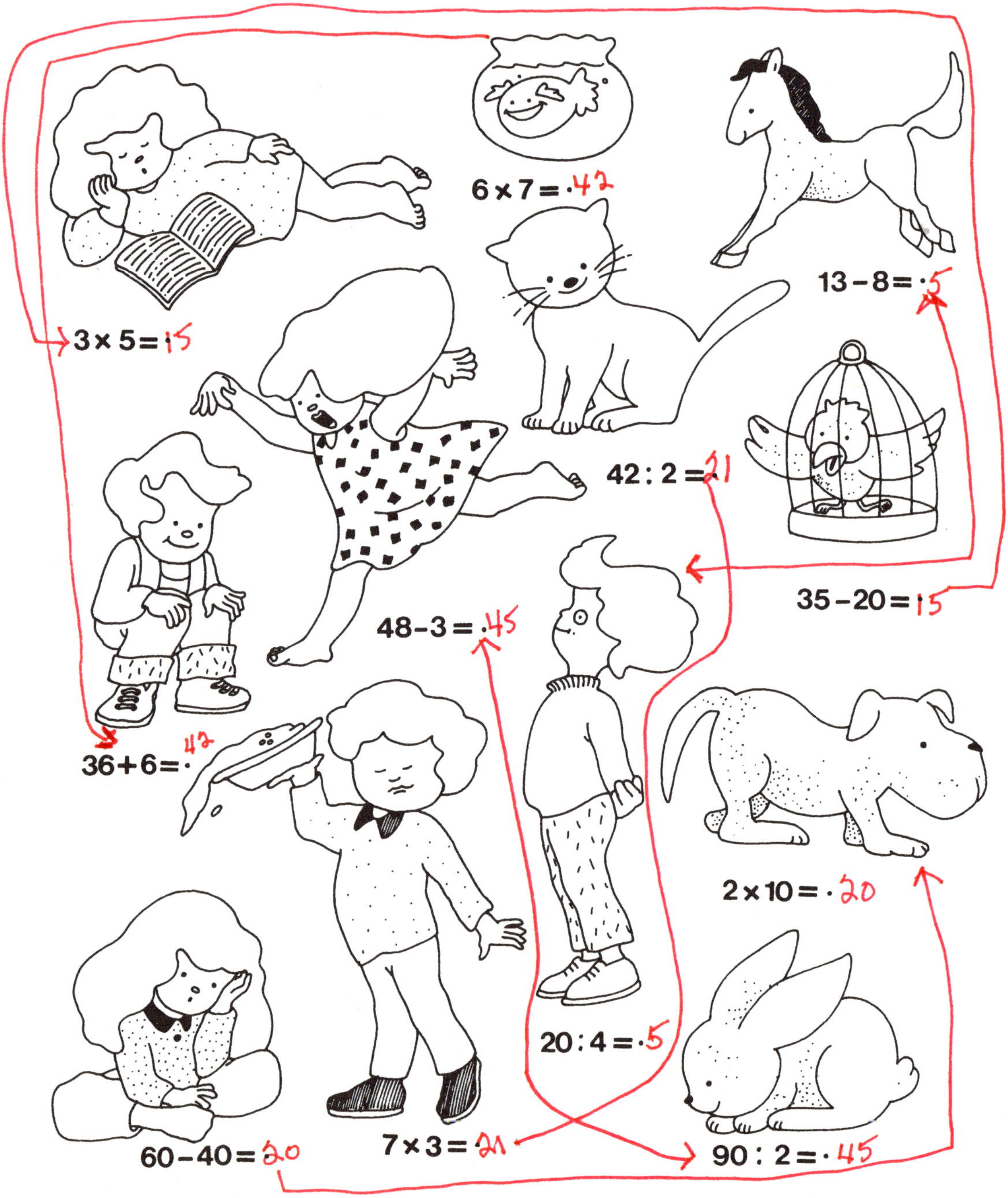

6 × 7 = ·

13 − 8 = ·

3 × 5 = ·

42 : 2 = ·

35 − 20 = ·

48 − 3 = ·

36 + 6 = ·

2 × 10 = ·

20 : 4 = ·

60 − 40 = ·

7 × 3 = ·

90 : 2 = ·

Objectif: calculer et relier les résultats identiques.

La vitrine de l'horloger

2 Peux-tu retrouver les montres dans la vitrine. Ecris l'heure qu'elles indiquent.

onze heures ~~et~~ trente-cinq midi moins vingt-cinq	une heure et quatre	Sept heures
onze heures moins vingt	deux heures dix-neuf	une heure moins onze
sept heures et vingt	neuf heures et demie	une heure dix

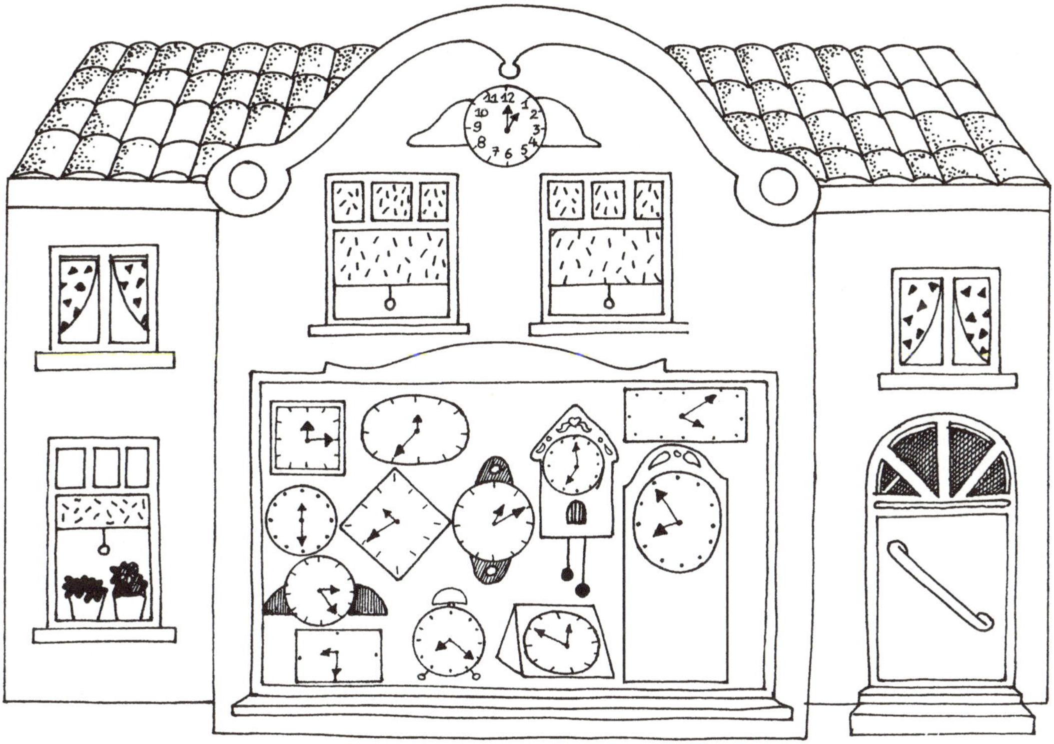

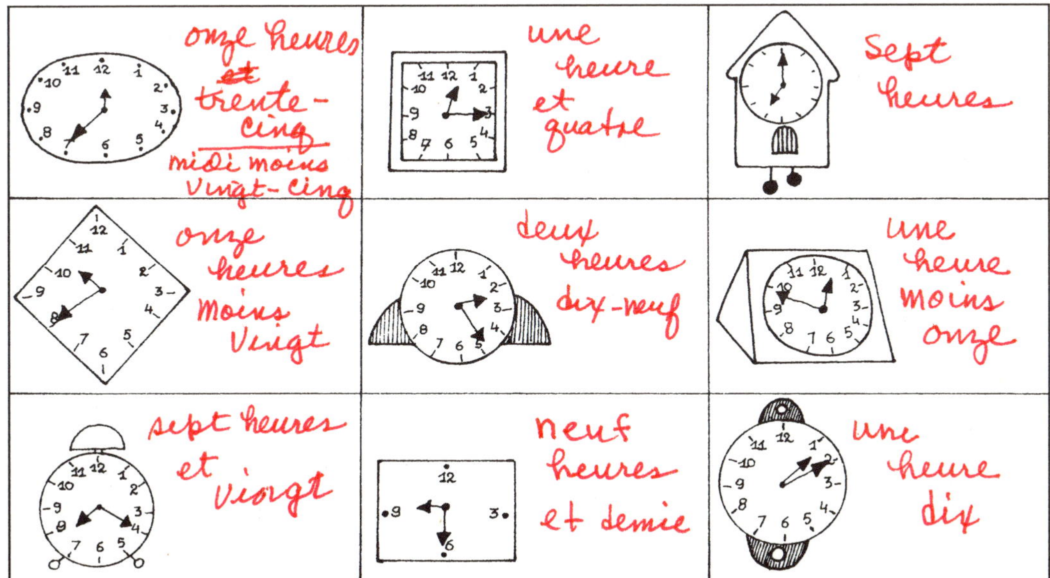

Objectif: savoir lire l'heure.

Le bon mot

  Entoure le bon mot.

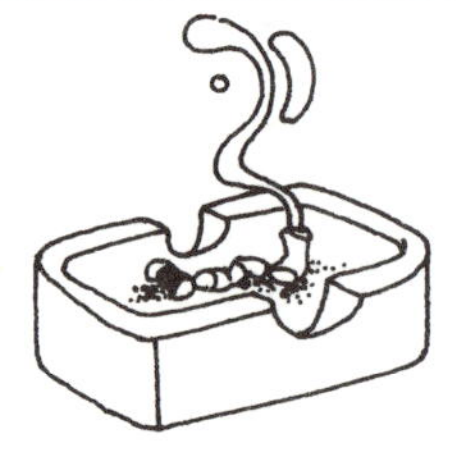

candirier
cendrier
senrdier

paralpuie
parapulie
parapluie

fenerte
fenêtre
fenaitre

painso
pinceau
pincaeu

fatceur
factuer
facteur

élcair
éclair
écalir

tracteur
tarcteur
tracteure

chataingne
châtaigne
châtêgne

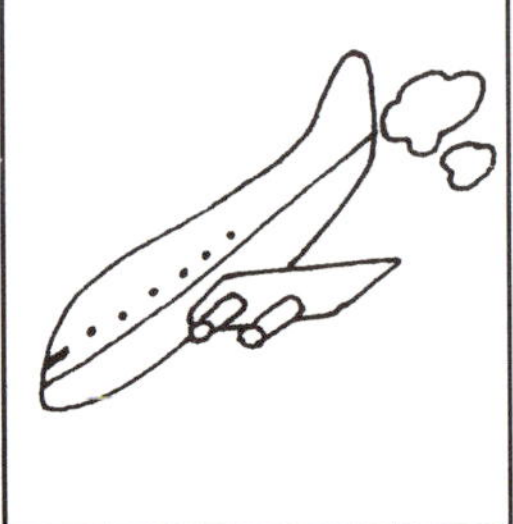

avion
avoin
avino

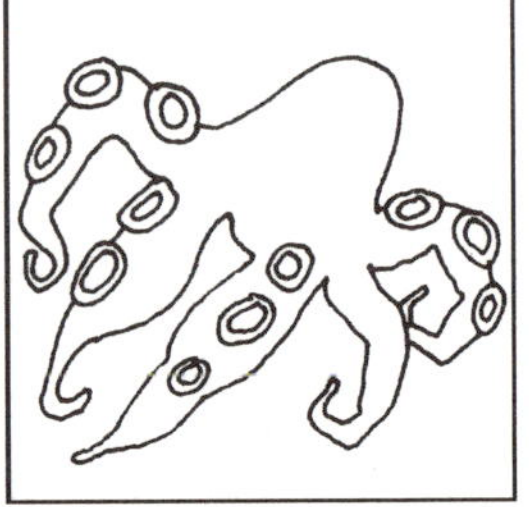

pieurve
pieuvre
pievre

Objectif: découvrir le mot correct parmi des mots semblables.

Le bon calcul

Entoure le calcul dont le résultat est écrit devant les cases.

80	100 : 5 20 + 50 90 − 12 20 × 4 6 × 10	**42**	70 : 2 15 + 33 6 × 7 52 − 5 24 + 26	**27**	3 × 8 52 : 2 2 × 14 49 − 13 9 × 3
36	6 × 6 56 − 26 5 × 7 16 + 17 30 + 36	**12**	28 : 2 3 × 3 30 − 18 45 : 3 4 × 8	**72**	80 : 4 8 × 8 100 − 12 9 × 8 24 + 35
16	64 : 4 32 + 8 24 − 6 3 × 9 57 : 3	**62**	12 + 45 4 × 9 35 + 27 59 + 4 9 × 7	**81**	8 × 7 40 + 51 100 − 11 9 × 9 48 + 37
90	7 × 11 36 + 54 8 × 9 52 + 45 92 − 5	**56**	7 × 8 26 + 25 90 − 36 9 × 6 10 + 47	**28**	12 + 13 40 − 13 3 × 7 56 − 14 7 + 21

Objectif: calculer et comparer les résultats obtenus.

Les formes

Colorie les carrés en bleu, les rectangles en jaune, les cercles en vert et les triangles en rouge.

Objectif: reconnaître les formes simples: carré, rectangle, triangle, cercle.

Faire des phrases

  Fais des phrases et écris-les.

- Le boucher •
- Le boulanger •
- L'épicier •
- Le libraire •
- Le poissonnier •
- Le fleuriste •
- Le droguiste •

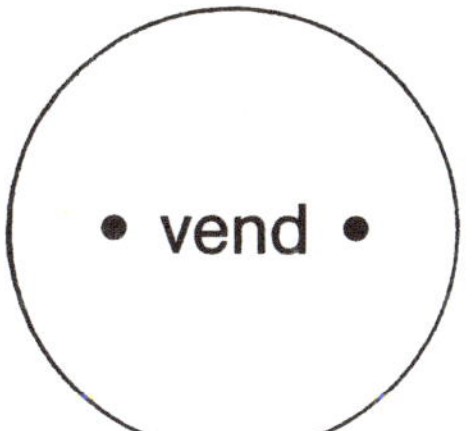

- • des livres.
- • des tulipes.
- • du poisson.
- • des fruits.
- • des roses.
- • de la peinture.
- • de la viande.
- • des légumes.
- • du pain.

Le boucher vend de la viande.
Le boulanger vend du pain.
L'épicier vend des fruits et des
legumes.
Le libraire vend des livres
Le poissonnier vend du poisson.
Le fleuriste vend des tulipes et
des roses.
Le droguiste vend de la peinture.

Objectif: construire des phrases correctes qui ont un sens.

Le renard

Lis le texte et réponds aux questions.

Le renard
Tu reconnaîtras immédiatement un renard à son museau pointu, à ses grandes oreilles et à sa queue en panache. Le jour, il reste caché dans sa tanière souterraine. C'est là que naissent les petits dont le nombre varie entre quatre et huit. Les renards sont essentiellement carnivores; ils se nourrissent de grenouilles, de souris, de rats, de lapins, d'oiseaux, de lézards, d'insectes, de vers... Mais ils se nourrissent parfois aussi de baies, de prunes mûres... On les chasse souvent car ils transmettent une maladie dangereuse: la rage.

Ecris vrai ou faux à côté des phrases.

Les renards sont des animaux carnivores. vrai
Les renards transmettent la grippe. faux
La journée, les renards courent partout. faux
La queue des renards est touffue. faux
La renarde met vingt petits au monde à la fois. faux
Les renards mangent parfois des baies. vrai
Les renards habitent au sommet des arbres. faux

Relie le renard à ce qu'il mange.

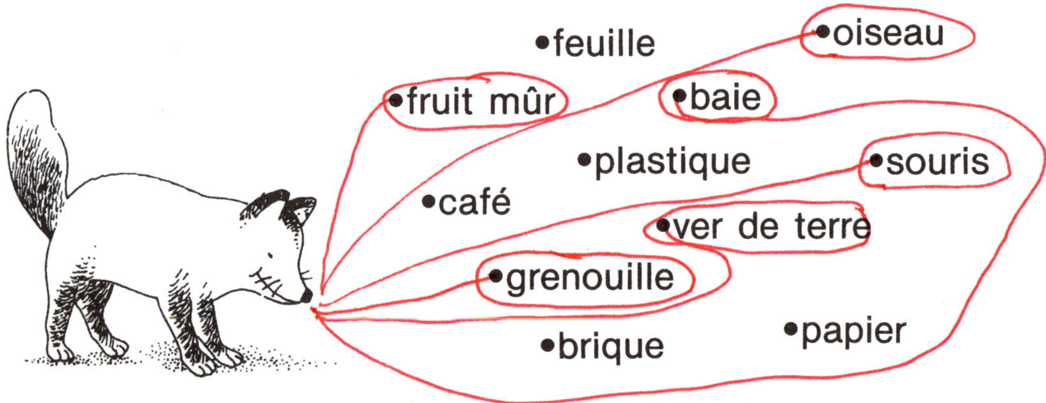

Objectif: compréhension de ce qui est lu.

Qu'est-ce que c'est?

Pour le savoir, fais les calculs et relie les réponses dans le bon ordre.

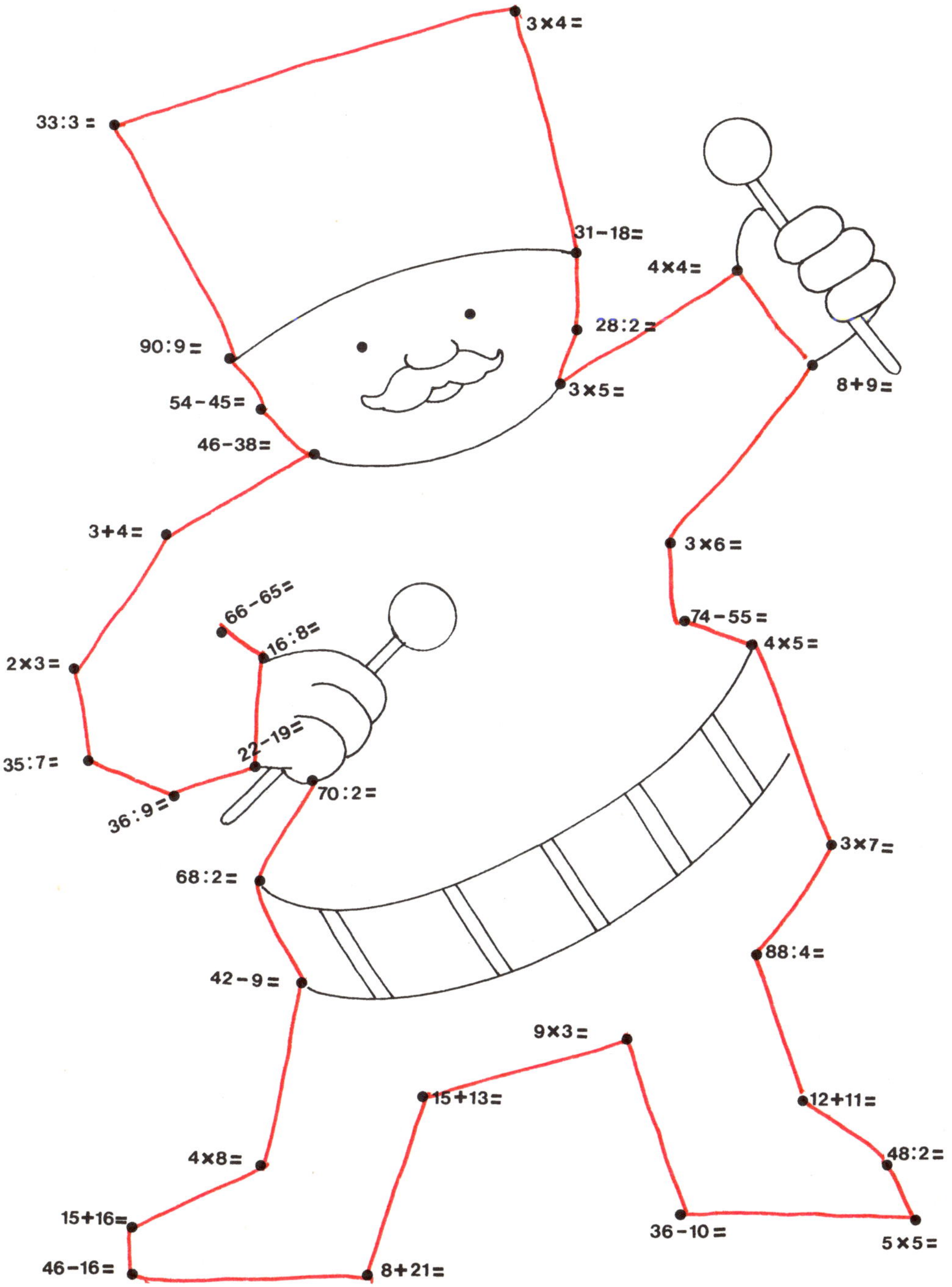

3×4=
33:3=
31−18=
4×4=
28:2=
90:9=
3×5=
8+9=
54−45=
46−38=
3+4=
3×6=
66−65=
16:8=
74−55=
4×5=
2×3=
22−19=
35:7=
36:9=
70:2=
3×7=
68:2=
88:4=
42−9=
9×3=
15+13=
12+11=
4×8=
48:2=
15+16=
36−10=
5×5=
46−16=
8+21=

Objectif: calculer et connaître l'ordre des chiffres.

Il pleut!

Comment Julien va-t-il se protéger de la pluie? Pour le savoir, fais les calculs et écris les lettres au bon endroit, comme dans l'exemple.

i	m	p	e	R	m	e	A	B	L	e
17	**32**	**8**	**30**	**89**	**32**	**30**	**60**	**5**	**22**	**30**

A- 52 + 8 = .60
B- 15 : 3 = .5
C- 3 x 4 = .12
D- 16 + 7 = .23
E- 5 x 6 = .30
F- 7 x 7 = .49
G- 35 : 5 = .7
H- 57 – 9 = .48
I- 22 – 5 = .17
J- 64 + 7 = .71
K- 90 : 10 = .9
L- 11 x 2 = .22
M- 40 – 8 = .32
N- 33 : 3 = .11
O- 45 – 6 = .39
P- 24 : 3 = .8
Q- 38 + 8 = .46
R- 83 + 6 = .89
S- 73 – 7 = .66
T- 44 + 6 = .50
U- 60 : 6 = .10
V- 14 + 14 = .28
W- 56 + 30 = .86
X- 15 + 4 = .19
Y- 27 + 7 = .34
Z- 16 : 4 = .4

Objectif: calculer et associer le résultat à une lettre.

Le bon mot

Entoure les bons mots.

tirge tige tigre	franboise framboise framboisse
paralpuie parapulie parapluie	farceur faceteur facteur
piano paino pianeau	autruche eautruche auturche
bracelet barcelet bracelai	trilange tirangle triangle
cirton citron sitron	camoin comion camion
dramodaire dormadère dromadaire	chateau chatau chapeau

Objectif: découvrir le mot correct parmi des mots semblables.

Aux sports d'hiver

Raconte ce qui se passe en dessous de chaque image.

La petite fille attache sa ski.

Elle perd sa equilibre.

Elle tombe dans la neige.

Elle marche de le sommet de la colline.

Objectif: écrire une petite histoire soi-même.

Mesurer

Mesure tous les côtés des verres et de la paille.

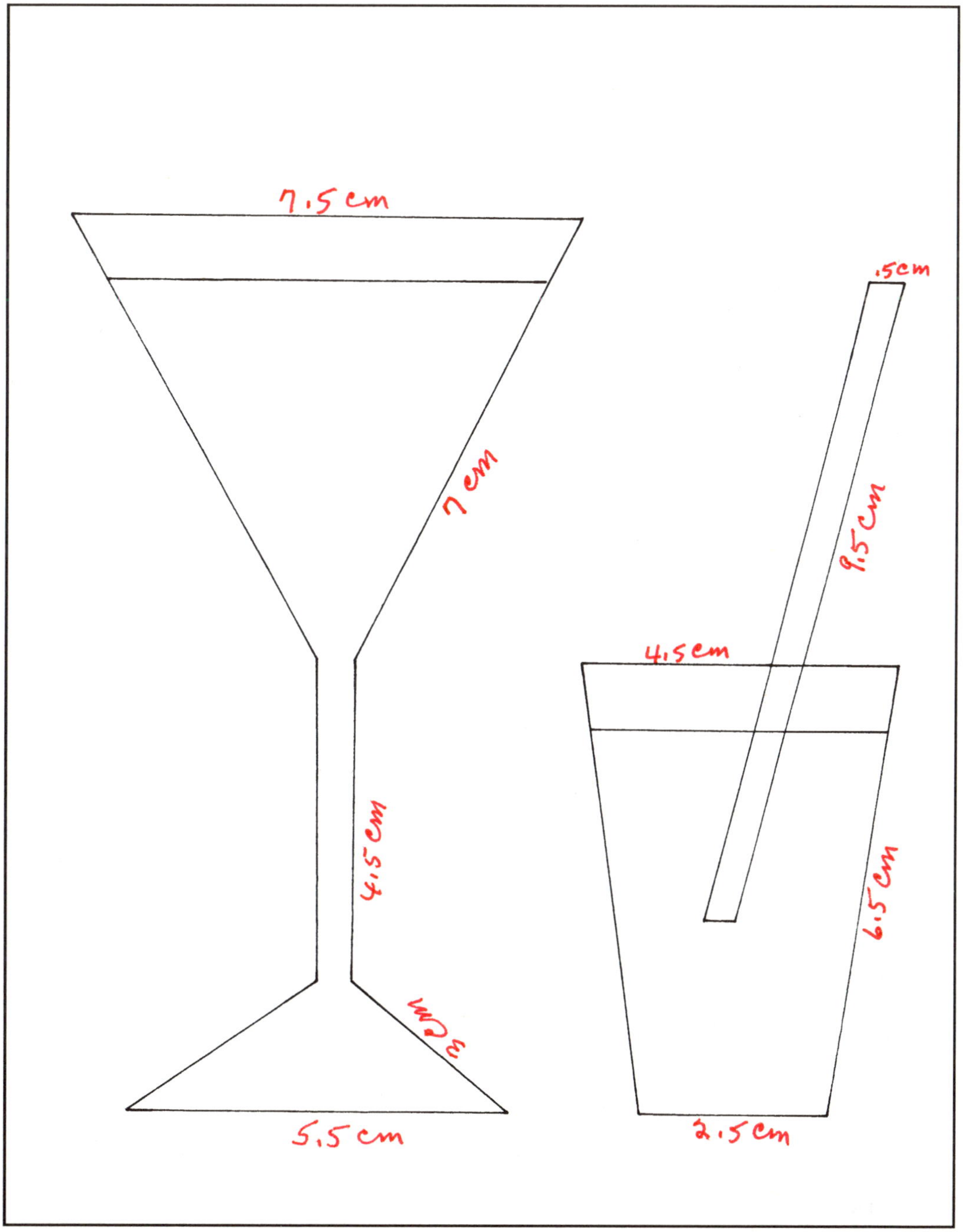

Objectif: utiliser une règle pour mesurer des objets.

Les fleurs

Colorie un seul pétale par fleur: celui dont le résultat du calcul est égal au nombre écrit au centre de la fleur.

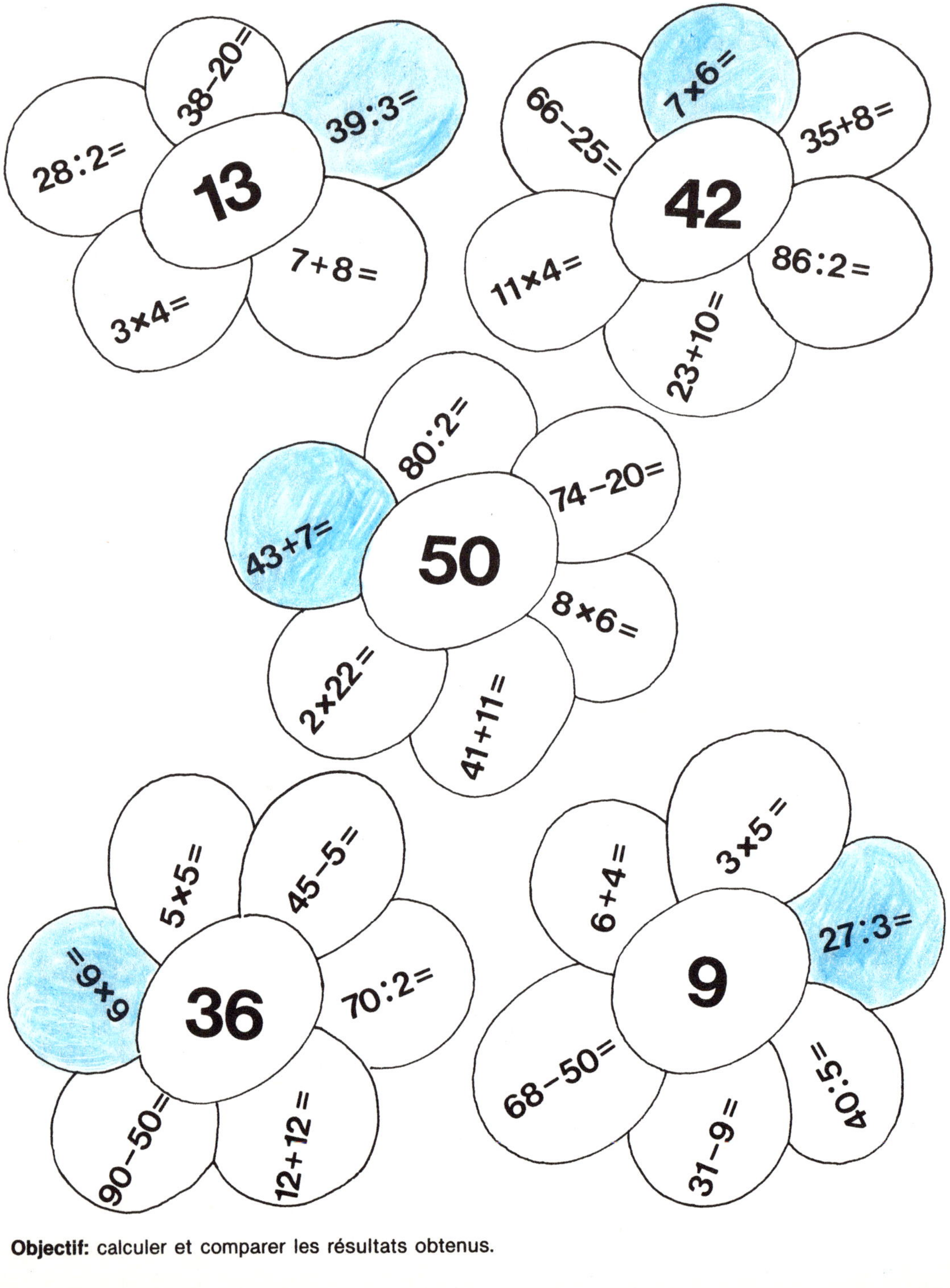

13
38–20=
39:3=
28:2=
7+8=
3×4=

42
66–25=
7×6=
35+8=
11×4=
86:2=
23+10=

50
80:2=
74–20=
43+7=
8×6=
2×22=
41+11=

36
5×5=
45–5=
6×6=
70:2=
90–50=
12+12=

9
6+4=
3×5=
27:3=
68–50=
31–9=
40:5=

Objectif: calculer et comparer les résultats obtenus.

Au théâtre de marionnettes

Peux-tu résoudre tous ces problèmes?

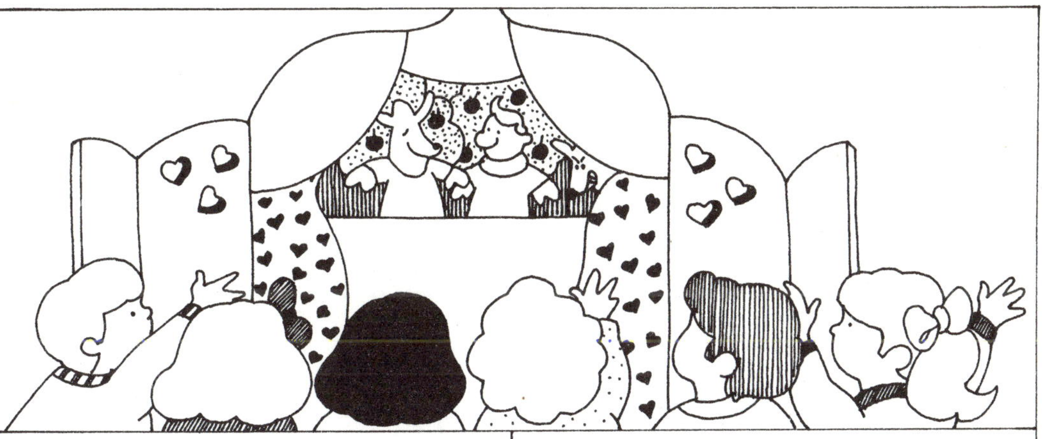

1- Les enfants veulent tous s'asseoir. Il y a 43 enfants mais il n'y a que 38 chaises.
Combien d'enfants vont devoir rester debout? 5

2- Le marionnettiste a 9 femmes-marionnettes, 18 hommes-marionnettes et 3 animaux-marionnettes.
Combien de marionnettes a-t-il en tout? 30

3- Dans cette histoire, le marionnettiste emploie 12 marionnettes.
Combien de marionnettes ne sont pas employées? 18

4- Pendant l'entracte chaque enfant reçoit 2 bonbons.
Combien de bonbons le marionnettiste a-t-il distribués en tout? 86

5- Le spectacle commence à 3 h 10 et se termine à 4 h 55. 1 h 45 min
Combien de temps dure-t-il? (Pour t'aider tu peux dessiner les cadrans).

6- La marionnette de Polichinelle mesure 25 cm et celle de la fée mesure 7 cm en plus.
Combien de cm mesure la fée? 32

Objectif: résoudre des problèmes arithmétiques.

Les magasins

Entoure les bons mots.

Chez le boucher j'achète:	**Chez le libraire j'achète:**
jambon pâté allumettes saucisson savon poulet pain sac os poupée poisson viande assiette carotte chat charcuterie	bande dessinée chaussette livre margarine cafetière plante lion carte postale journal fenêtre grenouille crayon papier à lettres
Chez le boulanger j'achète:	**Chez le fleuriste j'achète:**
pain au chocolat confiture voiture croissant pêche beurre pain livre os café au lait crayon tulipe limonade chou à la crème	pantalon hibou muguet tournevis persil iris mot marguerite rose poireaux jacinthe armoire tulipe lac plantes vertes farine

Objectif: compréhension de ce qui est lu.

Des locomotives et des wagons

Fais les calculs et relie les wagons aux locomotives qui ont un résultat identique.

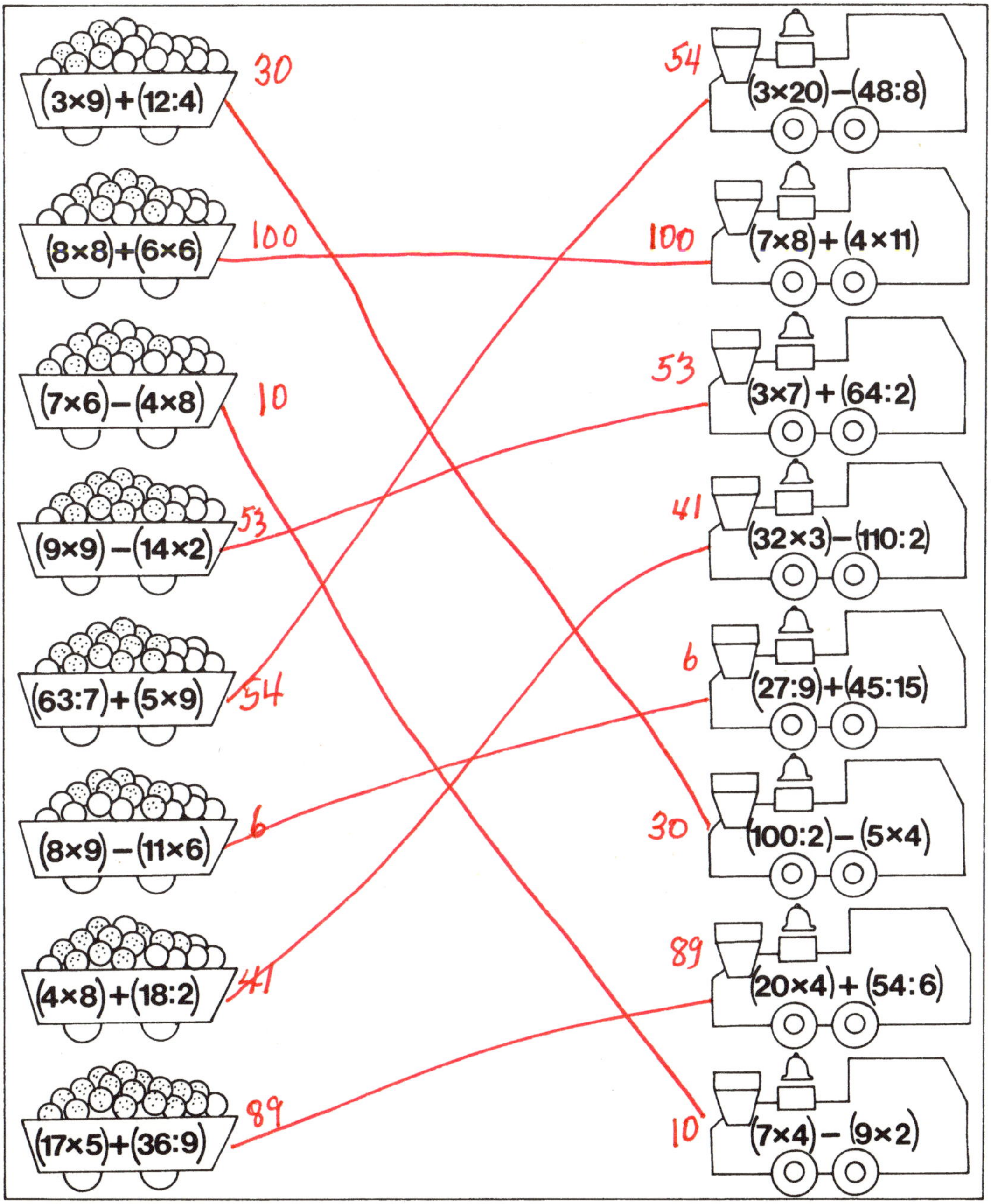

Wagons		Locomotives	
(3×9) + (12:4)	30	(3×20) – (48:8)	54
(8×8) + (6×6)	100	(7×8) + (4×11)	100
(7×6) – (4×8)	10	(3×7) + (64:2)	53
(9×9) – (14×2)	53	(32×3) – (110:2)	41
(63:7) + (5×9)	54	(27:9) + (45:15)	6
(8×9) – (11×6)	6	(100:2) – (5×4)	30
(4×8) + (18:2)	41	(20×4) + (54:6)	89
(17×5) + (36:9)	89	(7×4) – (9×2)	10

Objectif: faire des calculs à plusieurs membres et relier les résultats identiques.

En miroir

La deuxième moitié des dessins a été dessinée en miroir mais il y a des fautes. Peux-tu les retrouver et les entourer?

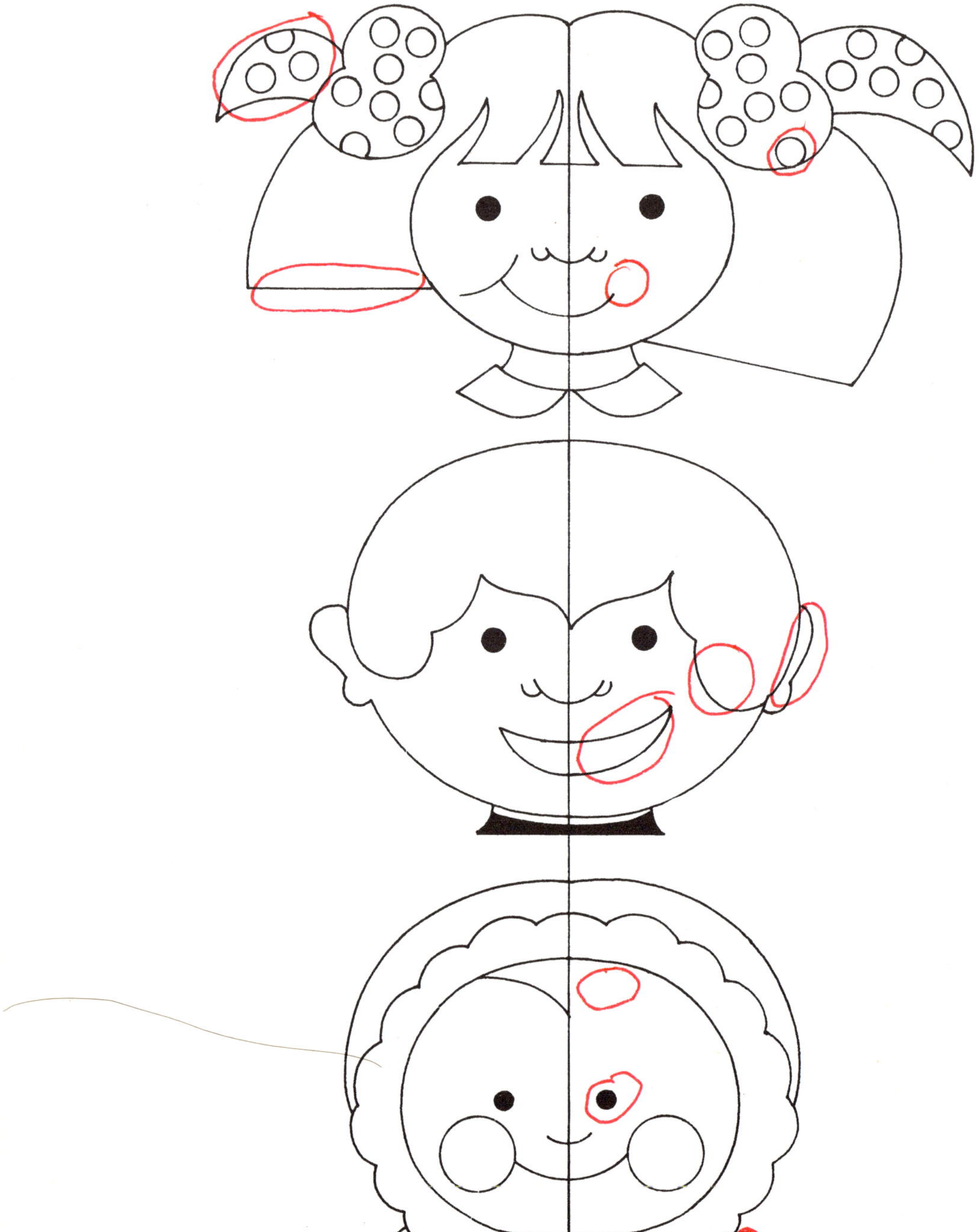

Objectif: compréhension de ce que signifie le dessin en miroir et exercice d'attention.

Séries!

Essaye de découvrir chaque fois quelle est l'opération représentée par les flèches puis continue la série, comme dans l'exemple.

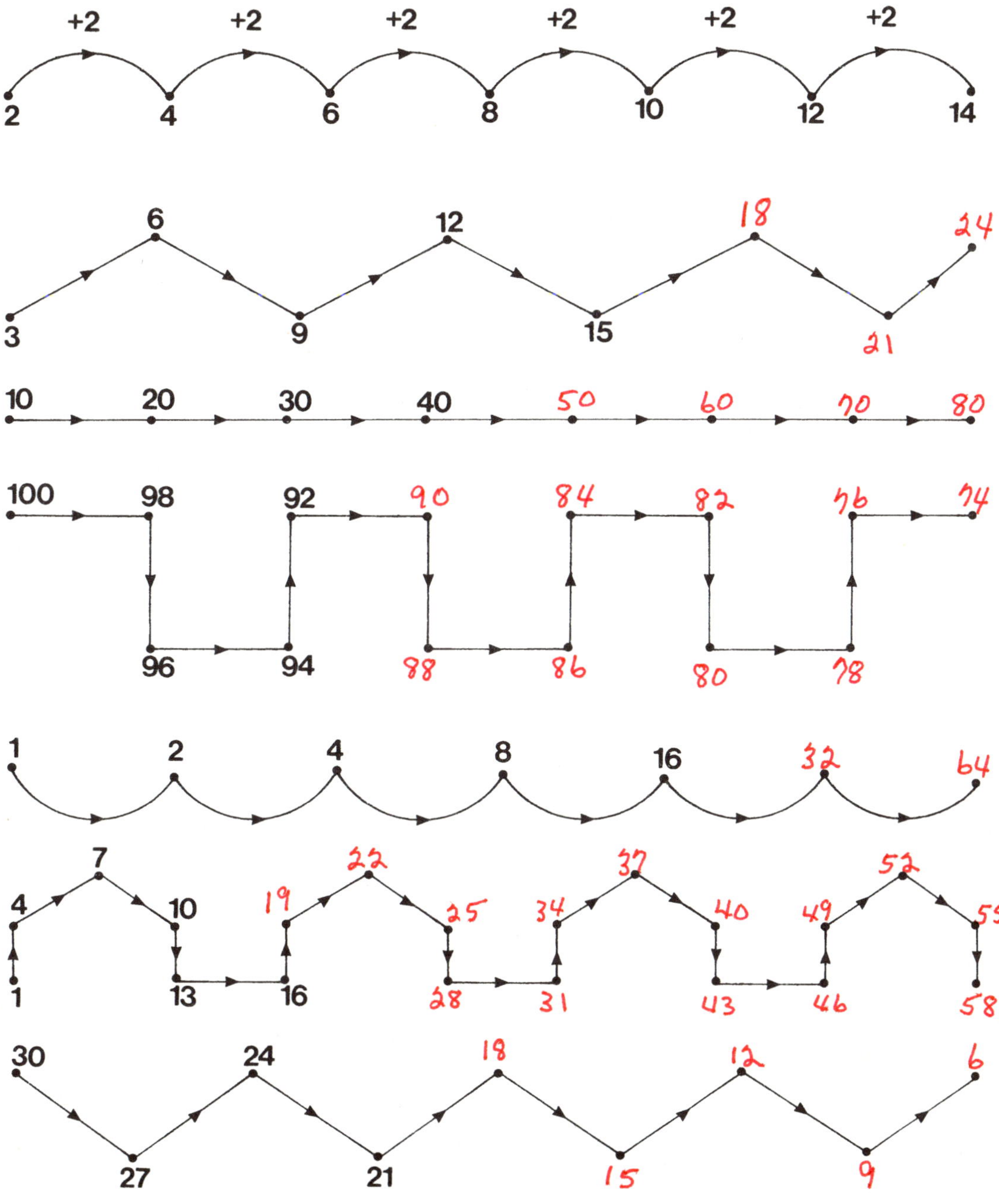

+2 +2 +2 +2 +2 +2

2 4 6 8 10 12 14

3 6 9 12 15 18 21 24

10 20 30 40 50 60 70 80

100 98 96 94 92 90 88 86 84 82 80 78 76 74

1 2 4 8 16 32 64

1 4 7 10 13 16 19 22 25 28 31 34 37 40 43 46 49 52 55 58

30 27 24 21 18 15 12 9 6

Objectif: découvrir les opérations mathématiques entre les nombres.

Le présent

Complète les phrases.

	Je me promène dans la forêt. Tu te promenes dans la forêt. Il se promene dans la forêt. Nous Nous promenons dans la forêt. Vous vous promenez dans la forêt. Ils se proment dans la forêt.
	Je donne des fleurs à maman. Tu donnes des fleurs à maman. Il donne des fleurs à maman. Nous donnons des fleurs à maman. Vous donnez des fleurs à maman. Ils donnent des fleurs à maman.
	Je suis un beau kangourou. Tu es un beau kangourou. Il est un beau kangourou. Nous sommes de beaux kangourous. Vous etes de beaux kangourous. Ils sont de beaux kangourous.
	J'ai un tambour rouge. Tu as un tambour rouge. Il a un tambour rouge. Nous avons un tambour rouge. Vous avez un tambour rouge. Ils ont un tambour rouge.

Objectif: conjuguer différents verbes au présent.

Le vélo de Maud

Pour aider Maud à retrouver son vélo, fais tous les calculs et relie les résultats pairs dans le bon ordre.

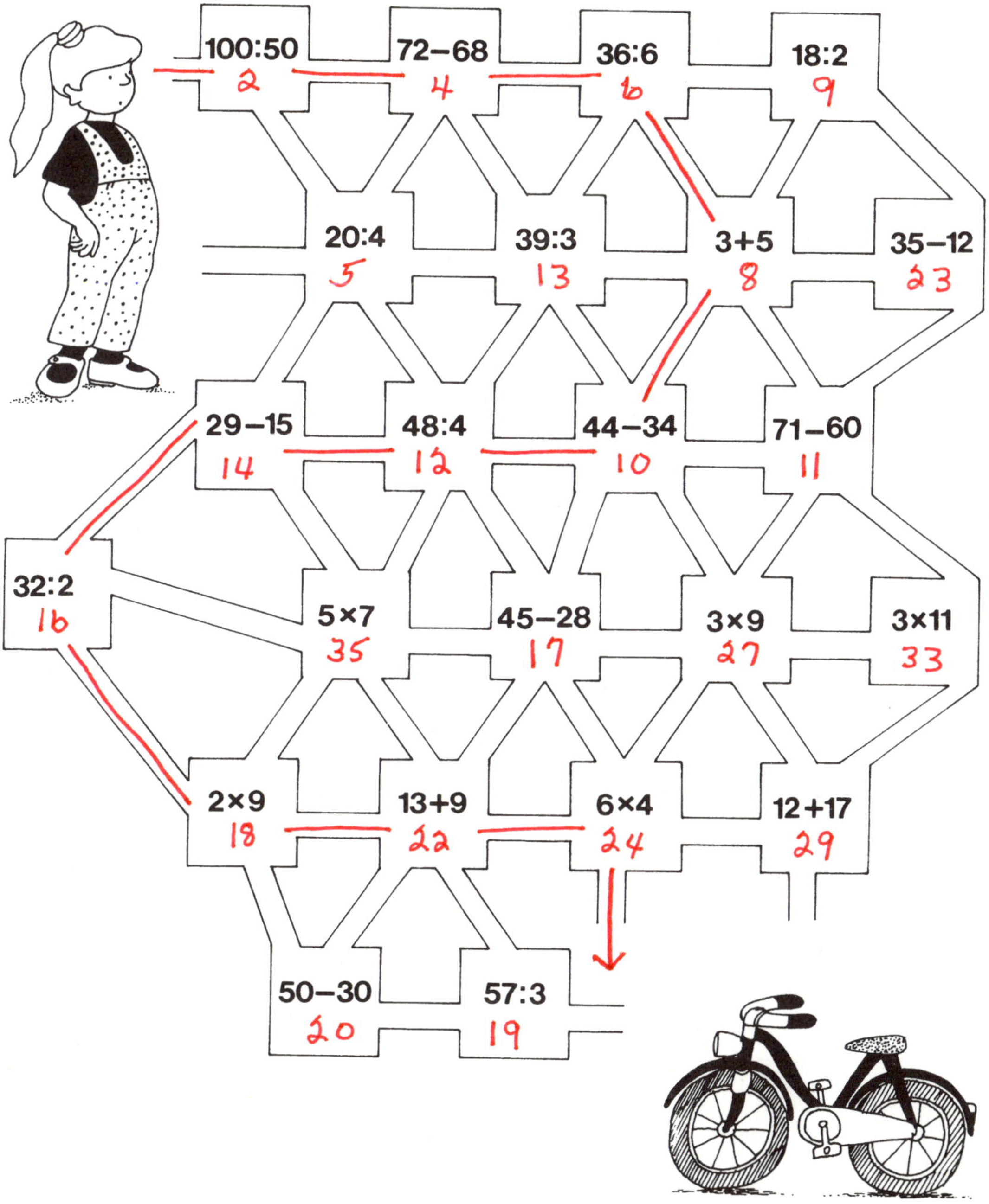

100:50 72−68 36:6 18:2

20:4 39:3 3+5 35−12

29−15 48:4 44−34 71−60

32:2

5×7 45−28 3×9 3×11

2×9 13+9 6×4 12+17

50−30 57:3

Objectif: calculer et comprendre la notion de nombre pair.

Tableaux

Fais toutes les additions, sauf si la case est coloriée en noir.

+	12	37	50	7	23	48	73	34	15	21
3	15	40	53		26	51	76	37	18	24
30	42		80	37	53		103	64		51
8	20	45	58	15	30	56	81		23	29
10		47	60	17	33	58	83	44	25	31
9	21		59	16	32	57	82	43	24	
7	19	44	57	14	30	55		41	22	28
6	18	43	56		29	54	79	40	21	27

Fais tous les calculs, sauf si la case est coloriée en noir.

−	8	10	4	6	7
39	31	29	35		32
23	15		19	17	16
70	62	60		64	63
17		7	13	11	
43	35	33	39		36
16		6	12	10	11

×	3	2	4	5	10
5	15	10	20		50
3	9		12	15	30
8	24	16	32	40	80
2		4		10	20
10	30		40	50	100
4	12	8	16	20	

Objectif: faire des additions, des soustractions et des multiplications.

Le petit chien

Complète les phrases.

Je suis un petit chien.
Tu es un petit chien.
Il est un petit chien.
Nous sommes des petits chiens.
Vous etes des petits chiens.
Ils sont des petits chiens.

J'ai quatre pattes et deux oreilles.
Tu as quatre pattes et deux oreilles.
Il a quatre pattes et deux oreilles.
Nous avons quatre pattes et deux oreilles.
Vous avez quatre pattes et deux oreilles.
Ils ont quatre pattes et deux oreilles.

J'aime bien me promener dans la forêt.
Tu aimes bien te promener dans la forêt.
Il aime bien se promener dans la forêt.
Nous aimons bien nous promener dans la forêt.
Vous aimez bien vous promener dans la forêt.
Ils aiment bien se promener dans la forêt.

Je joue à la balle avec mon ami Gilles.
Tu joues à la balle avec ton ami Gilles.
Il joue à la balle avec son ami Gilles.
Nous jouons à la balle avec nos Notre ami Gilles.
Vous jouez à la balle avec votre ami Gilles.
Ils jouent à la balle avec leur ami Gilles.

Objectif: conjuguer différents verbes au présent.

Les sons

Relie les mots aux bonnes balles.

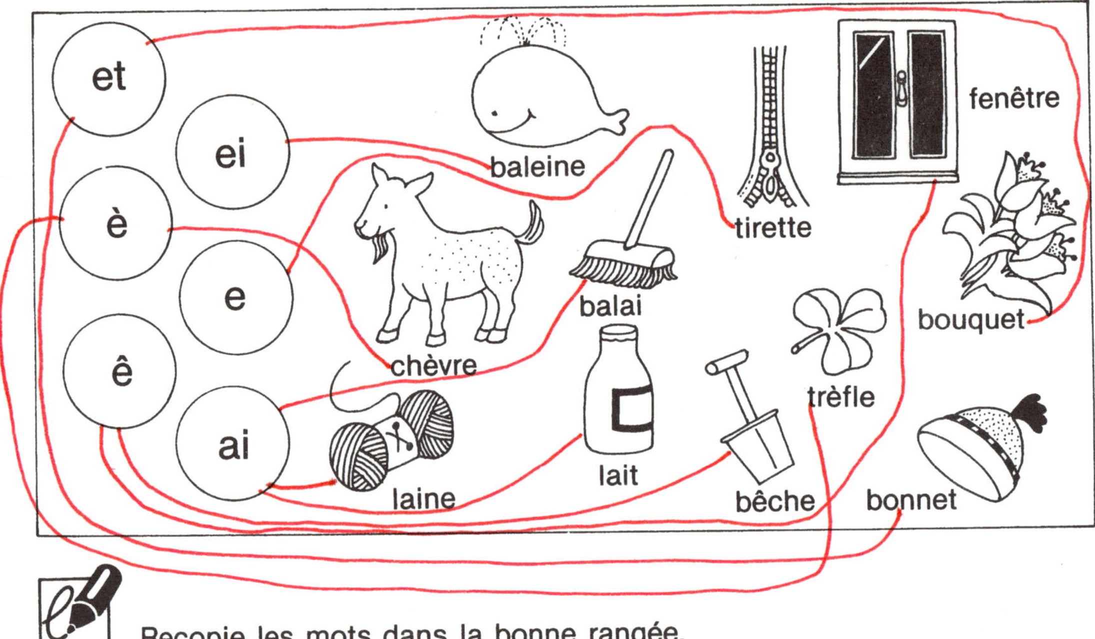

Recopie les mots dans la bonne rangée.

bain - plein - vin - imperméable - chemin - main - peinture - singe - sapin - timbre - inventer - nain - teinture.

in	Vin chemin singe sapin inventer
im	impermeable timbre
ain	bain main nain
ein	plein peinture teinture

plante - empreinte - lampe - printemps - méchant - banc - vent - sentir - champ - jambe - dans - dent - rang - lancer.

an	plante mechant banc dans rang lancer
am	lampe champ jambe
en	vent sentir dent
em	empreinte printemps

Objectif: repérer différentes transcriptions d'un même son.

Dans le jardin

Résous tous les problèmes.

	Dans le jardin il y a 13 fleurs roses, 25 fleurs bleues, 46 fleurs jaunes et 8 fleurs rouges. Combien de fleurs y a-t-il en tout? 92
	Le grand pommier porte 54 pommes et le petit pommier en porte 26 de moins. Combien de pommes porte le petit pommier? Combien de pommes portent les deux pommiers? 28 82
	Avec un arrosoir rempli d'eau, Chloé arrose 15 fleurs. Combien de fois doit-elle remplir son arrosoir pour arroser 45 fleurs? Et pour 90 fleurs? 3 times 6 times
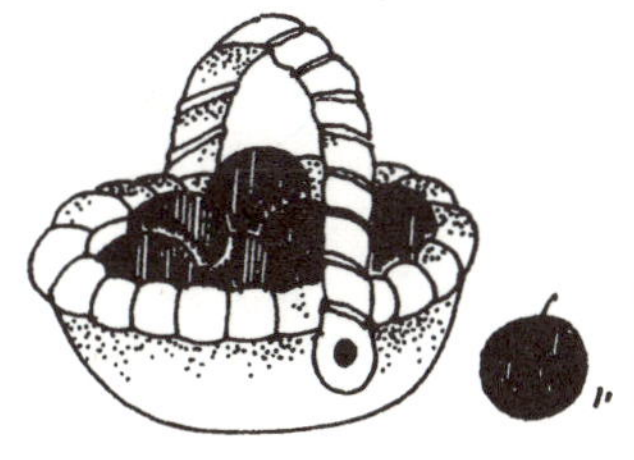	Thomas ramasse des pommes. Si 3 pommes pèsent 1 kilo, combien de pommes faut-il pour obtenir 2 kilos? Et 5 kilos? Et 10 kilos? 6 pommes 15 pommes 30 pommes
	Benoît tond la pelouse. Il commence à 10 h 35 et termine à 11 h 20. Combien de temps a-t-il mis pour tondre la pelouse? 45 minutes

Objectif: résoudre des problèmes.

Courir

Le lion s'est échappé. Essaye de le rattraper en suivant les instructions ci-dessous.

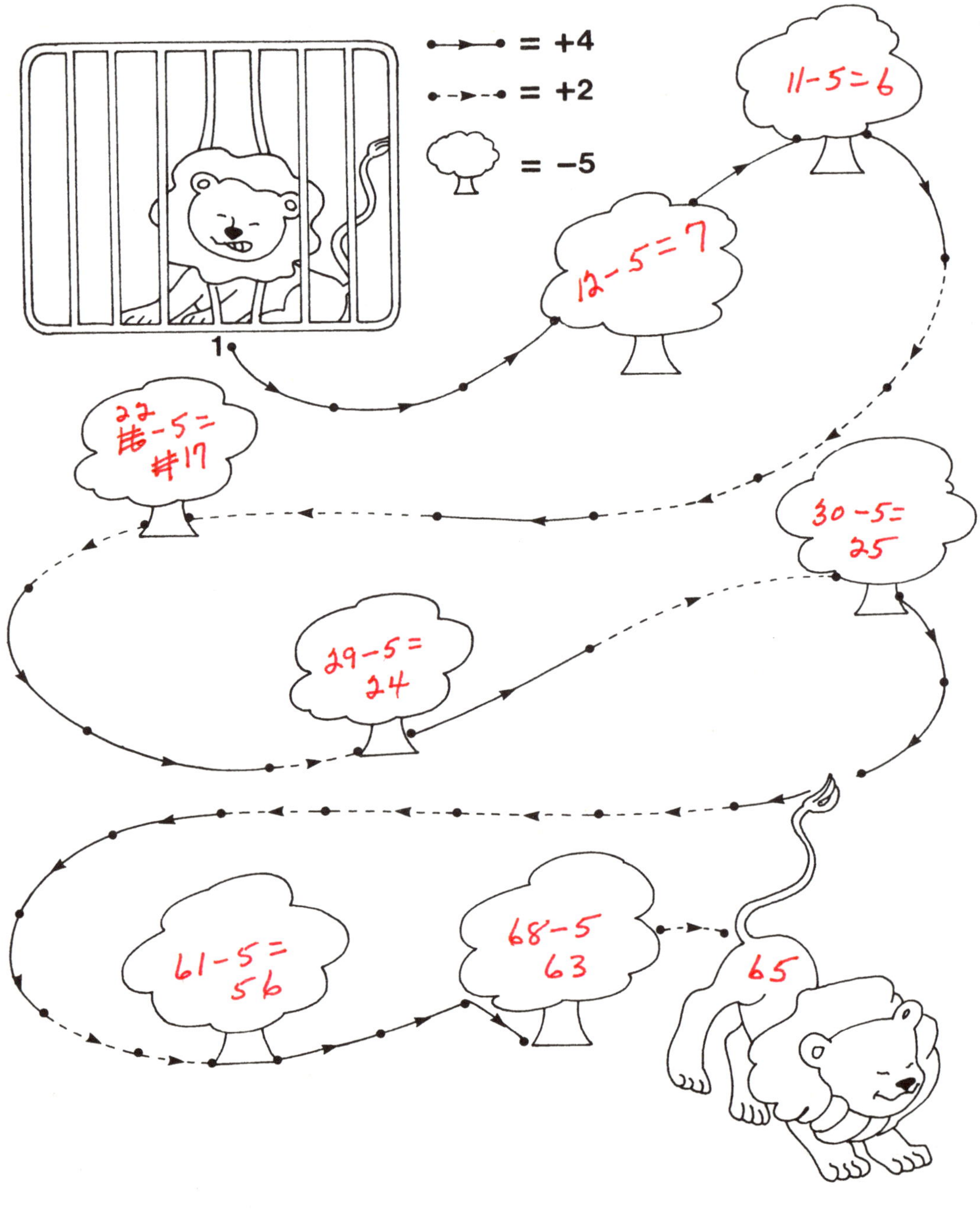

→ = +4

- - → - - = +2

(arbre) = −5

1

Objectif: faire un long calcul en utilisant un code.

La fête de l'institutrice

Les enfants donnent des fleurs à l'institutrice pour sa fête. Qui a donné le plus de fleurs?

12 + 8 + 25 + 15 + 13

Sylvie a donné 73 fleurs.

21 + 18 + 7 + 35 + 12

Pierre a donné 93 fleurs.

17 + 6 + 33 + 9 + 9

Carinne a donné 74 fleurs.

6 + 28 + 17 + 7 + 13

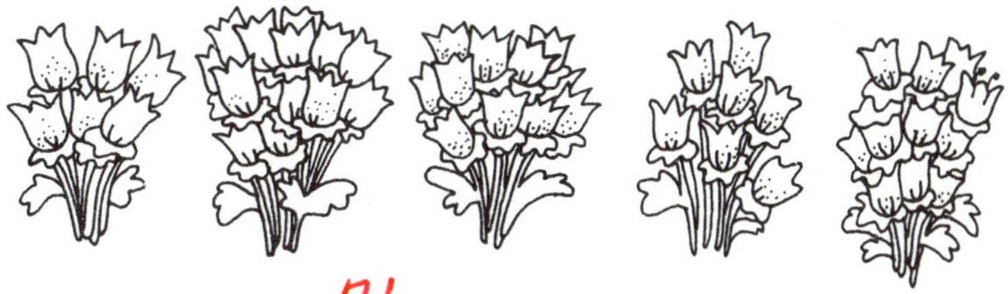

Alain a donné 71 fleurs.

Objectif: faire de longues additions.

Les maisons

A chaque phrase correspond une des trois maisons dessinées. Ecris le nom des maisons à côté des phrases correspondantes.

Cette maison est en toile. tente

Elle a un grand jardin. ______

Elle abrite plusieurs familles. gratte-ciel

On y trouve un ascenseur. gratte-ciel

Une seule famille y habite toute l'année. maison

On ferme cette maison avec une tirette. ______

Elle est très haute. gratte-ciel

Elle n'a qu'un étage. tente

On y trouve un grenier. maison

On peut la construire en une heure. tente

On l'emmène en vacances. tente

Elle a plusieurs étages. gratte-ciel

Objectif: compréhension de ce qui est lu.

La chandeleur

Qui a mangé le plus de crêpes?

20 + 20 + 28 + 15 + 13

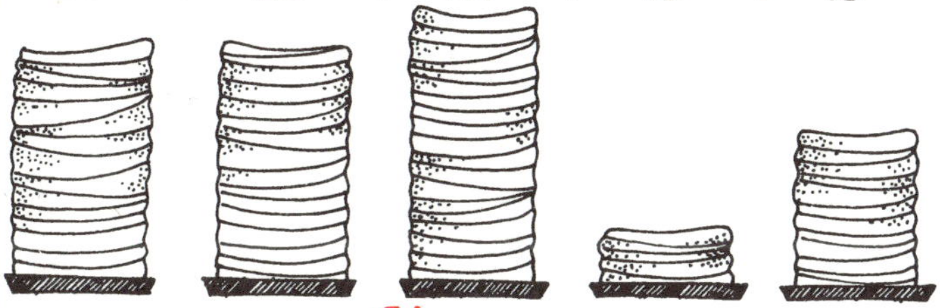

Françoise a mangé ...96... crêpes.

26 + 5 + 8 + 13 + 19 + 4

Sébastien a mangé ...75... crêpes.

16 + 15 + 28 + 7 + 17

Véronique a mangé ...83... crêpes.

3 + 6 + 18 + 8 + 19 + 18

Jonathan a mangé ...74... crêpes.

Objectif: faire de longues additions.

Diviser

Résous les problèmes.

32 livres
Partage-les entre 4 enfants.
Chacun reçoit .....8..... livres.

27 bonnets.
Partage-les entre 9 enfants.
Chacun reçoit .....3..... bonnets.

15 voitures.
Partage-les entre 3 enfants.
Chacun reçoit .....5..... voitures.

60 cassettes
Partage-les entre 10 enfants.
Chacun reçoit .....6.. cassettes.

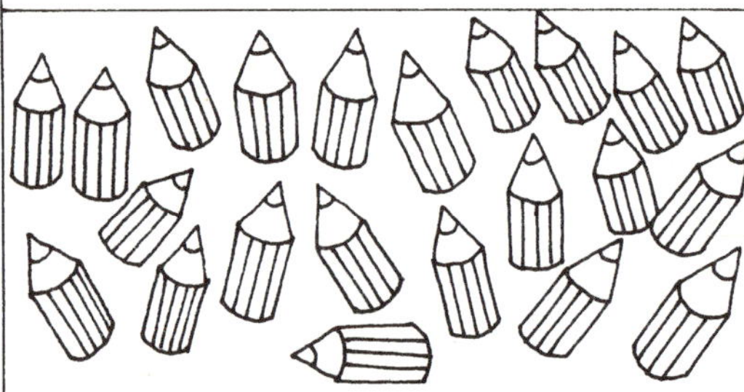

42 crayons.
Partage-les entre 6 enfants.
Chacun reçoit .....7..... crayons.

28 bonbons
Partage-les entre 7 enfants.
Chacun reçoit .....4..... bonbons.

Objectif: résoudre des problèmes de division.

Au jardin zoologique

Entoure les groupes sujets puis recopie les phrases en les remplaçant par il, elle, ils ou elles.

La caissière vend les tickets d'entrée.

Elle vend les tickets d'entree.

Alice, Bernard et Sarah entrent au zoo.

Ils entrent au zoo.

Les girafes ont un long cou.

Ils ont un long cou.

Le tigre marche dans sa cage.

Il marche dans sa cage.

La lionne a eu quatre petits.

Elle a eu quatre petits.

Remplace les pronoms il, elle, ils et elles par d'autres sujets.

Elles achètent une glace à la vanille.

Alice et Sarah achetent une glace à la vanille.

Il a deux grandes cornes.

Le cerf a deux grandes cornes

Ils ont une longue trompe.

Elephants ont une longue trompe.

Elle est plus petite qu'un éléphant.

Sarah est plus petite qu'un elephant.

Il se promène en pyjama.

Bernard se promene en pyjama

Ils ont deux bosses sur le dos.

Chameaux ont deux bosses sur le dos.

Objectif: savoir isoler le sujet d'une phrase.

Au terrain de jeux

Complète les phrases.

Complète par **a** ou **à**.

Sophie __a__ reçu de nouveaux patins __à__ roulettes. Elle les __a__ déjà étrennés __à__ midi, puis elle __a__ décidé d'aller __à__ la plaine de jeux.
Miam, voici le marchand de glaces. Sophie __a__ pris de l'argent dans sa poche et elle __a__ acheté une glace __à__ la vanille.
Les amis de Sophie sont arrivés. Sophie les __a__ vus __à__ l'entrée du terrain de jeux.

Complète par **ont** ou **on**.

Les amis de Sophie __ont__ apporté une balle.
" __On__ joue à la balle?" a dit Olivier.
Les enfants __ont__ joué toute l'après-midi. Ils __ont__ couru, ils __ont__ sauté, ils __ont__ glissé sur le toboggan et ils se sont balancés sur la balançoire.
" __On__ s'est bien amusés!" a dit Sophie.

Complète par **sont** ou **son**.

Olivier a perdu __son__ manteau gris. Tous les enfants __sont__ partis à la recherche du manteau. Ils ont regardé partout. Ils __sont__ même montés au-dessus de la grande cage. Et, tout à coup, Sophie a crié à __son__ ami: "Le voilà!"
Ouf! Quel soulagement. Les enfants __sont__ enfin tous rentrés à la maison.

Objectif: distinguer les différents emplois de **a** et **à**, **on** et **ont**, **sont** et **son**.

Tableaux

Fais toutes les multiplications.

×	2	7	3	8	4	9	5	10	6
10	20	70	30	80	40	90	50	100	60
8	16	56	24	64	32	72	40	80	48
6	12	42	18	48	24	54	30	60	36
4	8	28	12	32	16	36	20	40	24
2	4	14	6	16	8	18	10	20	12
9	18	63	27	72	36	81	45	90	54
7	14	49	21	56	28	63	35	70	42
5	10	35	15	40	20	45	25	50	30
3	6	21	9	24	12	27	15	30	18

Fais tous les calculs sauf s'il y a un dessin dans la case.

+	50	32	17	41	24	7
13	63		30	54		20
25	75	57	42	66	49	
9	59	41		50	33	16
46		78	63	87	70	53
39	89	71	56	40		46
48		80	65	89	72	55

−	53	16	34	28	6	47
90	37		56	62	84	43
71	18	55	37		65	24
88		72	54	60	82	
56	3	40	22	28		9
75	22	59		47	69	28
63		47	29	35	57	16

Objectif: multiplier, additionner et soustraire.

Les jongleurs

Complète les calculs des balles. Les résultats sont écrits sur les jongleurs.

20

27

35

Objectif: découvrir plusieurs calculs qui donnent le même résultat.

Les adjectifs

Ecris le bon adjectif.

un glaçon froid une glace froide	un feu rouge une fleur rouge
un vieux monsieur une vieille dame	un banc blanc une chaise blanche
un beau verre une belle tasse	un paquet leger une valise légère
un gros nuage une grosse vague	un garçon joyeux une fille joyeux Joyeuse
un bon gâteau une bonne tarte	un long bras une longue jambe
un pantalon neuf une blouse neuve	un citron mûr une pomme mure

Objectif: accorder l'adjectif au nom.

Mots croisés

Résous les mots croisés.

	1	2	3	4	5	6	7	8	9	10
1	m	i	N	c	e		o	g	R	e
2	e		u					e		t
3	t	R	A	i	N		c	a	g	e
4	R		G			V		n		
5	e	L	e	p	h	a	n	t		m
6				o		G			T	a
7	f	a	c	T	e	u	R	s		n
8	i		A			e		i		T
9	L	i	v	R	e		o	N	z	e
10	e		e					G		A
11	T	A	s	s	e		b	e	a	u

Horizontalement

1. Pas gros;
   il mange les enfants dans les contes;
3. Il roule sur des rails;
   l'oiseau est enfermé dans sa ....;
5. Il a une trompe;
6. Ma, ..., sa;
7. Ils distribuent les lettres;
9. Je lis un ....;
   entre dix et douze;
11. Je bois du lait dans une ....;
   pas laid.

Verticalement

1. 100 centimètres;
   on pêche les crevettes dans un ....
3. Il y en a dans le ciel;
   en bas des maisons on trouve les ....
4. Un .... de fleurs;
6. La mer en a;
8. Ce n'est pas un nain;
   il aime les bananes;
10. Belle saison;
    il protège du froid.

Objectif: compréhension de ce qui est lu.

+, –, : et x

Complète les calculs avec les signes +, –, : cu x.

26 • 29 = 55

6 • 7 = 42

12 • 4 = 48

72 • 9 = 8

65 • 33 = 32

27 • 3 = 24

18 • 3 = 6

56 • 37 = 19

79 • 70 = 9

44 • 18 = 62

59 • 33 = 92

32 • 2 = 16

7 • 4 = 28

Objectif: compléter les calculs avec les signes +, –, : et x.

$<$, $>$ ou $=$

Fais les calculs et écris le signe correct dans la case, comme dans l'exemple.

4 x 5	= .	$<$	31 – 10	= .
60 : 2	= .		5 x 7	= .
39 + 8	= .		55 – 8	= .
57 + 6	= .		11 x 5	= .
28 : 7	= .		32 : 8	= .
19 + 20	= .		19 x 2	= .
15 x 3	= .		5 x 9	= .
98 – 20	= .		20 x 4	= .
24 : 3	= .		36 : 6	= .
54 + 8	= .		32 + 32	= .
2 x 6	= .		22 – 8	= .
4 x 8	= .		16 x 2	= .
44 + 7	= .		62 – 8	= .
24 : 8	= .		18 : 6	= .
73 – 6	= .		86 – 20	= .
42 + 9	= .		10 x 5	= .
90 : 10	= .		3 x 4	= .
76 – 8	= .		35 + 34	= .
4 x 6	= .		2 x 9	= .

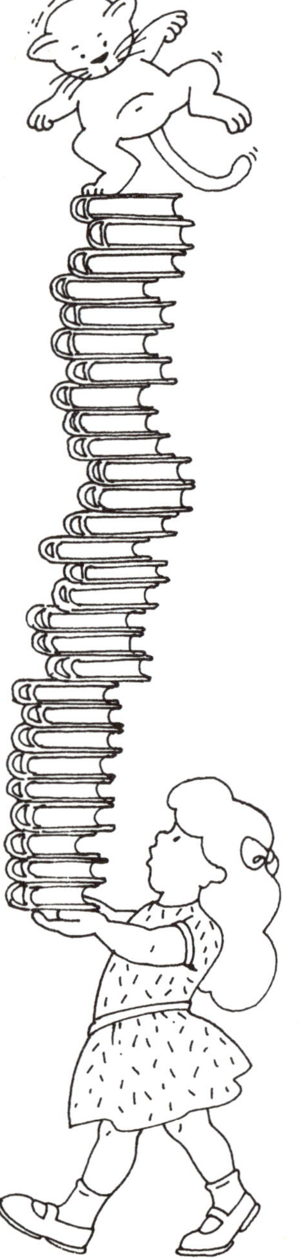

Objectif: calculer et utiliser les signes $<$, $>$ et $=$.

Les marchands de ballons

Essaye de trouver des calculs pour les marchands de ballons.

Objectif: découvrir plusieurs opérations donnant un même résultat.

Ecrire des phrases

Ecris de petites phrases qui contiennent les mots représentés par les dessins.

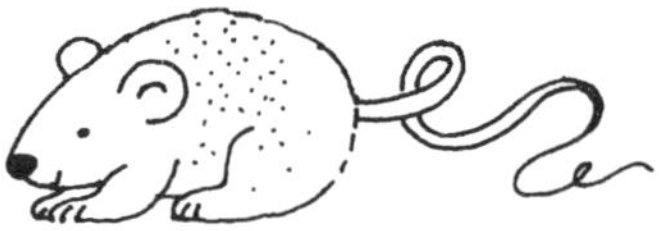

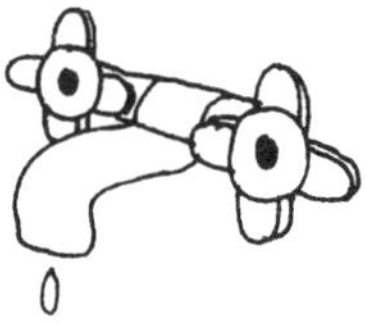

Objectif: construire des phrases.

Dessine

Dessine les deuxièmes moitiés de ces dessins.

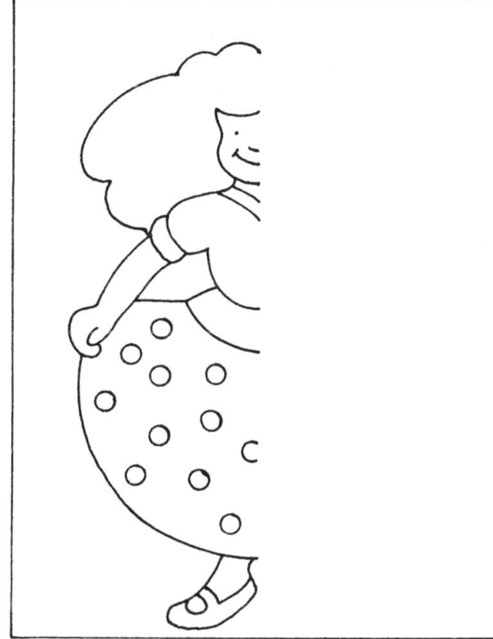

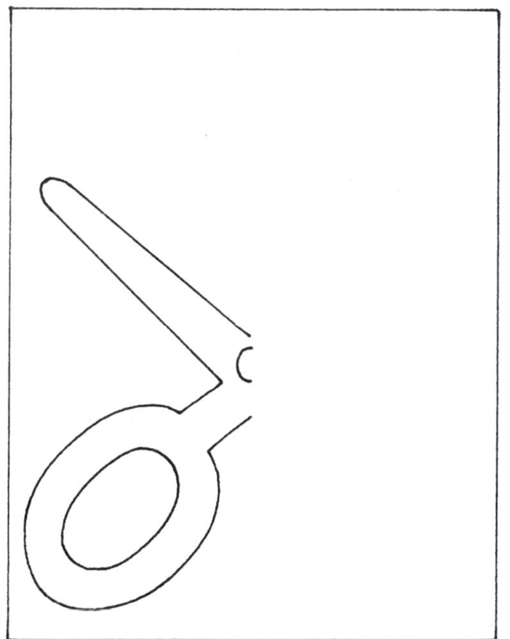

Objectif: compréhension de la notion de symétrie.

Les taches

Ludovic a fait de grosses taches sur son cahier d'exercices. Ecris les nombres qui ont disparu sous les taches.

- 28 : 2 = …
- 12 : … = 6
- 32 : … = 4
- 30 : … = 5
- 4 × 5 = …
- 4 × 7 = …
- 48 − … = 39
- 43 − 9 = …
- 30 + … = 60
- … − 6 = 52
- … + 42 = 50
- 3 … 4 = 12

Objectif: compléter des calculs.

Le mot correct

Complète les mots.

m ou n

éléphа___t
pe___ser
tre___bler
i___perméable
bro___zer
lapi___
no___bre
mo___tre
fra___boise
e___fa___t
bru___
la___pe
ra___g
poussi___
vi___
ro___de
bla___che
parfu___
to___ber
ti___bre
tre___per
pla___che
po___t
sa___té
o___bre

è, ê ou ai

vr___
fen___tre
jam___s
col___re
l___ne
m___son
tr___fle
z___bre
t___te
l___t
bal___
premi___re
m___me
v___tement
s___son
ch___vre
pal___s
f___te
p___cher
ch___se
lumi___re
r___ve
m___re
fr___se
li___vre

gn ou ng

monta___e
pi___ouin
oi___on
ma___er
arai___ée
ga___er
si___e
ro___eur
gri___oter
châtai___e
pei___e
lo___ue
la___ue

g ou gu

___enou
___ignol
rè___le
___orille
navi___er
va___e
plon___er
ma___asin
ba___e
___ant
an___le
fati___é
ma___ie

Objectif: exercer l'orthographe.

Les sujets

Souligne les groupes sujets puis recopie les phrases en les remplaçant par il, elle, ils ou elles.

Les poissons nagent dans l'étang.

Ils nagent dans l'étang.

Les grenouilles sautent dans l'eau.

Elles sautent dans l'eau.

La cane a eu sept petits canetons.

Elle a eu sept petits canetons.

L'étang se trouve au milieu des bois.

Il se trouve au milieu des bois.

Valérie et Marc aiment bien nourrir les canards.

Ils aiment bien nourrir les canards

Remplace les pronoms il, elle, ils et elles par un autre sujet.

Il se promène dans la forêt.

Marc se promène dans la foret.

Elles cueillent des fleurs rouges.

Les filles cueillent des fleurs rouges

Ils se protègent de la pluie.

Les enfants se protegent de la pluie

Il grimpe aux arbres.

Le singe grimpe aux arbres.

Elle mange des vers de terre.

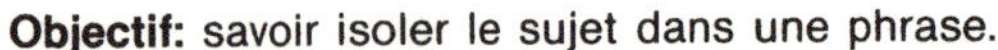

Objectif: savoir isoler le sujet dans une phrase.

Calcule

Fais les calculs ou complète-les.

23 + 46 − 5 = . 64
45 − 17 − 12 = . 16
9 + 13 + 59 = . 81
78 − 37 − 13 = . 28
64 + 16 − 24 = . 56
32 − 16 + 19 = . 35
89 + 8 − 68 = . 29
15 + 15 + 15 = . 45
56 − 33 + 39 = . 62
21 + 7 + 27 = . 55
44 + 16 − 34 = . 26
62 − 8 − 52 = . 2
55 + 25 + 20 = . 100
33 − 15 + 59 = . 41
19 + 20 + 21 = . 60
69 − 18 + 38 = . 89
93 − 37 − 37 = . 19
26 + 48 + 23 = . 97
53 + 28 − 13 = . 68
13 + 24 + 35 = . 72
71 + 12 − 52 = . 31
13 + 13 + 13 = . 39

(6 x 7) + 21 = . 63
(24 : 3) + 64 = . 72
(3 x 4) + 58 = . 70
(38 : 2) − 7 = . 12
(72 : 8) + 39 = . 48
(5 x 7) + 57 = . 92
(13 x 3) − 12 = . 27
(90 : 2) − 28 = . 17
(63 : 9) + 14 = . 21
(11 x 8) − 59 = . 29
(36 : 6) + 78 = . 84
(7 x 8) − 42 = . 14

Objectif: additionner et soustraire avec les nombres inférieurs à 100.

Les fractions

Quelle est la grandeur de la partie grise? Ecris la réponse, comme dans l'exemple.

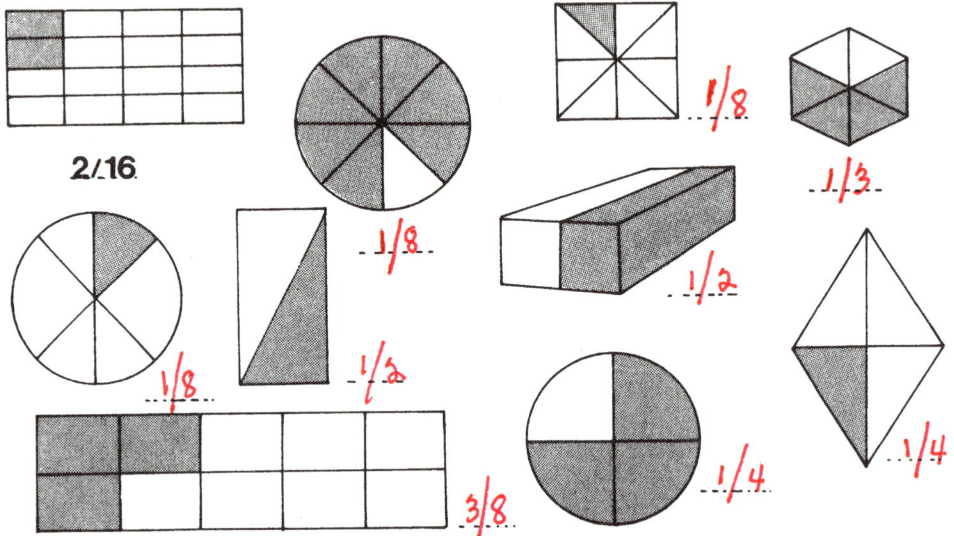

Colorie la partie demandée, d'abord à l'aide des lignes puis tout seul.

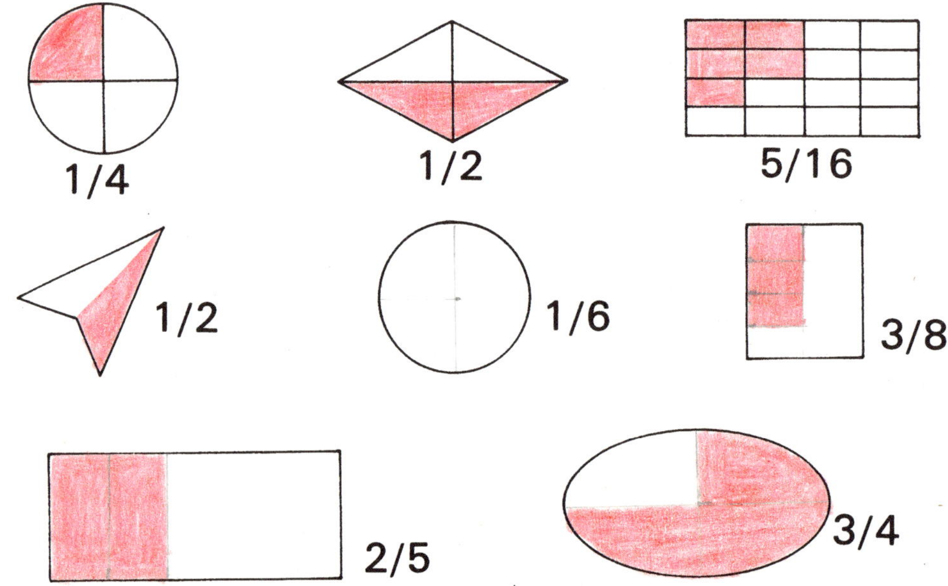

Objectif: comprendre la notion de fraction.

Les saisons

Relie les phrases aux bons dessins.

- les hirondelles reviennent
- c'est Noël
- ce sont les grandes vacances
- vive le carnaval!
- il fait très chaud
- les feuilles tombent
- c'est la rentrée des classes
- les oiseaux s'en vont
- les arbres ont des bourgeons
- il neige parfois
- il fait très froid
- les pommes sont mûres
- il fait clair très tard
- le début de l'année
- poisson d'avril!

Quelle est ta saison préférée? Explique pourquoi.

Ma saison préférée est ____________ parce que ________________

____

____

____

____

____

Objectif: pouvoir situer différents événements de l'année.

Les cartes postales

Michel a reçu des cartes de ses amis. Essaye de retrouver les 10 fautes qu'ils ont faites en tout et entoure-les.

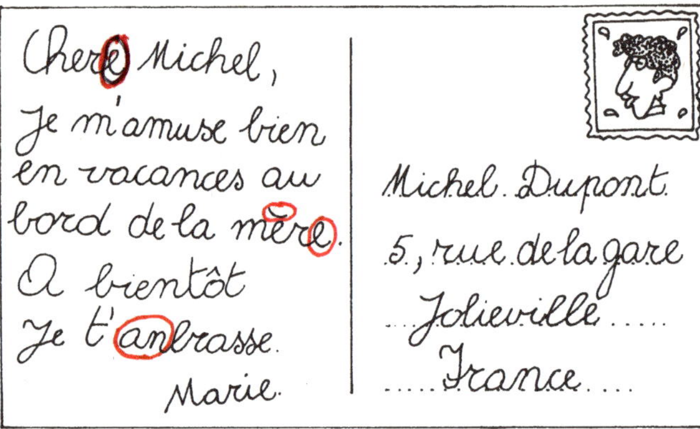

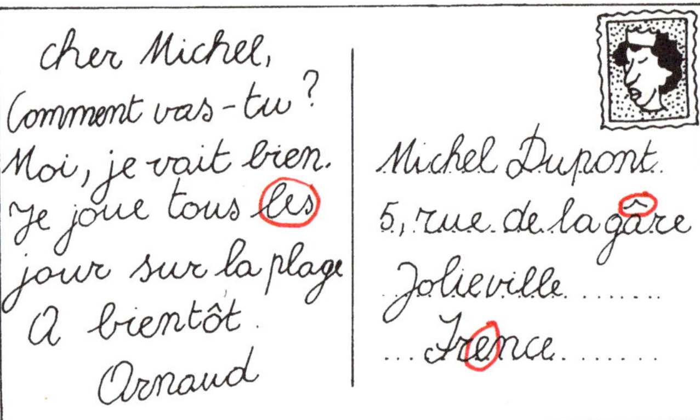

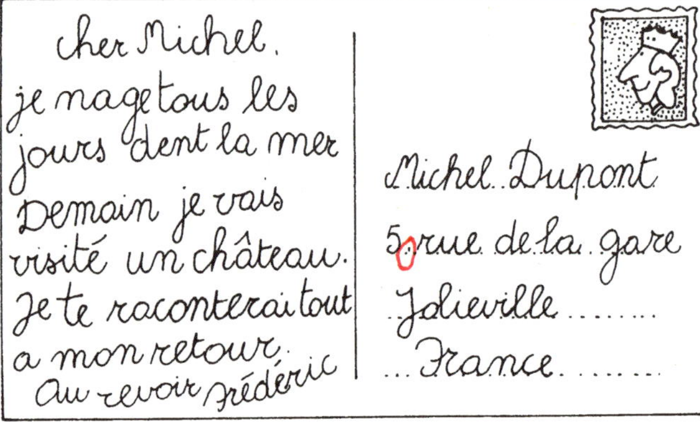

Objectif: découvrir des fautes dans un texte.

Les rotations

On peut faire tourner les figures dans les deux sens. Termine les figures, comme dans l'exemple.

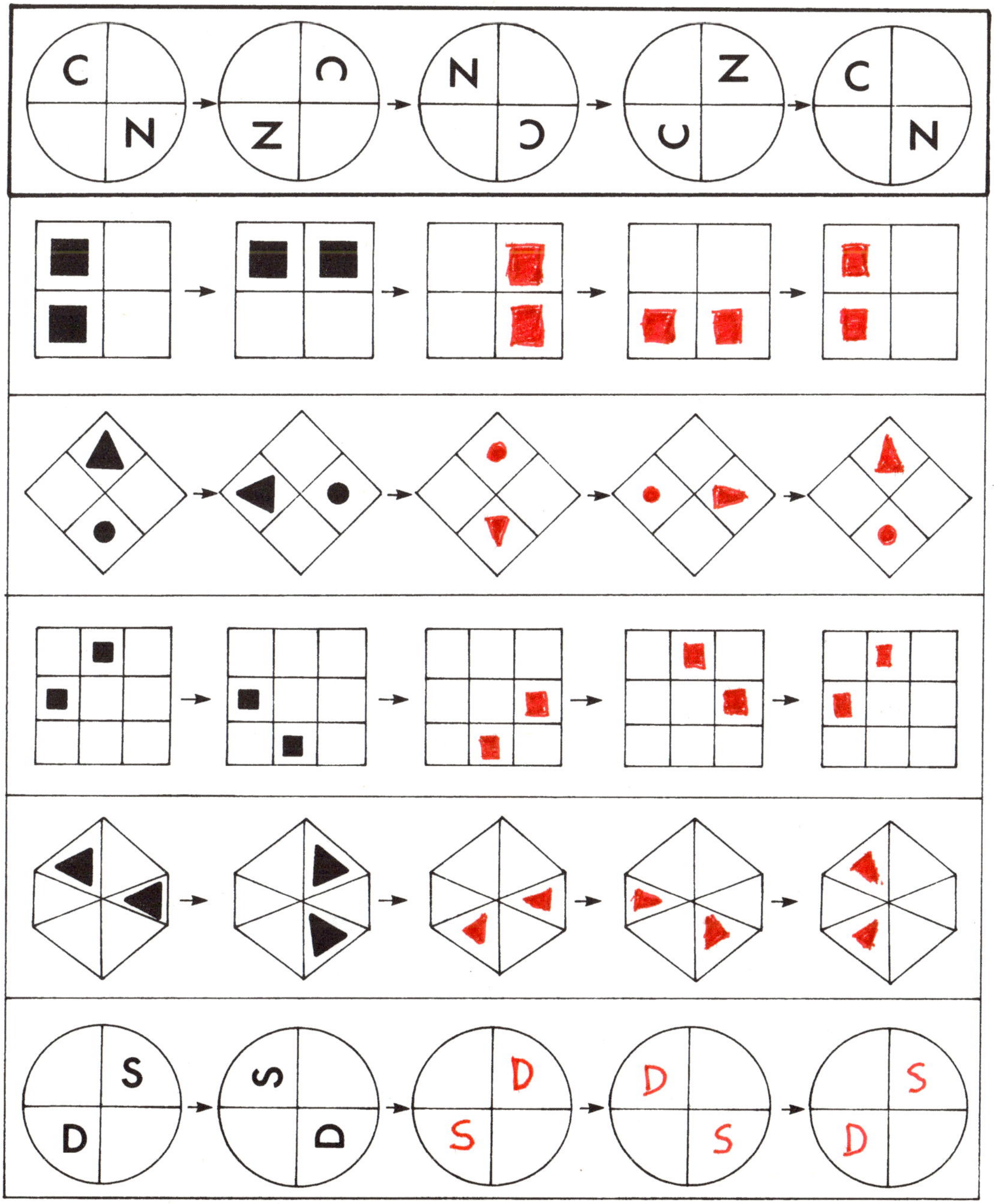

Objectif: compréhension de la notion de rotation autour d'un axe.

En hiver

  Peux-tu résoudre tous ces problèmes?

1. Lætitia commence à faire un bonhomme de neige à 14 h 30 et le termine 2 h plus tard.
   Quelle heure est-il?

   16 h 30

2. Sur la piste de ski, il y a 35 skieurs qui ont tous 2 skis.
   Combien de skis y a-t-il en tout sur la piste?

3. Julie a fait 28 boules de neige et Virginie en a fait 15.
   Combien de boules de neige ont-elles faites en tout?

   43 boules

4. 12 traîneaux à deux places et 6 traîneaux à une place dévalent la pente.
   Combien de personnes dévalent la pente?

   30 personnes

5. 44 enfants font la grande descente en ski mais 8 d'entre eux tombent en cours de route.
   Combien d'enfants arrivent en bas sans tomber?

   36 enfants

6. 8 enfants ont chacun 3 paires de chaussettes aux pieds parce qu'il fait froid.
   Combien de paires de chaussettes ont-ils en tout? Et combien de chaussettes?

   24 paires 48 chaussettes

Objectif: résoudre des problèmes.

Les voitures

Complète les calculs des voitures par +, –, : ou x.

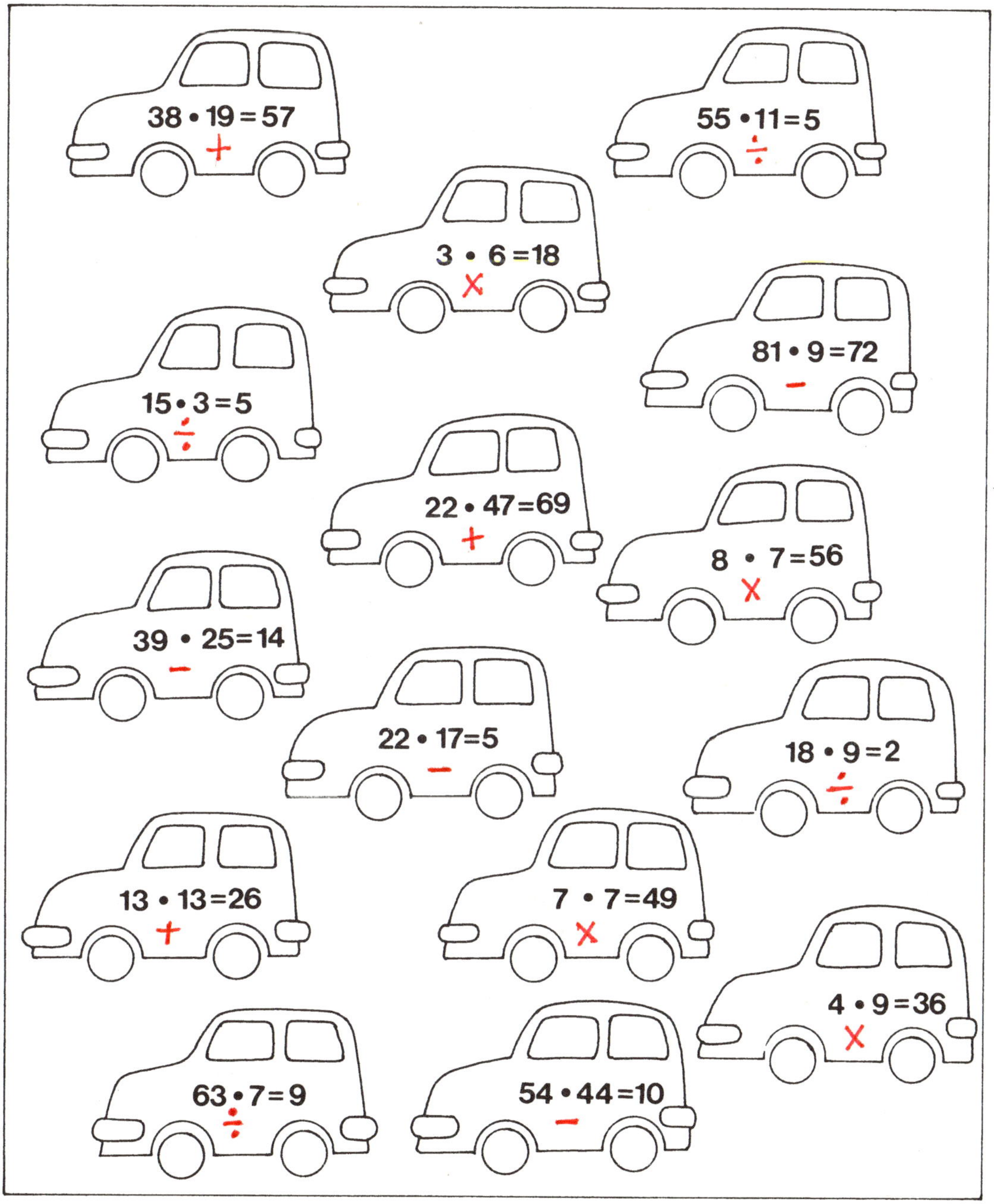

38 • 19 = 57

55 • 11 = 5

3 • 6 = 18

81 • 9 = 72

15 • 3 = 5

22 • 47 = 69

8 • 7 = 56

39 • 25 = 14

22 • 17 = 5

18 • 9 = 2

13 • 13 = 26

7 • 7 = 49

4 • 9 = 36

63 • 7 = 9

54 • 44 = 10

Objectif: compléter des calculs par +, –, : ou x.

Les rimes

Trouve des mots qui riment avec les mots représentés par les dessins. Le début du mot est écrit pour t'aider.

b________	p________	chât________
m________	b________	gât________
l________	v________	b________
t________	f________	rat________
c________	m________	chap________
s________	refr________	cis________

jol________	p________	ch________
pl________	b________	tr________
cr________	br________	l________
tap________	t________	deb________
pol________	l________	hib________
am________	m________	gen________

Objectif: découvrir des mots qui riment en dépit de leur orthographe différente.

Colorier

Fais les calculs et colorie le dessin suivant les réponses que tu as obtenues: 64 = bleu, 48 = jaune, 33 = vert et 15 = rouge.

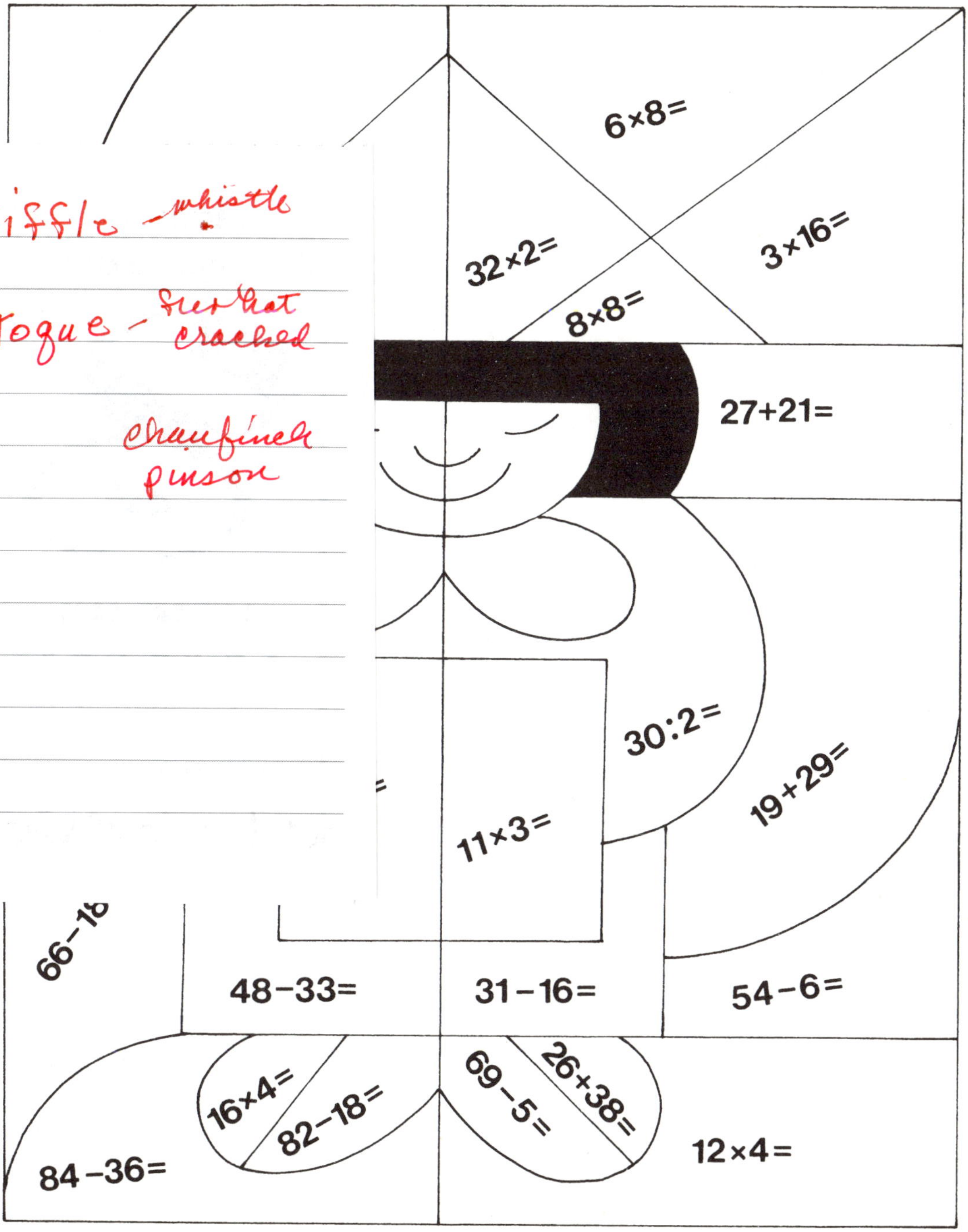

6×8=

32×2=

3×16=

8×8=

27+21=

30:2=

19+29=

11×3=

66−1…

48−33=

31−16=

54−6=

16×4=

82−18=

69−5=

26+38=

12×4=

84−36=

Objectif: calculer et utiliser un code associant des nombres à des couleurs.

Les fruits

Regarde bien l'exemple et ensuite fais les autres calculs de la même manière.

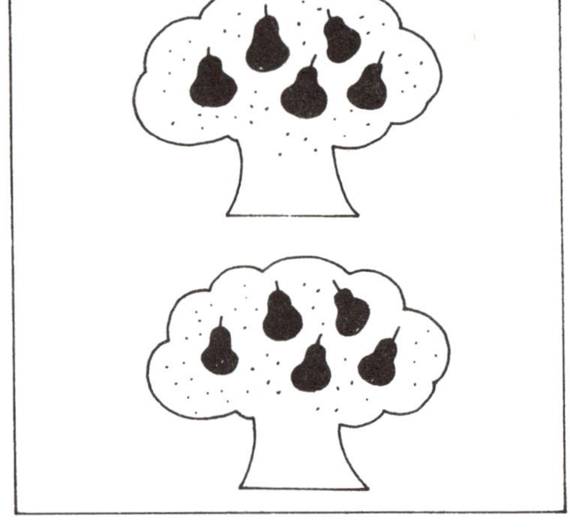

Combien de pommes : $4 \times 3 =$ 12

Combien de poires : $2 \times 5 =$ 10

Combien de fruits : $(4 \times 3) + (2 \times 5) =$ 22

$(3 \times 5) + (16 : 2) =$ 23
$(2 \times 14) + (2 \times 3) =$ 34
$(3 \times 3) + (3 \times 3) =$ 18
$(6 \times 8) + (10 : 2) =$ 53
$(2 \times 5) + (4 \times 6) =$ 34
$(1 \times 3) + (1 \times 2) =$ 5
$(60 : 3) + (4 \times 4) =$ 36
$(6 \times 5) + (5 \times 7) =$ 65
$(32 : 4) + (12 \times 2) =$ 32

$(7 \times 3) - (2 \times 4) =$ 13
$(27 : 9) - (1 \times 1) =$ 2
$(5 \times 4) - (3 \times 2) =$ 14
$(9 \times 5) - (60 : 2) =$ 15
$(3 \times 6) - (2 \times 2) =$ 14
$(6 \times 2) - (2 \times 5) =$ 2
$(7 \times 8) - (3 \times 5) =$ 41
$(3 \times 8) - (48 : 2) =$ 0
$(9 \times 4) - (90 : 3) =$ 6

Objectif: introduction aux calculs avec des parenthèses.

Le matin

Voici un petit texte. Recopie-le en le mettant au pluriel.

La petite fille se lève à sept heures.
Elle saute de son lit.
Elle se lave dans la salle de bains.
Sa maman l'appelle et lui dit de venir manger.
La petite fille boit une tasse de lait et mange une tartine à la confiture.
Puis, elle va à l'école.

Objectif: mettre des phrases complètes au pluriel.

A la mer

  Complète les phrases par un des mots représentés par les dessins.

Les __________ voguent sur l'eau. Pour s'arrêter, ils jettent l'__________ .

Les enfants jouent à la __________ sur la plage.

Ils construisent aussi des __________ de sable avec leurs __________ et leurs __________ .

Oh, regarde! Un beau __________ vole dans le ciel, dit Nathalie. Puis elle prend sa __________ pour aller nager. Elle se laisse tomber dans les __________ .

Dès qu'elle sort de l'eau, elle s'essuie vite avec un grand __________ de bain.

Objectif: compréhension de ce qui est lu.

Les séries

Continue les séries de nombres.

2	4	6	8	10	12	14	16	18	20
50	45	40	35	30	25	20	15	10	5
3	6	9	12	15	18	21	24	27	30
10	20	30	40	50	60	70	80	90	100
4	7	10	13	16	19	22	25	28	31
1	7	13	19	25	31	37	43	49	55
100	90	80	70	60	50	40	30	20	10
2	6	10	14	18	22	26	30	34	38
6	12	18	24	30	36	42	48	54	60
70	63	56	49	42	35	28	21	14	7
50	100	150	200	250	300	350	400	450	500

Objectif: continuer des séries de nombres de façon logique.

Le concours des sauterelles

Les sauterelles font un concours pour savoir qui saute le plus haut. Prends une règle et mesure la hauteur de leurs sauts. Qui saute le plus haut?

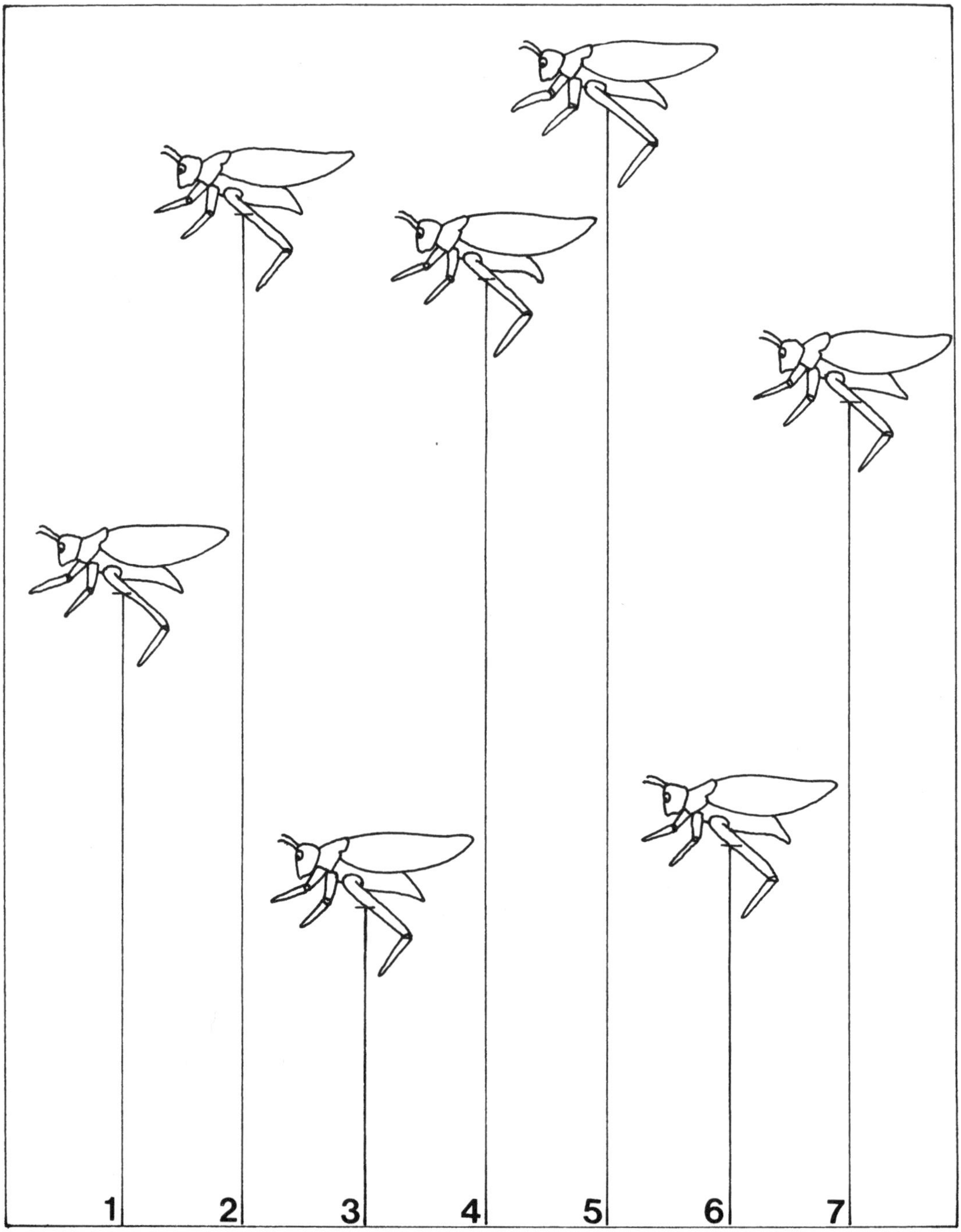

1 2 3 4 5 6 7

Objectif: mesurer et comparer les longueurs obtenues.

Les calculs et les pommes

Fais les calculs puis relie-les aux bonnes pommes.

52

17

48

80

- (2 x 5) + (7 x 6) = 52
- (7 x 7) – (4 x 8) = 17
- (25 x 2) + (6 x 5) = 80
- (3 x 3) + (64 : 8) = 17
- (8 x 9) – (40 : 2) = 52
- (7 x 8) – (32 : 8) = 52
- (5 x 6) + (36 : 2) = 48
- (72 : 9) + (8 x 9) = 80
- (6 x 6) + (48 : 4) = 48
- (72 : 2) + (4 x 4) = 52
- (63 : 3) + (9 x 3) = 48
- (4 x 7) – (44 : 4) = 17
- (48 : 2) + (8 x 7) = 80
- (9 x 6) – (54 : 9) = 48
- (11 x 8) – (48 : 6) = 80

Objectif: faire des calculs avec parenthèses.

Les mots découpés

La petite sœur de Quentin a découpé ses fiches de mots. Peux-tu aider Quentin en reliant celles qui forment un mot.

calen

télé

aven

mar

leil

drier

val

pa

so

se

por

che

moire

mite

chai

dio

ra

vision

ar

pier

ture

te

Objectif: associer le début et la fin d'un mot.

Problèmes d'heure

Réponds à toutes les questions sans te tromper.

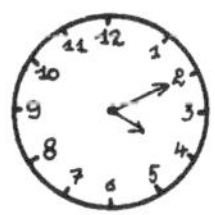

Benoît commence à faire ses devoirs.

Benoît a fini ses devoirs.

Benoît a fait ses devoirs en .... minutes.

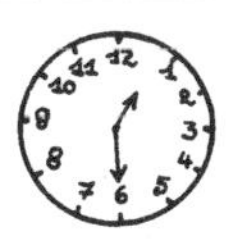

Valérie commence à déjeuner.

Valérie termine de déjeuner.

Valérie a déjeuné en .... minutes.

Sophie entre à l'école.

Sophie sort de l'école.

Sophie est restée à l'école ...... h .... minutes.

Pierre va dormir.

Pierre se lève.

Pierre a dormi ...... h .... minutes.

Réponds aussi à ces questions-ci!

Pascale monte aux espaliers en 6 secondes.
Combien de temps met-elle pour monter 10 fois aux espaliers ?

Sébastien remplit un verre d'eau en 3 secondes.
Combien de temps met-il pour remplir 6 verres ? 10 verres ? 15 verres ?

Jean-Jacques fait 4 fois le tour du pâté de maisons en 1 minute.
En combien de temps fait-il 1 tour ?

Laurence cueille 3 pommes en 10 secondes.
Combien de pommes cueille-t-elle en 1 minute.

Objectif: résoudre des problèmes en rapport avec l'heure.

Les calculs

Complète les graphes, comme dans l'exemple.

Départ	Opération (flèche pleine)	Arrivée	Opération inverse (flèche pointillée)
10	×3	30	3:
99	:9	11	×9
58	−9	49	+9
80	:8	10	+70
8	+9	17	−9
8	×4	32	÷4
15	×2	30	~~+15~~ ÷2
42	+5	47	−5
27	+5	32	−5
50	−25	25	×2
21	−7	14	+7
47	+8	55	−8
7	×5	35	÷5
3	×2	6	−3
70	:2	35	×2

Objectif: calculer avec des graphes.

Présent, futur, passé composé

Complète les phrases.

Aujourd'hui, Aude va à la ferme.
Demain, Aude ______________ à la ferme.
Hier, Aude ______________ à la ferme.

Aujourd'hui, Aude ramasse les œufs des poules.
Demain, Aude ______________ les œufs des poules.
Hier, Aude ______________ les œufs des poules.

Aujourd'hui, Aude donne à manger aux vaches.
Demain, Aude ______________ à manger aux vaches.
Hier, Aude ______________ à manger aux vaches.

Aujourd'hui, Aude monte sur le grand cheval noir.
Demain, Aude ______________ sur le grand cheval noir.
Hier, Aude ______________ sur le grand cheval noir.

Aujourd'hui, Aude est fatiguée, elle a sommeil.
Demain, Aude ______________ fatiguée, elle ______________ sommeil.
Hier, Aude ______________ fatiguée, elle ______________ sommeil.

Dis les mêmes phrases avec je, tu, il, nous, vous et ils.

Objectif: conjuguer des verbes au présent, au futur et au passé composé.

A la gare

Voici des phrases. Recopie-les en les mettant au pluriel.

Le voyageur achète un ticket.
Il monte dans le train.
Le conducteur est déjà assis dans la locomotive.
Le train transporte un voyageur ou une marchandise.
La dame porte une grande valise très lourde.
Le train roule vite.
Le train arrive à la gare.

Objectif: mettre des phrases complètes au pluriel.

Les poissons

Complète les calculs des bulles. Les résultats sont inscrits sur les poissons.

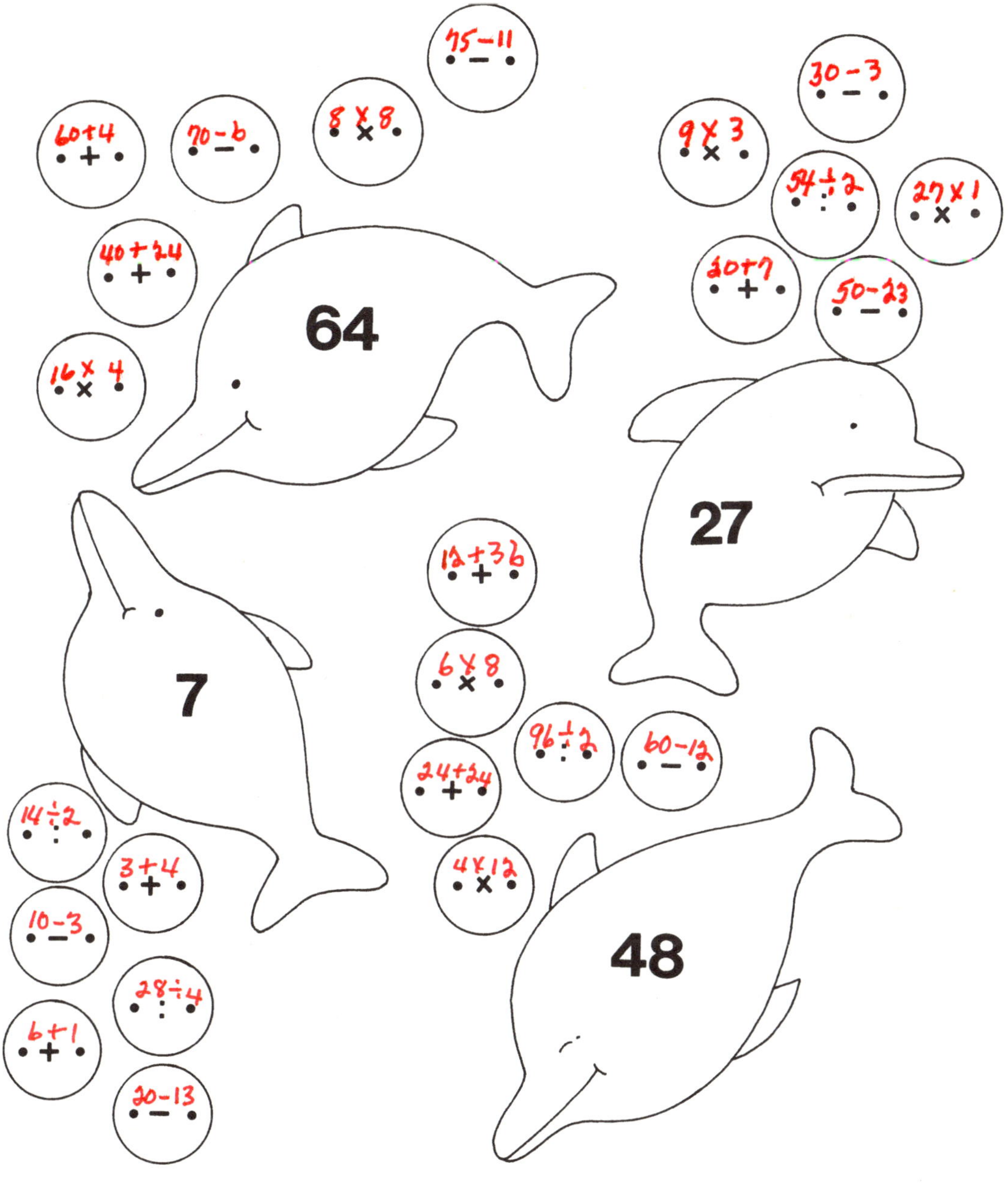

64

27

7

48

Objectif: découvrir plusieurs opérations donnant un même résultat.

Julie, Damien et Sylvie

Complète les calculs des jouets de Julie, de Damien et de Sylvie. Les résultats qu'il faut obtenir sont écrits sur les enfants.

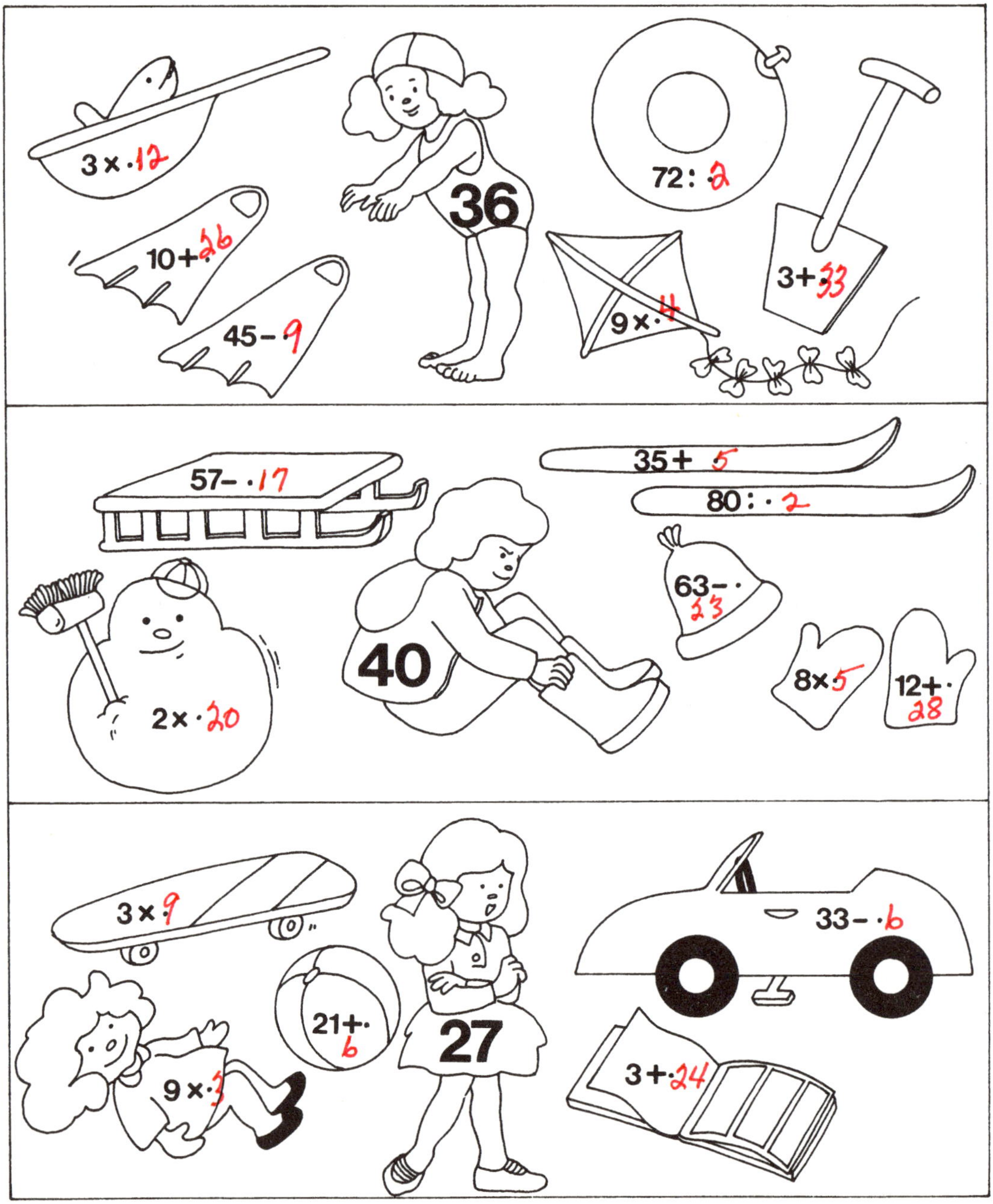

3 × ·

10 + ·

45 − ·

36

72 : ·

9 × ·

3 + ·

57 − ·

35 + ·

80 : ·

63 − ·

40

2 × ·

8 × ·

12 + ·

3 × ·

33 − ·

21 + ·

27

9 × ·

3 + ·

Objectif: calculer pour obtenir les résultats 27, 36 et 40.

Colorier

Fais tous les calculs et colorie la case en fonction du résultat que tu as obtenu: 60 = bleu, 12 = jaune, 5 = rouge, 32 = vert.

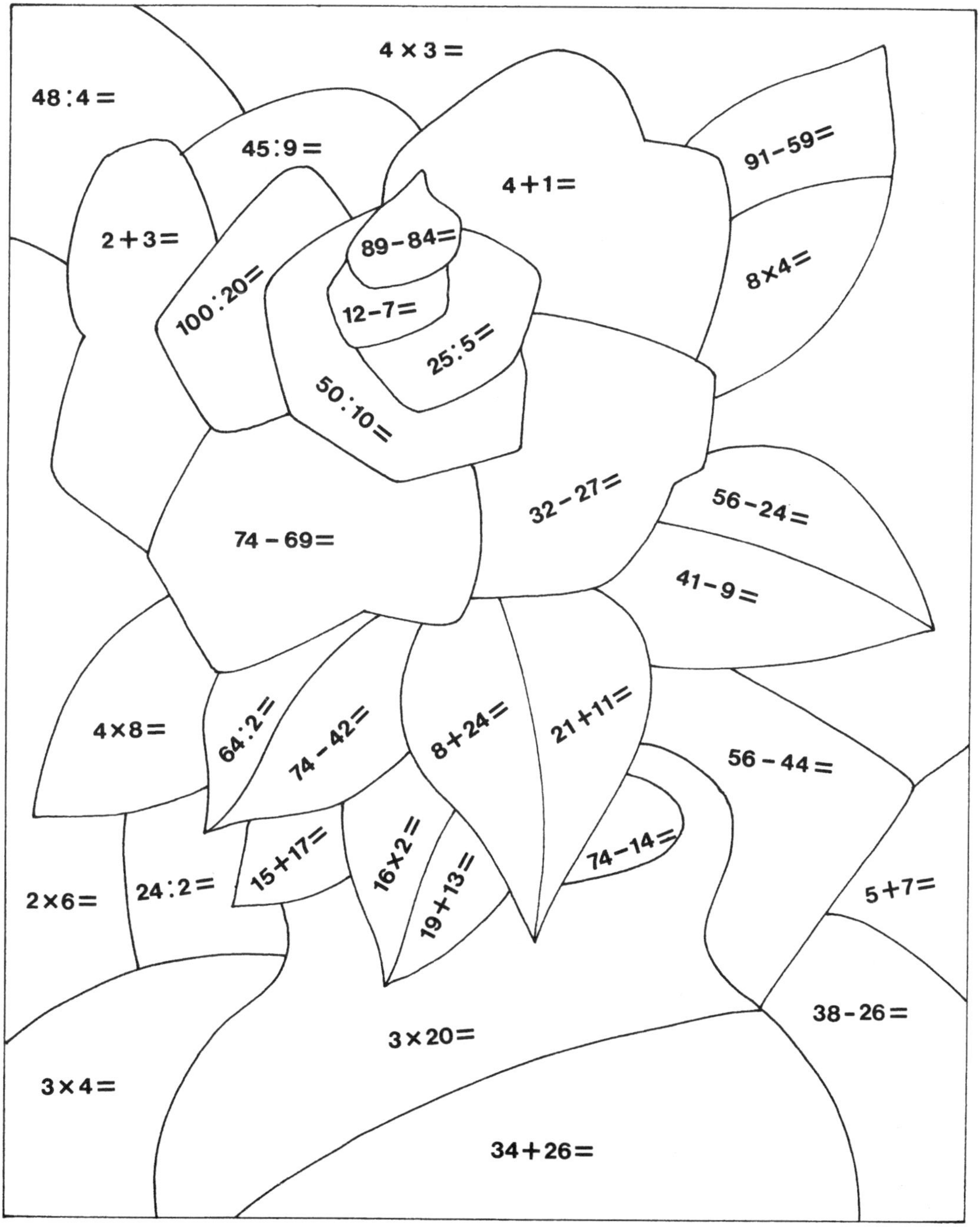

Objectif: calculer et utiliser un code associant des nombres à des couleurs.

Le dessin mystérieux

Relie les mots par ordre alphabétique pour découvrir le dessin mystérieux.

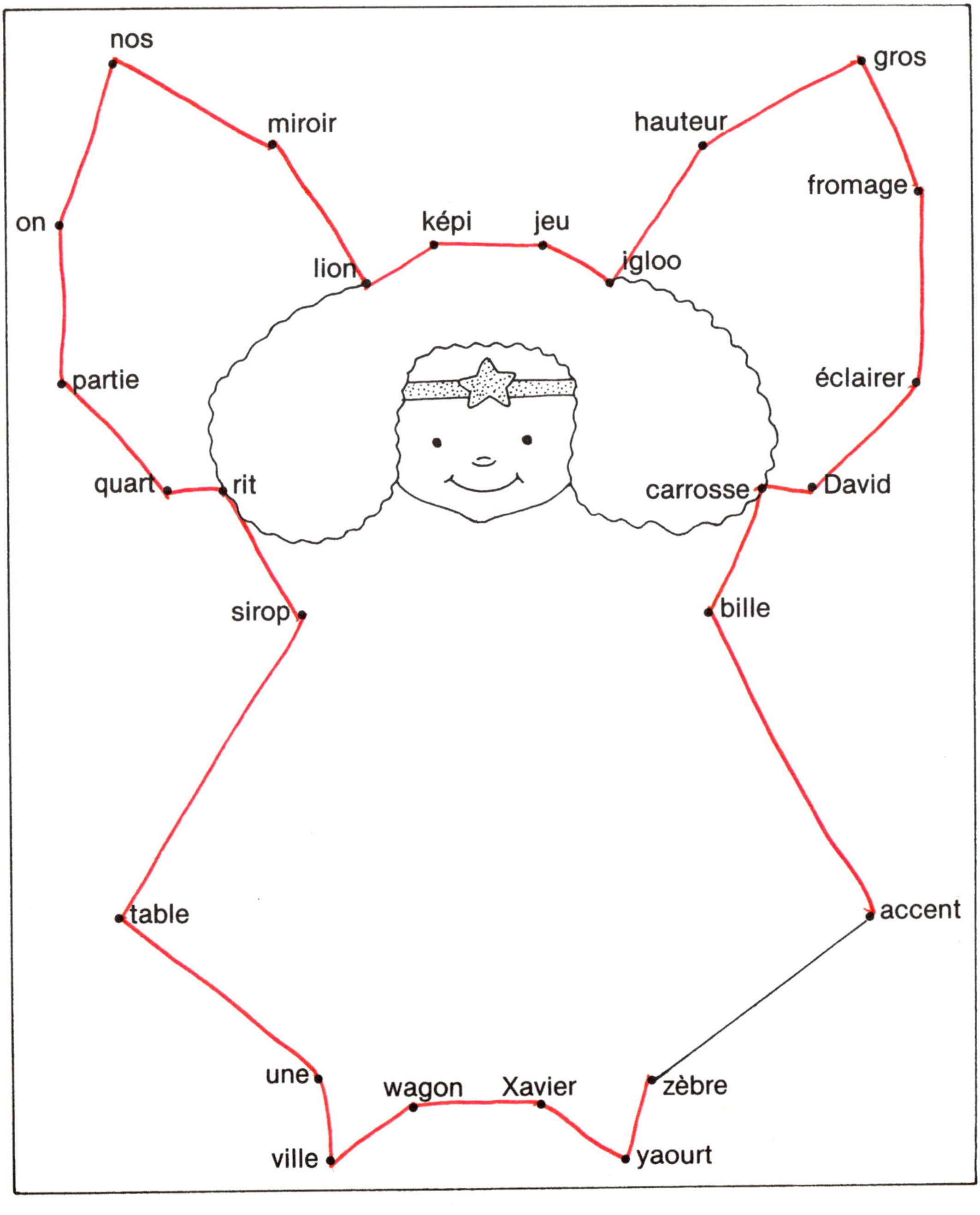

nos
gros
miroir
hauteur
fromage
on
képi
jeu
lion
igloo
partie
éclairer
quart
rit
carrosse
David
sirop
bille
table
accent
une
wagon
Xavier
zèbre
ville
yaourt

Objectif: classer des mots par ordre alphabétique.

Une course à pied

Celui qui passe la ligne d'arrivée avec le plus de points gagne la course. Commence à calculer avec le nombre inscrit sur le dossard de chaque coureur.

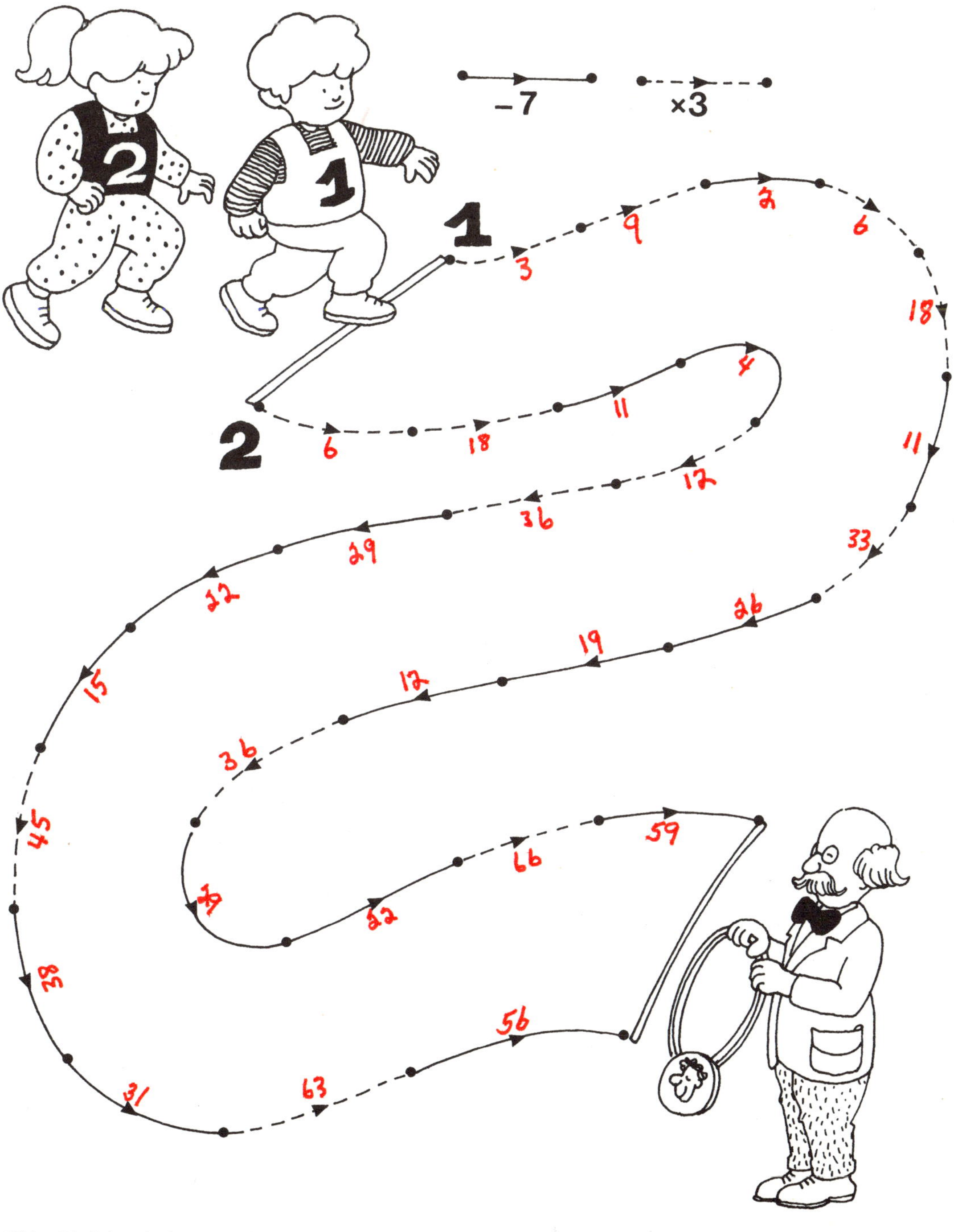

−7

×3

1

2

Objectif: faire de longs calculs en utilisant un code.

Quelle heure est-il?

Dessine les aiguilles des montres.

9 h	midi	17 h 45	8 h 40
14 h 10	20 h 30	minuit	10 h 15

Ecris l'heure qu'il est sous les montres.

Objectif: savoir lire l'heure.

Le bon mot

  Complète le texte par un des mots ci-dessous.

téléphone		vacances
	dors	
longs		court
	animal	
arbres		papier
	toque	
chaud		siffle
	besoin	

Quand je suis fatigué, je ___dors___ comme une marmotte.

En automne, les ___arbes___ perdent leurs feuilles.

Les plantes ont ___besoin___ d'eau et de soleil.

Pour écrire, j'utilise du ___papier___ et un crayon.

Mon ___animal___ préféré est le cheval.

Je suis content et je ______ comme un pinson.

J'ai coupé mes cheveux car ils étaient trop ___Longs___.

Je rentre chez moi par le chemin le plus ___Court___ .

En été je pars en ___Vacances___.

J'aime bien boire du lait ___chaud___ .

Dring! Dring! Le ___telephone___ sonne.

Toc! Toc! Oncle Guillaume ______ à la porte.

Objectif: compréhension de ce qui est lu.

Les adjectifs

Complète les mots.

un sapin vert une plante ______	un petit chat une ______ chatte
un ______ bateau une belle barque	un garçon curieux une fille ______
un vélo neuf une voiture ______	un nid ______ une maison vide
un grand pied une ______ main	un short ______ une blouse bleue
un homme charmant une femme ______	un long serpent une ______ écharpe
un âne ______ une souris grise	un œil rond une roue ______

Objectif: accorder l'adjectif au nom.

Les additions

Ecris les nombres encadrés de différentes façons en n'utilisant que des additions, comme dans l'exemple.

25	44	13
20 + 5 12 + 13 3 + 22 14 + 11 1 + 24		

56	89	9

32	45	77

Objectif: découvrir plusieurs additions donnant un même résultat.

Colorier

Fais les calculs et colorie d'après les résultats: 44 = vert, 28 = jaune, 16 = bleu, 50 = brun et 35 = rouge.

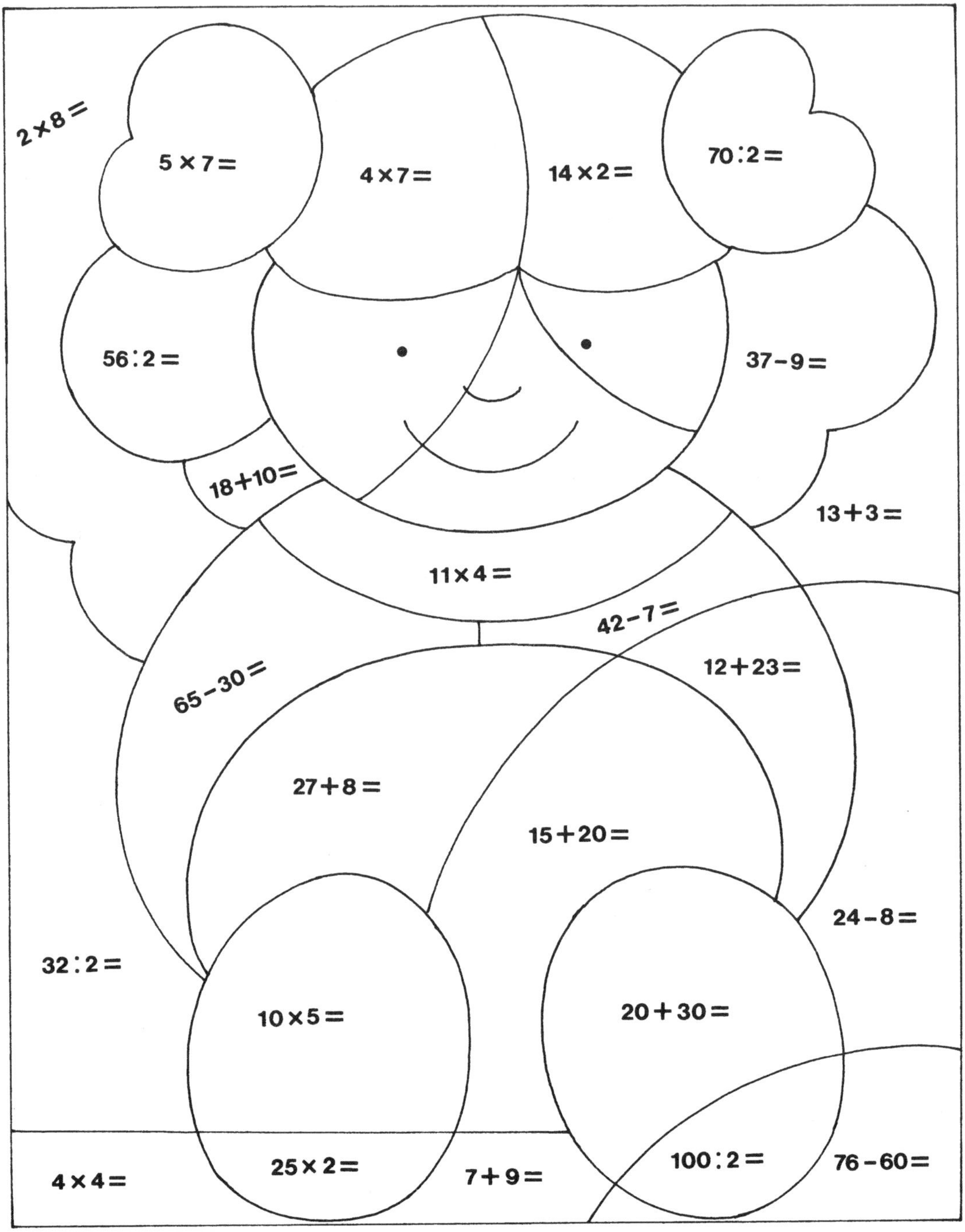

Objectif: faire les calculs et colorier suivant le résultat obtenu.

A l'école

  Résous les problèmes.

1- Dans la classe il y a 26 élèves. L'institutrice distribue 3 cahiers à chaque élève.
Combien de cahiers a-t-elle distribués en tout?
78

2- Les enfants recopient un texte au tableau.
Eric commence à 10h30 et termine à 11h25.
Combien de temps a-t-il mis?
55 minutes

3- Dans la bibliothèque de la classe il y a 13 livres d'animaux, 31 livres d'histoires, 7 bandes dessinées et 29 encyclopédies.
Combien de livres y a-t-il en tout?
80

4- Au cours de gymnastique Xavier attrape 14 fois la balle, Maud le double et Chloé la moitié.
Combien de fois Maud attrape-t-elle la balle? Et Chloé? Et tous les trois?

5- Christophe fait 12 calculs en 5 minutes.
Combien de calculs fait-il en une demi-heure? Et en une heure?
~~60~~ 72

6- Xavier a 22 crayons de couleurs mais Chloé en a 19 en plus.
Combien de crayons a Chloé? Et les deux ensemble?
41
63

Objectif: résoudre de petits problèmes.

Au parc d'attractions

Transforme les phrases.

Aujourd'hui, Damien va au parc d'attractions.
Demain, Damien ______________ au parc d'attractions.
Hier, Damien ______________ au parc d'attractions.

Aujourd'hui, Damien monte sur les montagnes russes.
Demain, Damien ______________ sur les montagnes russes.
Hier, Damien ______________ sur les montagnes russes.

Aujourd'hui, Damien mange son pique-nique.
Demain, Damien ______________ son pique-nique.
Hier, Damien ______________ son pique-nique.

Aujourd'hui, Damien tourne sur la grande roue.
Demain, Damien ______________ sur la grande roue.
Hier, Damien ______________ sur la grande roue.

Aujourd'hui, Damien rentre à la maison.
Demain, Damien ______________ à la maison.
Hier, Damien ______________ à la maison.

Ecris les mêmes phrases en utilisant je, tu, il, nous, vous, ils.

Objectif: conjuguer des verbes au présent, au futur et au passé composé.

Quel appétit!

  Peux-tu résoudre tous ces problèmes?

Aujourd'hui Gros Jules a mangé :
- 4 salades
- 3 poulets
- 12 kg de frites
- 6 kg de saucisses
- 5 kg de carottes
- 10 kg de glace
- 100 g de sel
- 10 g de poivre

Et il a bu :
- 3 l de grenadine
- 1 l et 1/2 de jus d'orange

Peux-tu répondre à ces quelques questions ?

- Qu'est-ce que Gros Jules aurait mangé s'il avait mangé le triple ?
- Qu'est-ce que Gros Jules aurait mangé s'il avait mangé la moitié ?
- Combien de litres Gros Jules a-t-il bus ?
- Combien de dl de grenadine a-t-il bus ?
- Combien de dl de jus d'orange a-t-il bus ?
- Combien de dl a-t-il bus en tout ?
- 1 poulet pèse 1 1/2 kg. Combien de kg de poulet a-t-il mangés ?
- Combien de demi-kilos de frites a-t-il mangés ?
- Combien de dag de sel a-t-il mangés ?
- Le sel se vend en sachets de 20 g. Combien de sachets a-t-il mangés ?
- Combien de dg de poivre a-t-il mangés ?

Objectif: résoudre des problèmes de système métrique en rapport avec les poids et les capacités.

La récréation

Peux-tu résoudre tous ces problèmes?

1. Anne a 8 billes, Sébastien en a le double et Michel en a la moitié.
   Combien de billes a Michel? Et Sébastien? Et les trois ensemble? 4 16 28

2. 16 enfants se sont cachés mais 9 d'entre eux ont déjà été découverts.
   Combien d'enfants sont encore cachés? 7

3. 24 enfants boivent chacun 2 verres de lait.
   Combien de verres de lait ont été bus en tout? 48

4. Joël mange 26 biscuits au chocolat. Nathalie en mange 8 de moins.
   Combien de biscuits mange Nathalie? Combien de biscuits mangent-ils ensemble? 18 44

5. Dans la cour de récréation il y a 52 filles, 40 garçons et 2 professeurs.
   Combien de personnes y a-t-il en tout? 94

6. Marie a 32 bonbons et elle les partage entre ses 4 meilleurs amis.
   Combien de bonbons reçoit chaque ami? 8

Objectif: résoudre des problèmes.

Colorier

Dans chaque ligne, colorie la case du calcul dont la réponse est égale au nombre écrit au début de la ligne.

45	22 x 2 = .	13 + 31 = .	90 : 2 = .	69 – 23 = .
12	59 – 45 = .	26 : 2 = .	3 x 6 = .	81 – 69 = .
27	3 x 9 = .	52 – 24 = .	19 + 9 = .	52 : 2 = .
39	15 + 19 = .	13 x 3 = .	77 – 39 = .	3 x 12 = .
6	35 – 28 = .	54 : 9 = .	56 : 7 = .	2 + 8 = .
88	28 + 61 = .	99 – 10 = .	4 x 22 = .	48 + 39 = .
54	72 – 16 = .	24 + 24 = .	35 + 18 = .	9 x 6 = .
60	20 + 30 = .	3 x 20 = .	98 – 30 = .	41 + 21 = .
100	44 + 56 = .	11 x 9 = .	20 x 4 = .	9 + 89 = .

Objectif: calculer et comparer les résultats obtenus.

Une promenade dans les bois

Complète les phrases.

ou ou où

" Où allons-nous cette après-midi? Au terrain de jeux ou dans les bois?" demande Anne.
" Où tu veux!" dit Alain.
"Alors, allons nous promener dans les bois avec maman. Où est-elle?"
"Elle lit dans le salon. Penses-tu qu'elle viendra avec nous ou qu'elle continuera à lire?"
"Je viens avec vous," s'écrie maman. "J'aime bien aller où vous allez."

la ou là

___ maman d'Anne et d'Alain les accompagne dans les bois. Ils se promènent ensemble.
"Regarde ___-bas! Vois-tu ces chiens. Ce sont mes amis" dit Anne.
A ce moment-___ les trois chiens s'élancent vers Anne pour lui dire bonjour.
"Attention," s'écrie ___ maman de Anne, "vous allez ___ renverser."

est, es ou et

Anne ___ Alain jouent avec les chiens.
"Mon chien préféré ___ le noir ___ blanc," dit Anne.
"C'___ un dalmatien" explique Alain.
"Tu ___ vraiment très savant," s'exclame Anne en riant, ___ elle continue à jouer avec ses amis les chiens.

Objectif: distinguer les mots **ou** et **où, la** et **là, est, es** et **et.**

Habille-nous!

Fais tous les calculs, puis relie les poupées aux vêtements qui leur appartiennent.

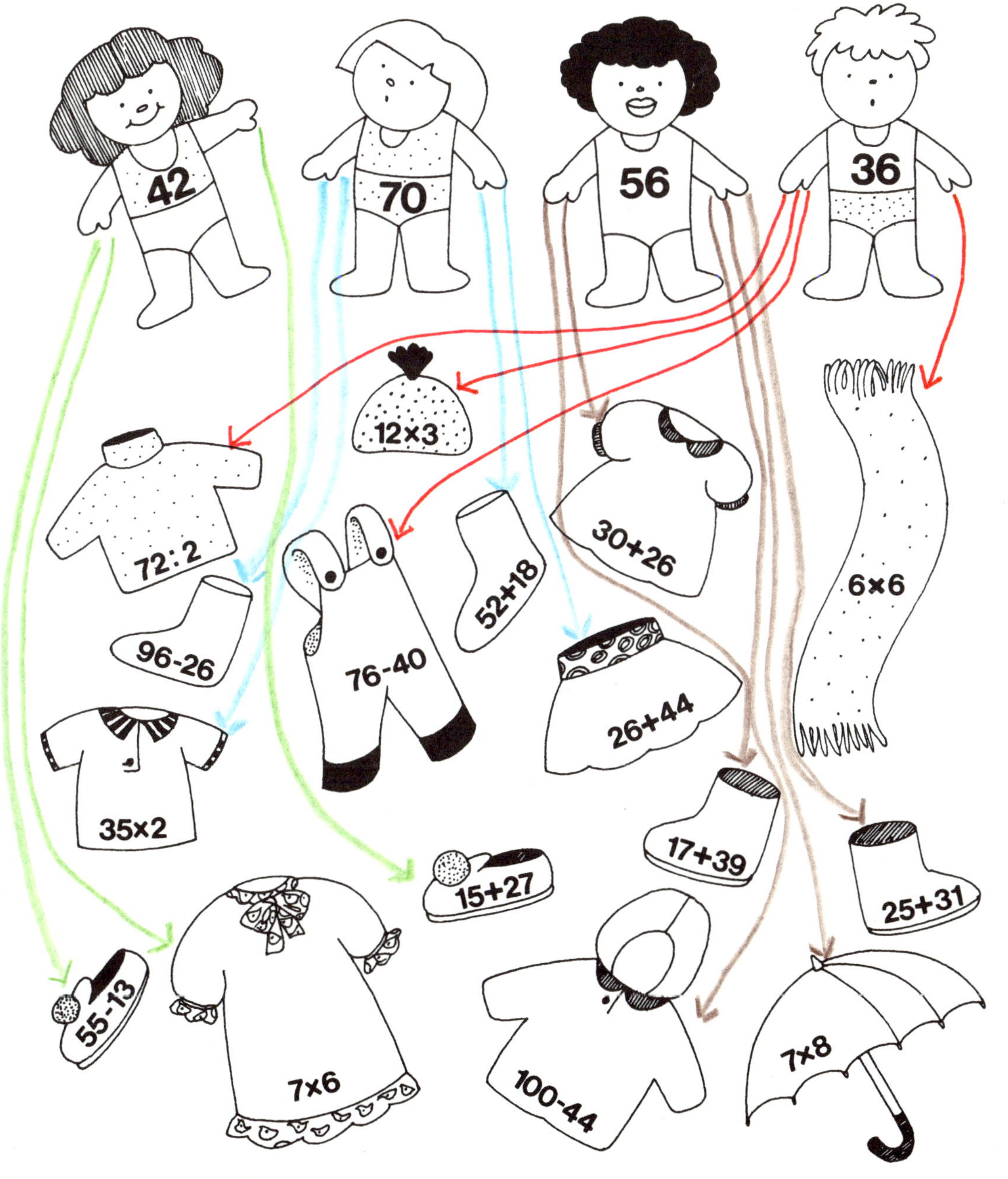

42
70
56
36

12×3
72 : 2
30+26
6×6
52+18
96-26
76-40
26+44
35×2
17+39
15+27
25+31
55-13
7×6
100-44
7×8

Objectif: calculer et comparer les résultats obtenus.

Le labyrinthe

Aide l'explorateur à découvrir le trésor. Fais tous les calculs et relie les résultats pairs dans le bon ordre.

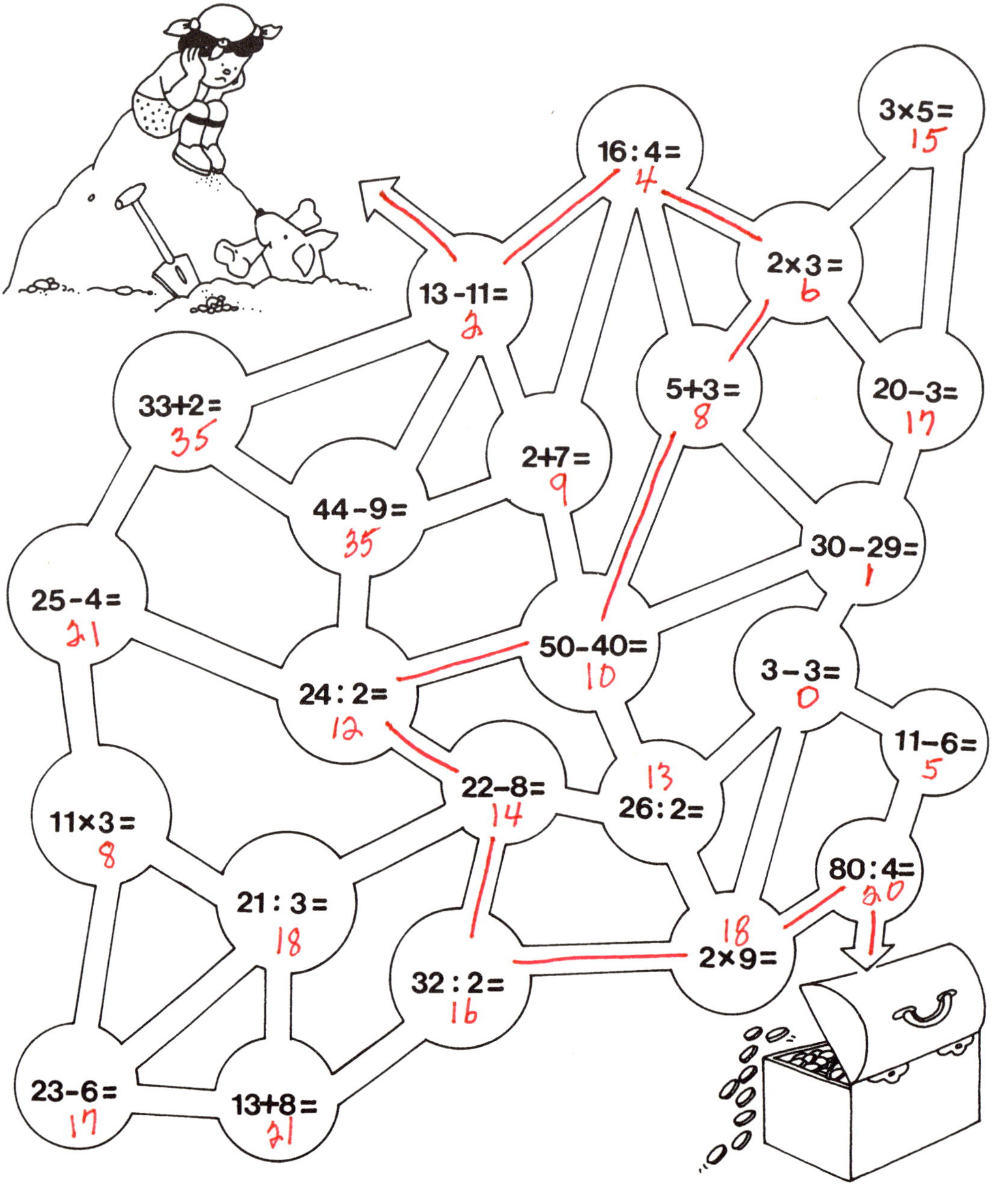

3×5=

16 : 4=

2×3=

13 -11=

33+2=

5+3=

20–3=

2+7=

44–9=

30–29=

25–4=

50–40=

3–3=

24 : 2=

11–6=

22–8=

26 : 2=

11×3=

80 : 4=

21 : 3=

2×9=

32 : 2=

23–6=

13+8=

Objectif: calculer et comprendre la notion de nombre pair.

Une glace délicieuse

Regarde bien les images et écris une petite histoire.

Objectif: écrire un texte tout seul.

Mon anniversaire

Dans le gâteau, il y a des mots. Tu peux écrire une petite histoire avec ces mots.

anniversaire gâteau souffler fête
bougies cache-cache déballer
amis chanter inviter
cadeau crêpes
sonnette boire manger
casser jouer chaises

Objectif: écrire une histoire avec les mots proposés.

<, > ou =

Fais les calculs puis choisis le bon signe, comme dans l'exemple.

71 – 37	<	7 × 5
8 × 9	>	26 + 44
39 : 3	>	4 × 3
8 × 7	=	73 – 17
100 : 4	=	50 : 2
12 + 15	<	9 + 19
62 – 14	>	18 + 29
8 × 8	=	89 – 25
63 : 7	>	59 – 52
8 × 9	>	3 × 22
6 × 5	<	4 × 8
99 – 18	<	45 + 41
15 × 5	=	3 × 25
23 + 29	<	63 – 9
4 × 4	=	64 : 4
15 + 58	=	32 + 41
81 – 13	>	58 + 8

5 × 9	>	6 × 7
33 × 3	<	25 × 4
71 – 69	<	27 : 3
45 : 3	=	3 × 5
6 × 6	<	61 – 21
100 : 2	>	8 × 6
11 × 8	>	47 + 38
99 – 6	=	36 + 57
47 – 23	=	2 × 12
36 : 2	>	34 – 18
2 × 9	<	92 – 72
15 × 4	<	9 × 7
9 × 6	<	38 + 17
24 + 8	=	4 × 8
10 × 8	<	91 – 9
77 : 7	>	80 : 8
55 – 32	<	21 + 23

Objectif: calculer et utiliser les signes <, > et =.

Calculer

Fais tous les calculs.

10 + 20 = 30
30 − 10 = 20
40 + 40 = 80
60 − 50 = 10
90 − 40 = 50
70 + 30 = 100

3 x 8 = 24
7 x 6 = 42
4 x 5 = 20
3 x 3 = 9
9 x 4 = 36
2 x 7 = 14

49 − 8 = 41
78 − 9 = 69
31 − 6 = 25
13 − 7 = 6
52 − 5 = 47
85 − 9 = 76

38 + 7 = 45
29 − 6 = 23
79 + 9 = 88
56 + 6 = 62
63 − 7 = 56
43 + 8 = 51

28 : 7 = 4
12 : 4 = 3
32 : 8 = 4
40 : 4 = 10
36 : 6 = 6
14 : 2 = 7

10 x 8 = 80
12 x 3 = 36
14 x 2 = 28
11 x 5 = 55
10 x 4 = 40
13 x 3 = 39

69 − 30 = 39
20 + 13 = 33
42 − 20 = 22
79 − 70 = 9
31 + 40 = 71
64 + 30 = 94

9 x 4 = 36
6 x 5 = 30
3 x 3 = 9
4 x 8 = 32
5 x 5 = 25
7 x 7 = 49

Objectif: additionner, soustraire, multiplier et diviser.

Carrés, rectangles et cercles

Colorie les carrés en jaune, les rectangles en vert et les cercles en rouge. Compte combien il y a de carrés, de rectangles et de cercles dans le dessin.

Objectif: distinguer les carrés, les rectangles et les cercles dans un dessin.

Une belle écriture

Ecris les lettres.

a b c d e f g h i j

k l m n o p q r s t

u v w x y z

Objectif: s'exercer à bien écrire les lettres.

Je me présente

Peux-tu te présenter en répondant à ces quelques questions?

Objectif: apprendre à compléter un questionnaire précis.

Le jeu de massacre

123 En jouant, tu as lancé une balle sur 15 boîtes. Combien en reste-t-il? Ecris la fraction correspondante.

123 Sur la table se trouvaient toujours 15 boîtes. A l'aide de ces fractions, dessine les boîtes que tu n'as pas renversées.

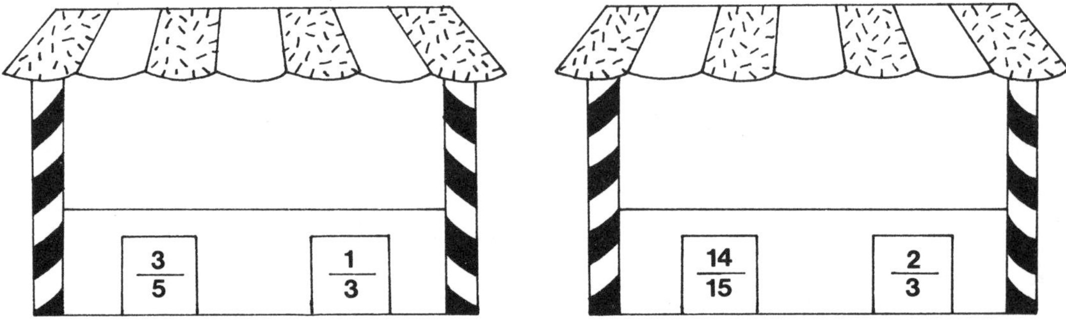

Objectif: s'exercer aux fractions.

L'intrus

Peux-tu découvrir l'intrus dans chaque série de mots et l'écrire?

trouver, placer, cahier, jouer, acheter ....

tasse, latte, machine, cochons, bouteille ....

portefeuille, chevreuil, treuil, cerfeuil ....

André, Julie, Paris, roi, Belgique ....

joli, fort, grand, beau, pantalon ....

balle, cal, festival, bal, carnaval ....

votre, parce que, tien, leurs, ses ....

Crée des séries toi-même en ajoutant chaque fois un intrus.
Ecris ces mots sur la ligne.

Mots singuliers se terminant par s: ....

Mots féminins: ....

Adjectifs: ....

Mots de 3 lettres: ....

Noms propres: ....

Objectif: apprendre à découvrir l'élément commun d'une série de mots.

Les étoiles

Termine les calculs qui te sont proposés.
Les résultats sont au centre des étoiles.

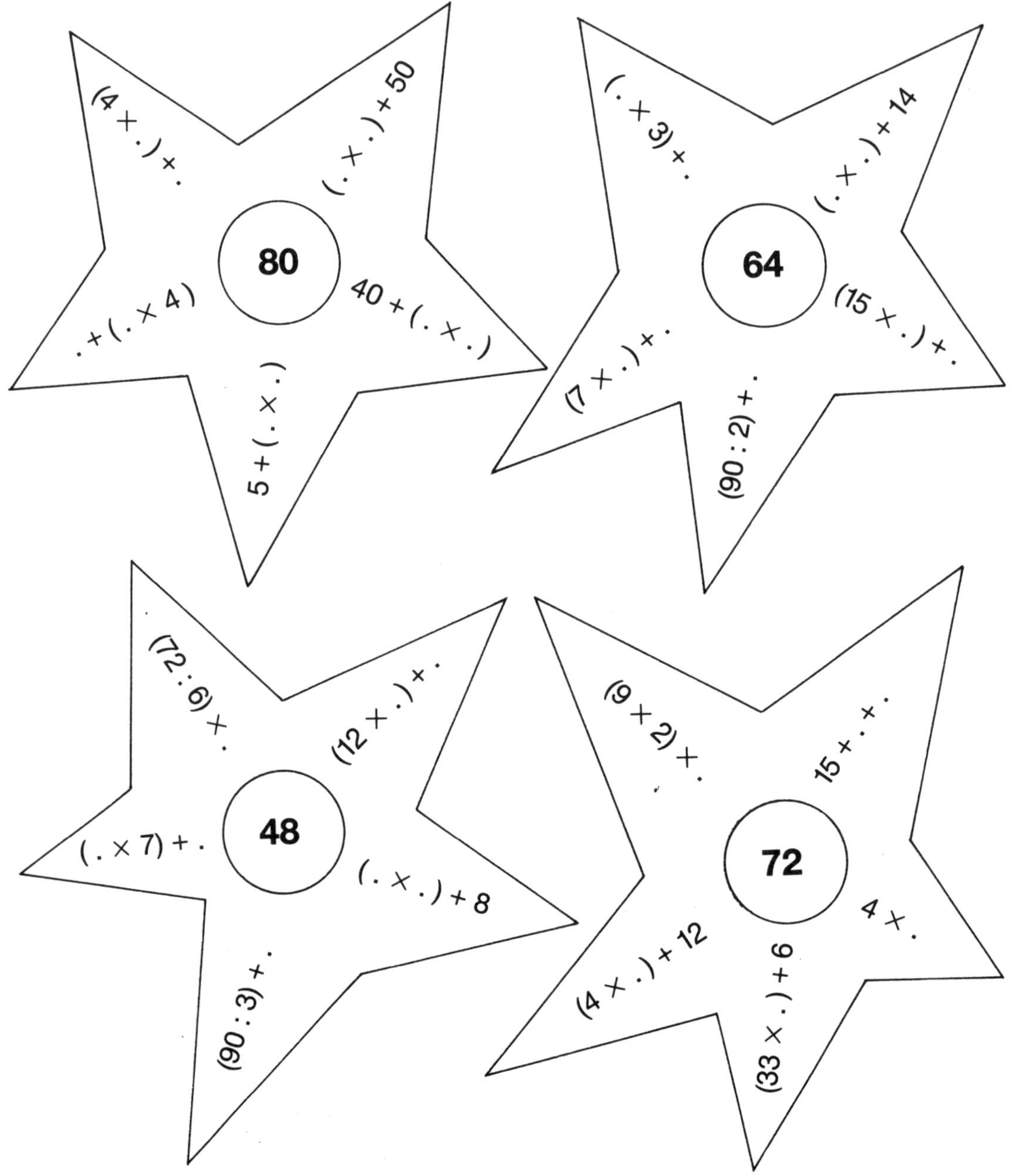

Objectif: s' entraîner aux quatre opérations fondamentales.

Le pluriel des noms

Ecris d'abord les mots sous les dessins. Pour t'aider nous avons déjà écrit les premières lettres. Ensuite, réponds aux questions.

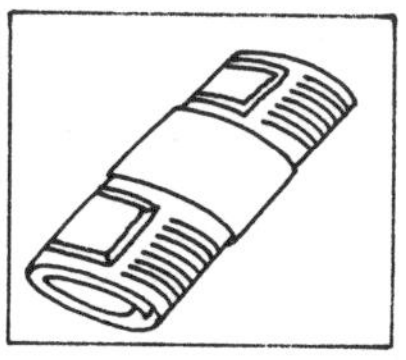    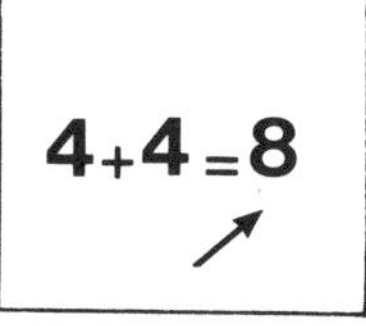

j .... c .... b .... c .... t ....

Ces mots se terminent tous par: ....

Connais-tu leur pluriel? Attention, il y a parfois des exceptions!

............, ..., ..., ..., ...

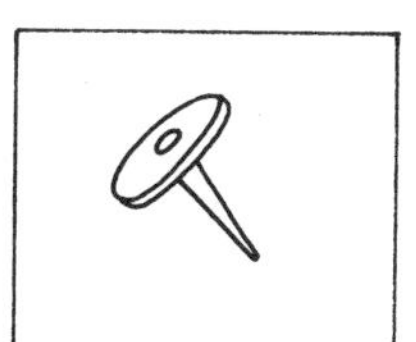   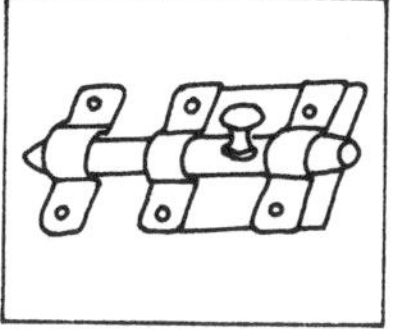 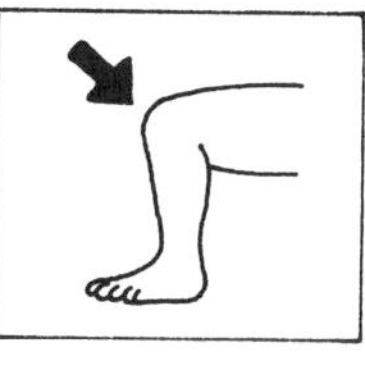

c .... h .... f .... v .... g ....

Ces mots se terminent tous par: ....

Connais-tu leur pluriel? Attention aux exceptions!

............, ..., ..., ..., ...

 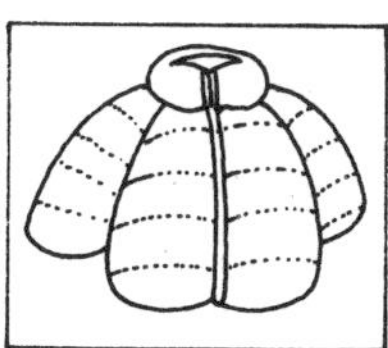   

s .... m .... c .... b .... g ....

Ces mots se terminent tous par: ....

Connais-tu leur pluriel?

............, ..., ..., ..., ...

Objectif: connaître le pluriel des noms.

Le voyage scolaire

? Tu peux répondre à toutes ces questions et écrire les bonnes réponses.

Avant de partir, le maître explique qu'un train a 35 wagons. Cédric se vante d'en avoir vu un 10 fois plus grand.

Combien de wagons doit avoir le train de Cédric? ....

Le grand jour est enfin arrivé. Le conducteur nous dit que les 35 wagons du train sont numérotés à partir de 705.

Quel numéro porte le dernier wagon? ....

Les 25 élèves de ma classe montent dans un wagon. Il est possible de placer 5 élèves sur une banquette.

Combien de banquettes occupe la classe au complet? ....

Sarah a décidé de fêter son anniversaire dans le train. Elle distribue 24 gâteaux et n'oublie pas de se servir. Il lui en reste 10.

Mais combien en avait-elle au départ? ....

A l'arrivée en gare de Montpellier, nous comptons 10 voies. Toutes les heures, 28 trains arrivent sur chaque voie.

En 1 heure, combien de trains entrent en gare? ....

Objectif: résoudre des problèmes.

Au pluriel!

Voici un petit texte. Peux-tu l'écrire au pluriel?
Mais attention! Il faut que le texte ait encore un sens.

Le petit garçon a huit ans. Il aime bien jouer dans la forêt. Son meilleur ami est un immense chien noir. Chaque matin, il l'emmène avec lui pour faire une très longue promenade. Le petit garçon lance un bâton au loin pour jouer. "Ramène-le moi" crie-t-il. Le chien court et ramène le bâton dans sa gueule. "Bravo!" dit le garçon. "Tu es un gentil chien. Tu vas recevoir un os".

....

....

....

....

....

....

....

....

....

....

....

Objectif: mettre un long texte au pluriel.

Les rails du train

Dessine trois lignes de chemin de fer passant par les points indiqués. Ne fais pas dérailler les trains!

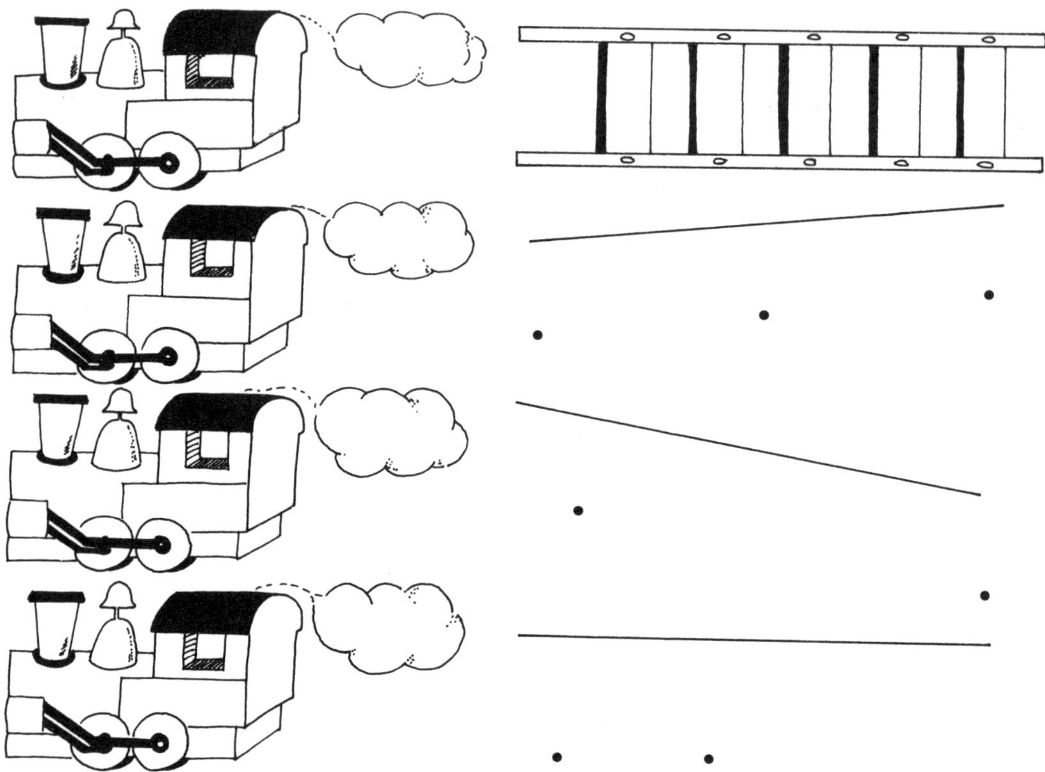

123 Effectue les opérations de chaque série selon la signification des flèches.

−9

434	688	695	762	627	758	399	106

+7

444	469	166	496	332	996	211	104

Objectif: tracer des lignes parallèles et effectuer des opérations.

Passé, présent, futur

Relie les verbes conjugués à la même personne et au même temps.

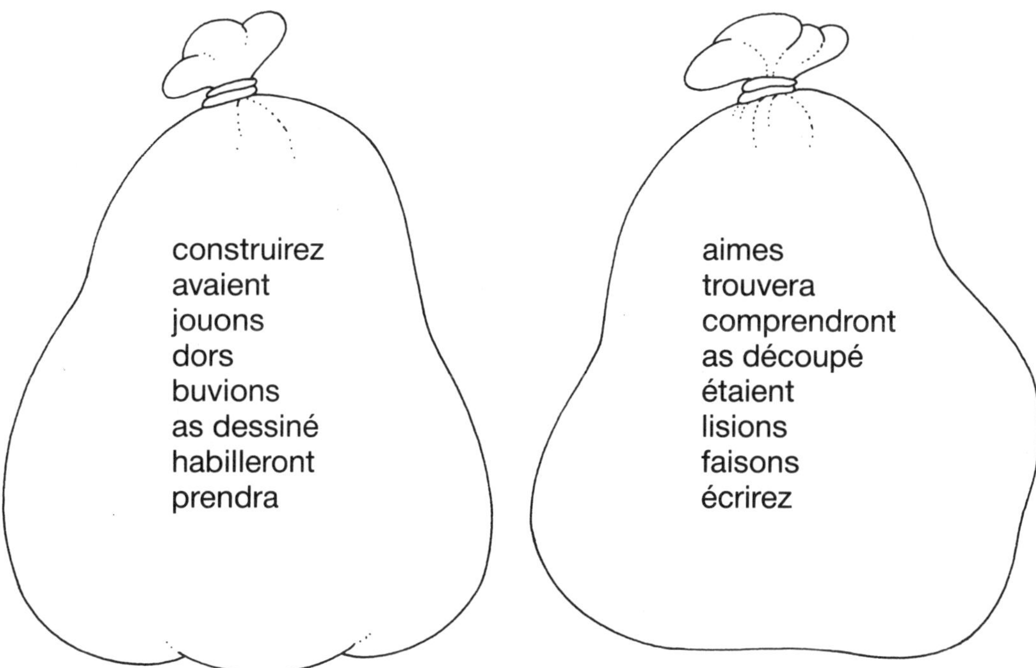

Ecris les verbes à la bonne place sur la ligne du temps.

hier	aujourd'hui	demain
....	....	....
....	....	....
....	....	....
....	....	....
....	....	....
....	....	....

Objectif: reconnaître des verbes conjugués et les situer chronologiquement.

Le tir à l'arc

123 Si tu arrives à résoudre les fractions, tu pourras placer convenablement les solutions sur la cible. Observe d'abord l'exemple.

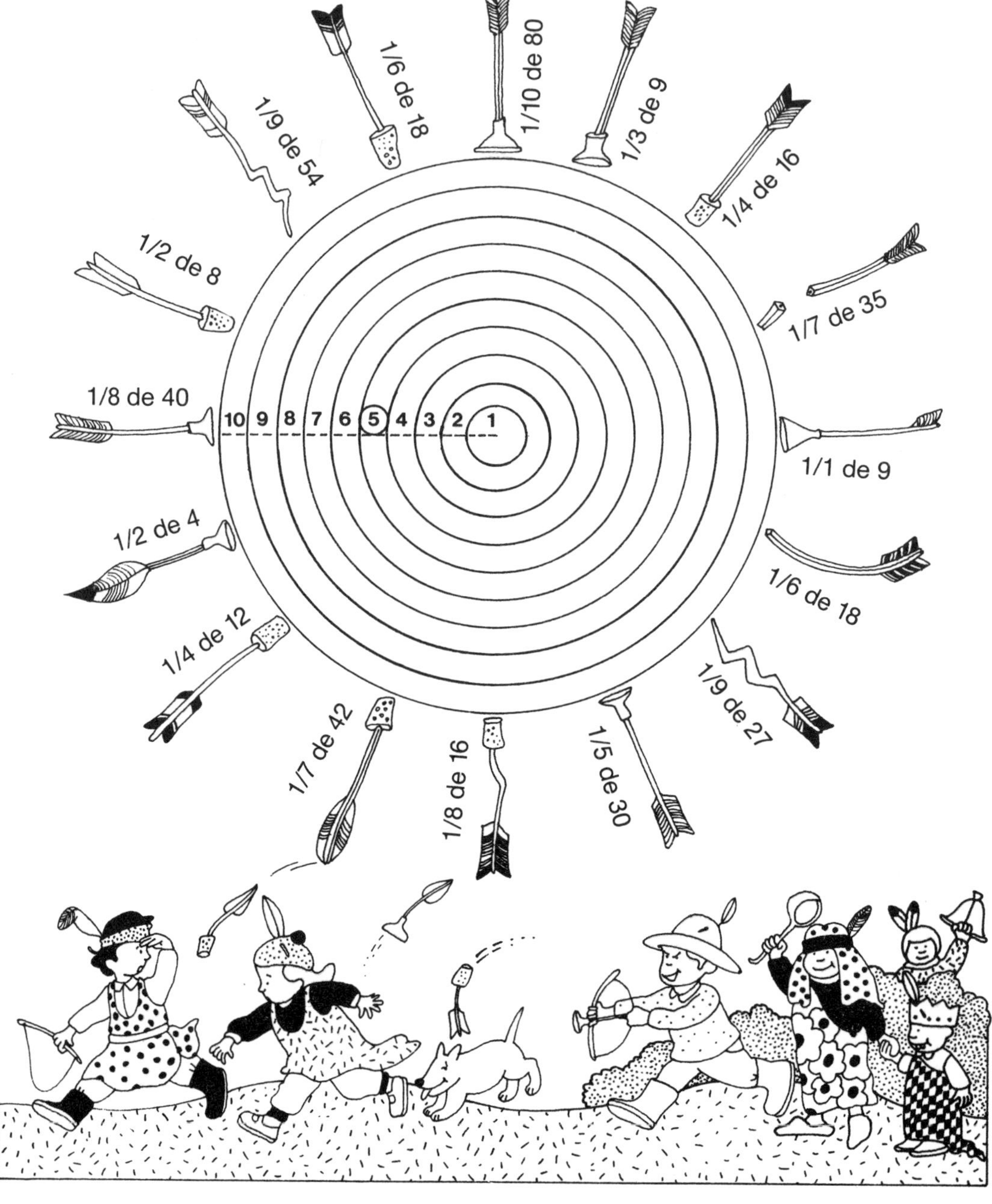

Objectif: s'exercer aux fractions.

Petits problèmes d'orthographe

Les sons s'écrivent parfois de différentes façons. Ces petits exercices t'aideront à acquérir une meilleure orthographe.

Le son c

Le son c s'écrit c, k, ch ou qu. Classe ces mots-ci dans les bonnes cases.

cou – kayak – orchestre – casquette – kilo – conte – cœur – kangourou – képi – quarante – arlequin – coquille – qui – chorale – chaque – quand – chrysanthème – coucou.

c	ch
....	....
....	....
k	**qu**
....	....
....	....

Le son é

Le son é peut s'écrire é, er, ez, ou ai.

Peux-tu compléter les mots correctement?

J' .... donn.......... des bonbons à

Didi.......... Maintenant, il en a ass.......... .

Vous pr..........f..........r.......... boire du lait.

Pren.......... cette feuille de papi.......... pour

..........crire une lettre à vos amis.

Le premi.......... janvi.......... est le premi..........

jour de l'ann..........e .

Demain, je manger.......... des crêpes

sucr..........es.

Pourri..........-vous m'aid.......... à mont..........

sur cette ....chelle. J' .... peur.

Objectif: connaître les différentes façons d'écrire les sons é et c.

Chaud ou froid?

Pourrais-tu compléter cette échelle graduée?

–1 0

Achève la graduation de cette échelle.

0 10 20

Indique les températures correctes en fonction du dessin (degré = °).

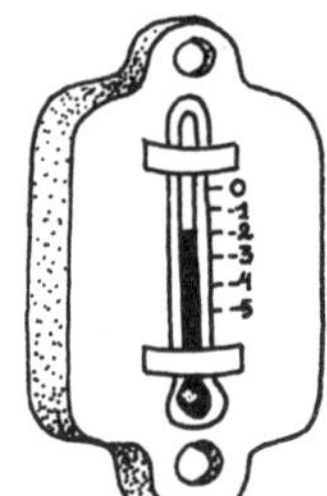

1° plus froid = ... °
1° plus chaud = ... °
3° plus froid = ... °
2° plus chaud = ... °
2° plus froid = ... °

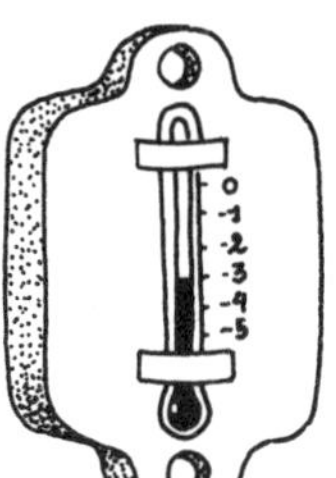

3° plus chaud = ... °
1° plus froid = ... °
1° plus chaud = ... °
2° plus froid = ... °
2° plus chaud = ... °

Identifie chaque pays avec une couleur différente et colorie les thermomètres avec la couleur correspondante.

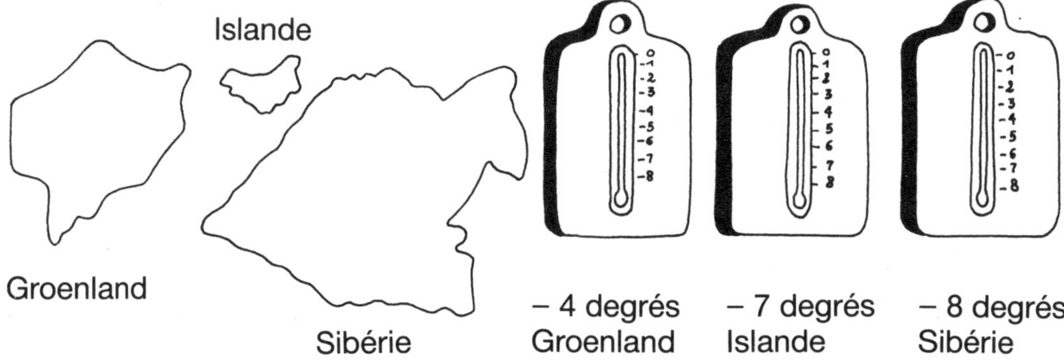

Objectif: calculer des températures négatives et compléter une échelle graduée.

L’alphabet

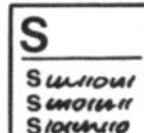

François veut classer les mots ci-dessous par ordre alphabétique.
Aide-le en écrivant les nombres de 1 à 20 dans les drapeaux.

Complète d’abord l’alphabet: a, ., ., d, ., ., ., ., ., ., k, l, ., ., ., ., q, ., ., t, ., ., ., x, ., z.

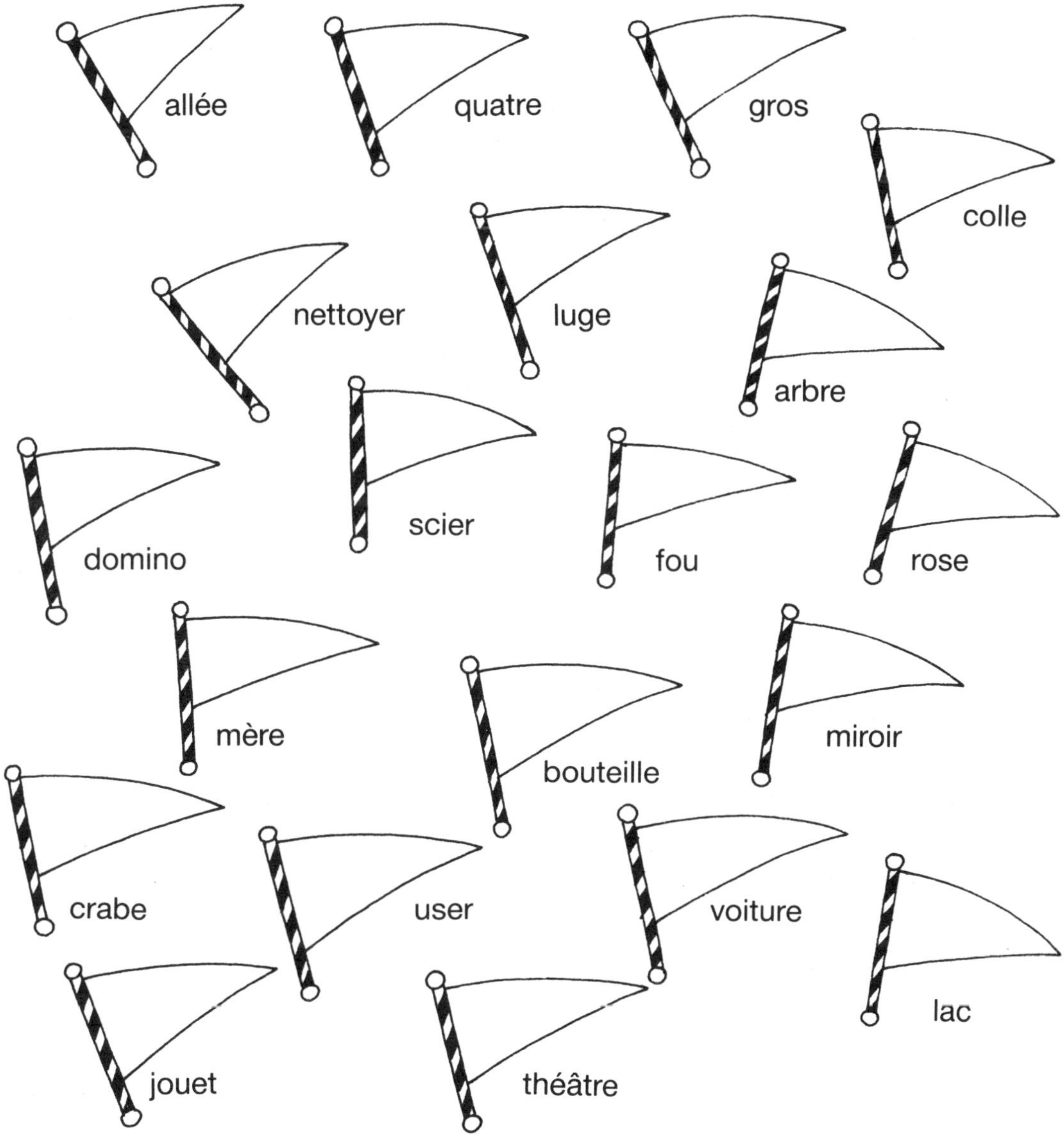

allée quatre gros colle

nettoyer luge arbre

domino scier fou rose

mère bouteille miroir

crabe user voiture lac

jouet théâtre

Objectif: classer des mots par ordre alphabétique.

Je sais lire l'heure

123 Regarde les montres et lis avec attention. Avant ou après-midi, quelle heure est-il?

avant midi

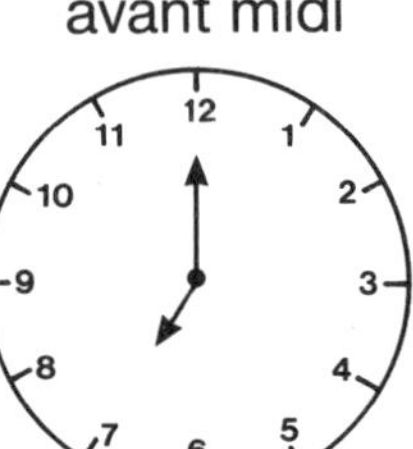

après-midi

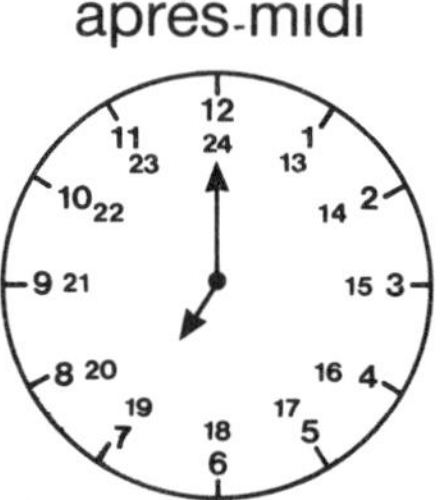

Il est 7 heures du matin ou il est 7 heures du soir. Les aiguilles sont au même endroit mais avec 12 heures de décalage.

7 h. = 7 h. + 12 h. = 19 h.
12 h. = 12 h. + 12 h. = ... h.
4 h. = ... h. + ... h. = ... h.
.... heures = 18 heures
.... heures = 13 heures

8 h. 30 min. = ... h. .... min.
11 h. 30 min. = ... h. .... min.
4 h. 30 min. = ... h. .... min.
.... h. .... min. = 21 h. 30 min.
.... h. .... min. = 14 h. 30 min.

123 Les aiguilles sont cassées. Dessine-les toi-même sur les montres.

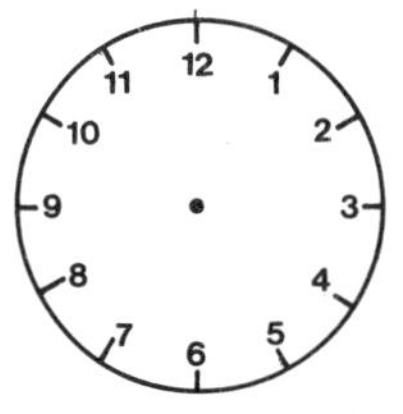

sept heures et demi

cinq heures

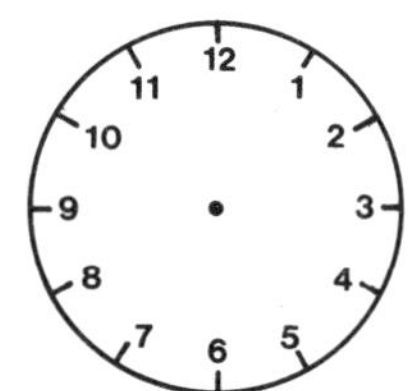

neuf heures et demi

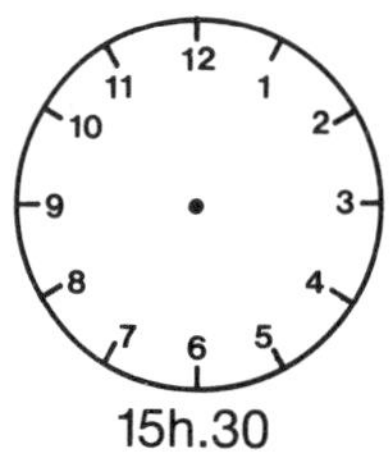

15h.30

19h.30

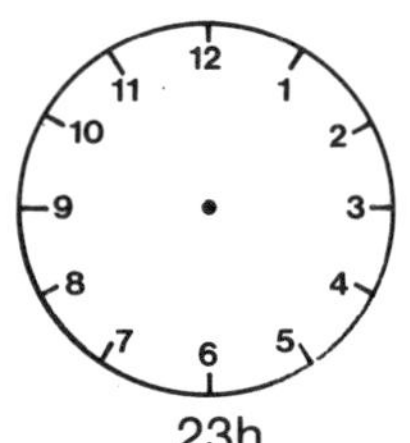

23h

Objectif: lire l'heure.

Fais des mots

Chaque syllabe à gauche de la ligne est associée à une syllabe de droite. Assemble les mots et écris-les.

mai	ton
sa	son
car	lon

gâ	leau
noy	au
rou	teau

sa	pin
ha	son
pois	reng

ti	te
lat	gre
tra	fic

mou	te
ves	pe
ju	che

brû	lant
ri	ant
bu	vant

phra	be
ver	se
su	jet

tra	trail
vi	vail
co	rail

pré	tur
fu	sé
pas	sent

Objectif: apprendre à associer des syllabes pour former des mots.

La fête foraine

Le montant total des ballons de cette page est de 1000 points. Calcule la valeur des ballons envolés de la main de Marie.

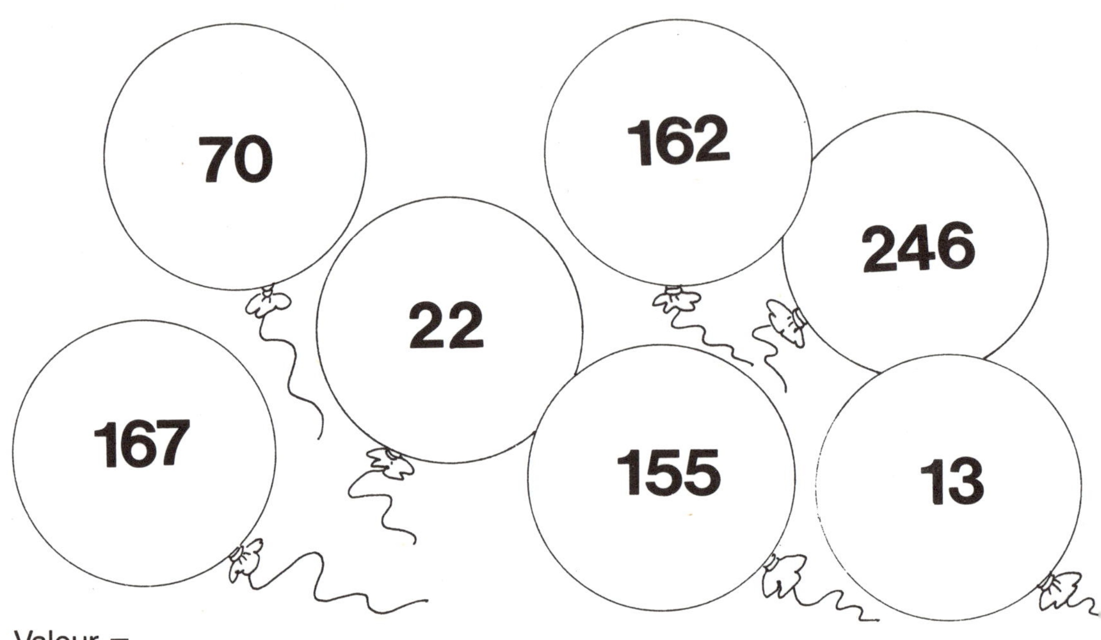

Valeur = ...

Additionne un ballon envolé avec un ballon dans la main de Marie. Le résultat doit être un multiple de 10. Donne deux possibilités.

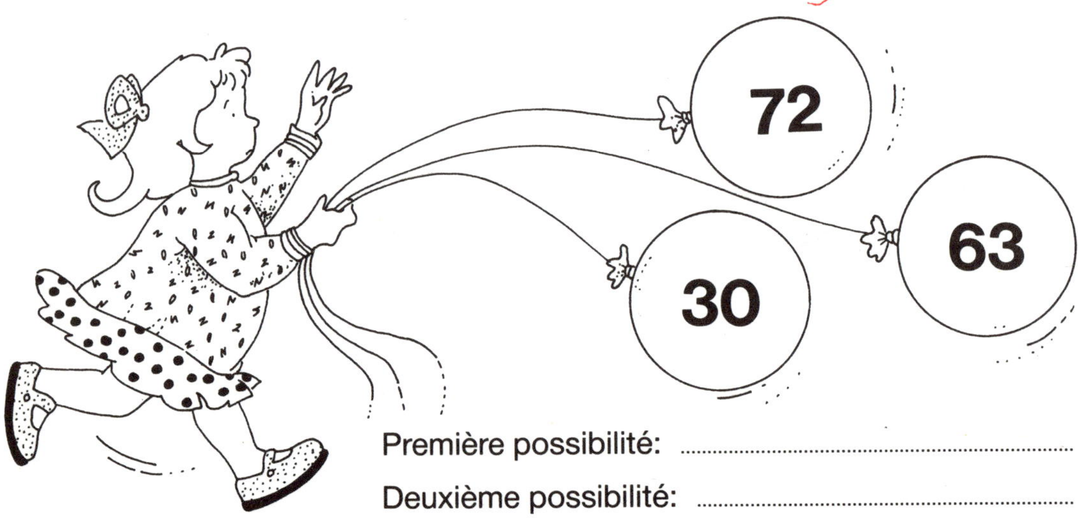

Première possibilité: ....

Deuxième possibilité: ....

Objectif: additionner sans problèmes.

Qu'est-ce qui va ensemble?

S

Relie les dessins aux mots qui leur sont associés.

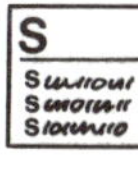

Quels mots vont ensemble? Utilise chaque mot du cadre deux fois.

moyen de transport vêtement métier	instrument outil liquide	meuble animal	fleur arbre

docteur: metier

train: Moyen de transport

violon: instrument

tournevis: outil

piano: instrument

eau: liquide

muguet: fleur

autobus: Moyen de transport

chien: animal

armoire: meuble

vin: liquide

bouleau: arbre

chêne: arbre

pantalon: vetement

chat: animal

instituteur: metier

lit: meuble

marteau: outil

chaussette: vetement

tulipe: fleur

Objectif: découvrir des relations de signification qui existent entre les mots.

Tout le monde à la plage

Pour trouver les réponses correctes, suis chaque flèche en comprenant bien ce qu'elles te disent.

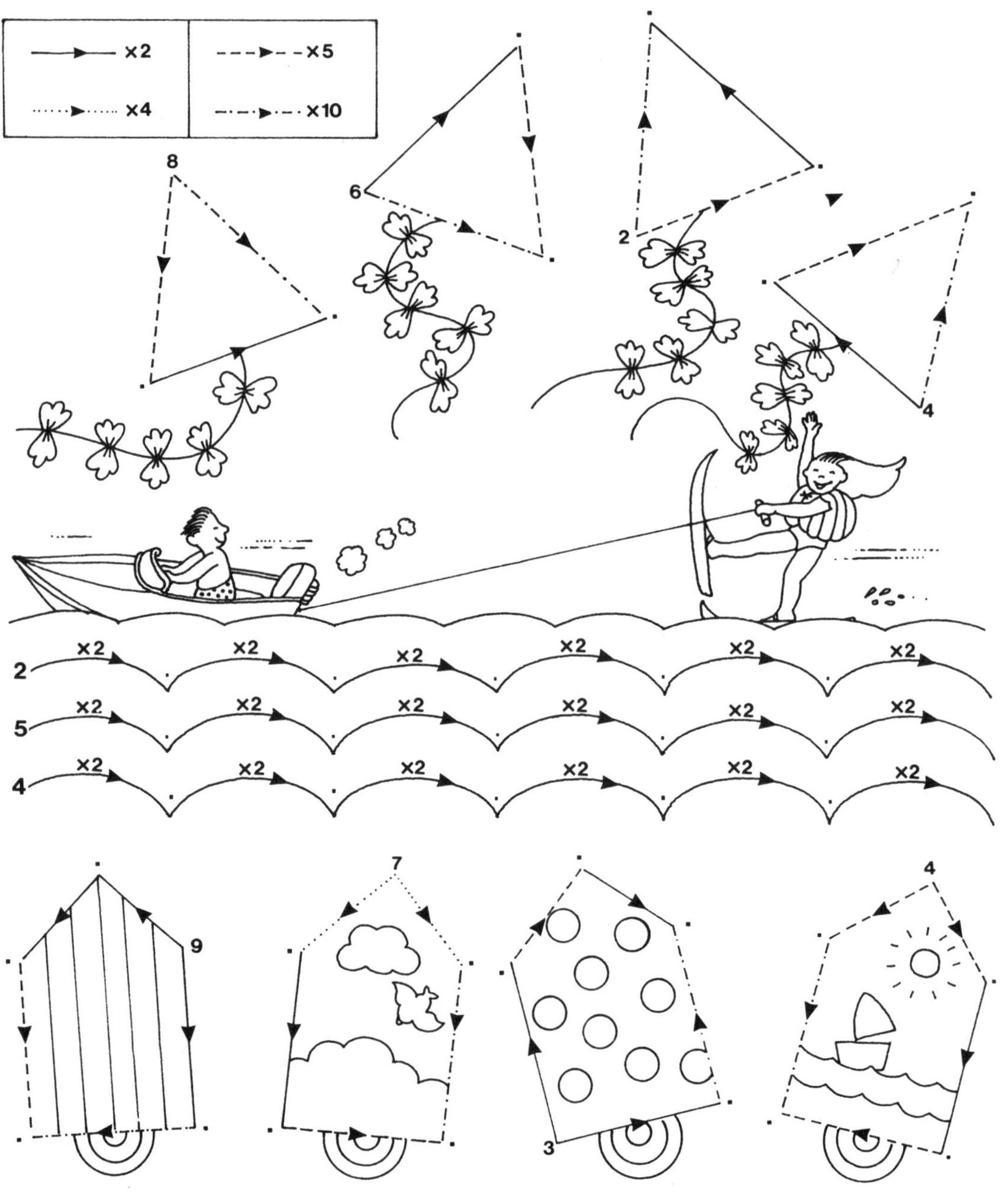

Objectif: travailler les multiplications.

Le groupe verbal

Trouve les groupes verbaux qui s'accordent aux groupes sujets.
Relie-les pour former des phrases.

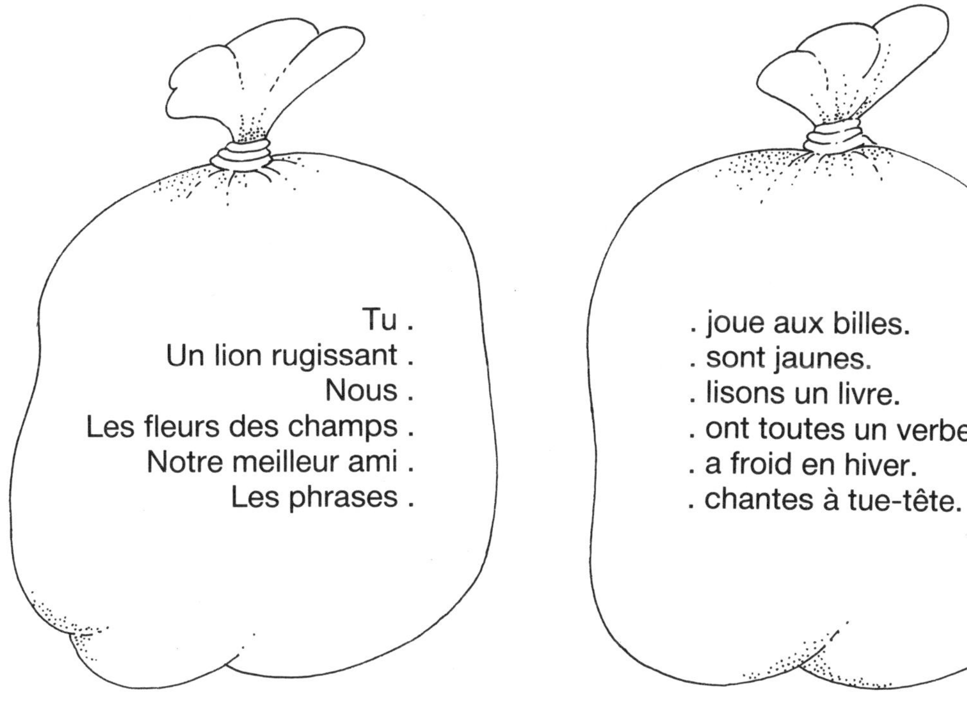

Cherche un groupe verbal pour compléter chaque phrase.

Votre professeur ....

Demain, cette grosse voiture ....

Maman et moi ....

Les lunettes de David ....

Notre maison ....

Moi, je ....

Vous ....

La bouteille de limonade ....

Objectif: comprendre la notion de groupe verbal.

La leçon de gymnastique

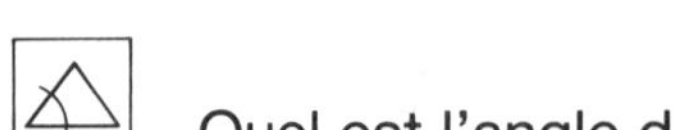

Quel est l'angle droit? Désigne-le en plaçant une croix à côté de lui.

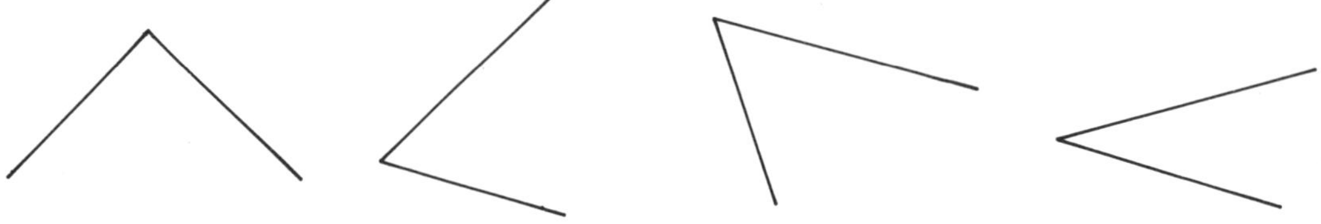

Jean veut devenir professeur de gymnastique. Quel angle forme-t-il avec ses jambes par rapport à l'angle droit (<, >, =)?

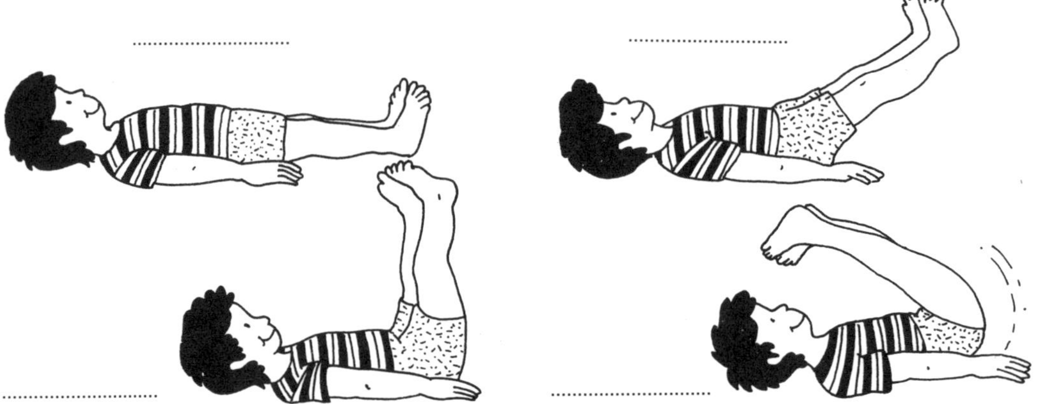

Montre les angles droits sur ces figures.

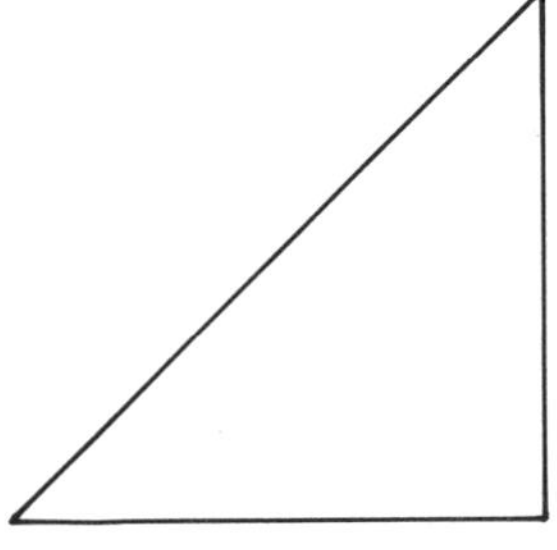

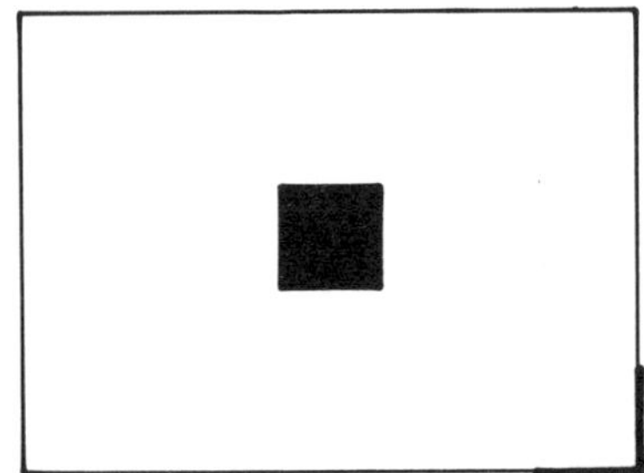

Objectif: différencier les angles.

Jouer avec des lettres

Ecris les mots sous les dessins.

n i t -
a s s
n

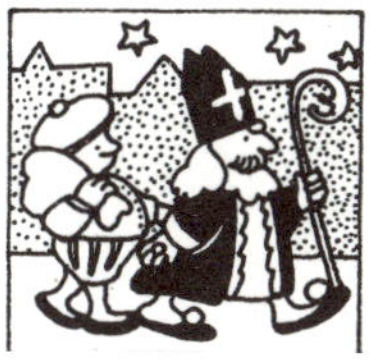

h a o
n i 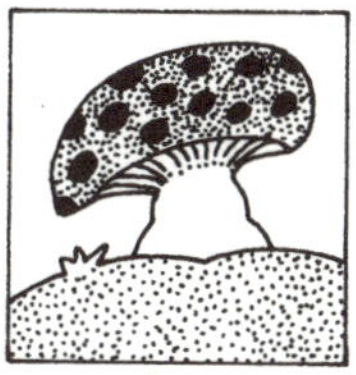
c g
m p n

e h t
p i 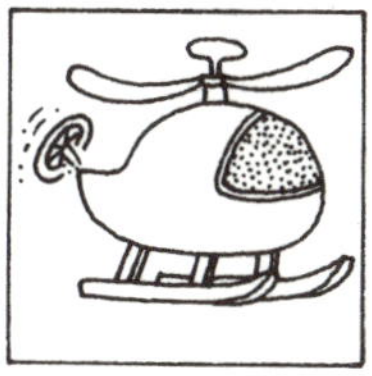
e r
c l o
e

m e f 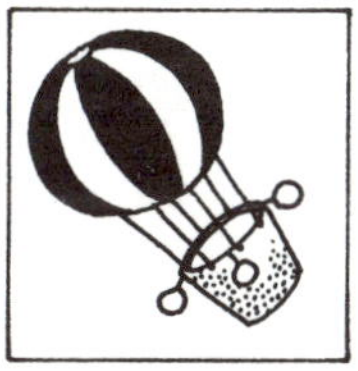
t
o l
e g i

a s a
e u 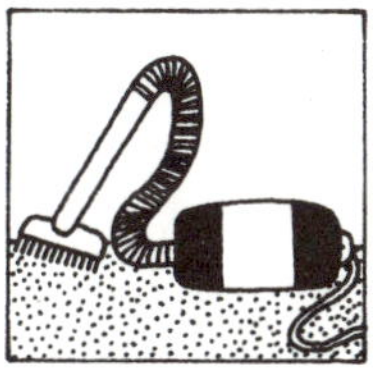
t r
p r i

p i
u a

t l i
o o 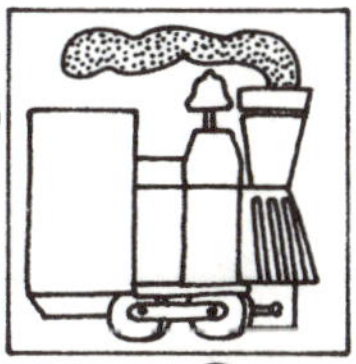
e v
o c m

e r o
q 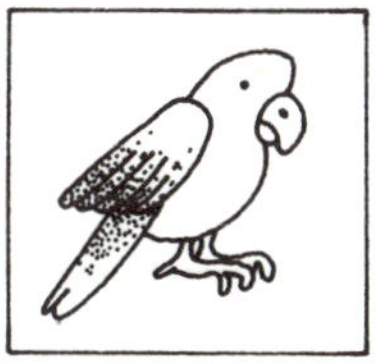
r
t
p u e

Objectif: apprendre à associer des lettres pour former un mot.

L'ours

+− :× Résous les opérations à l'intérieur de cet ours et colorie-le ensuite avec de jolies couleurs.

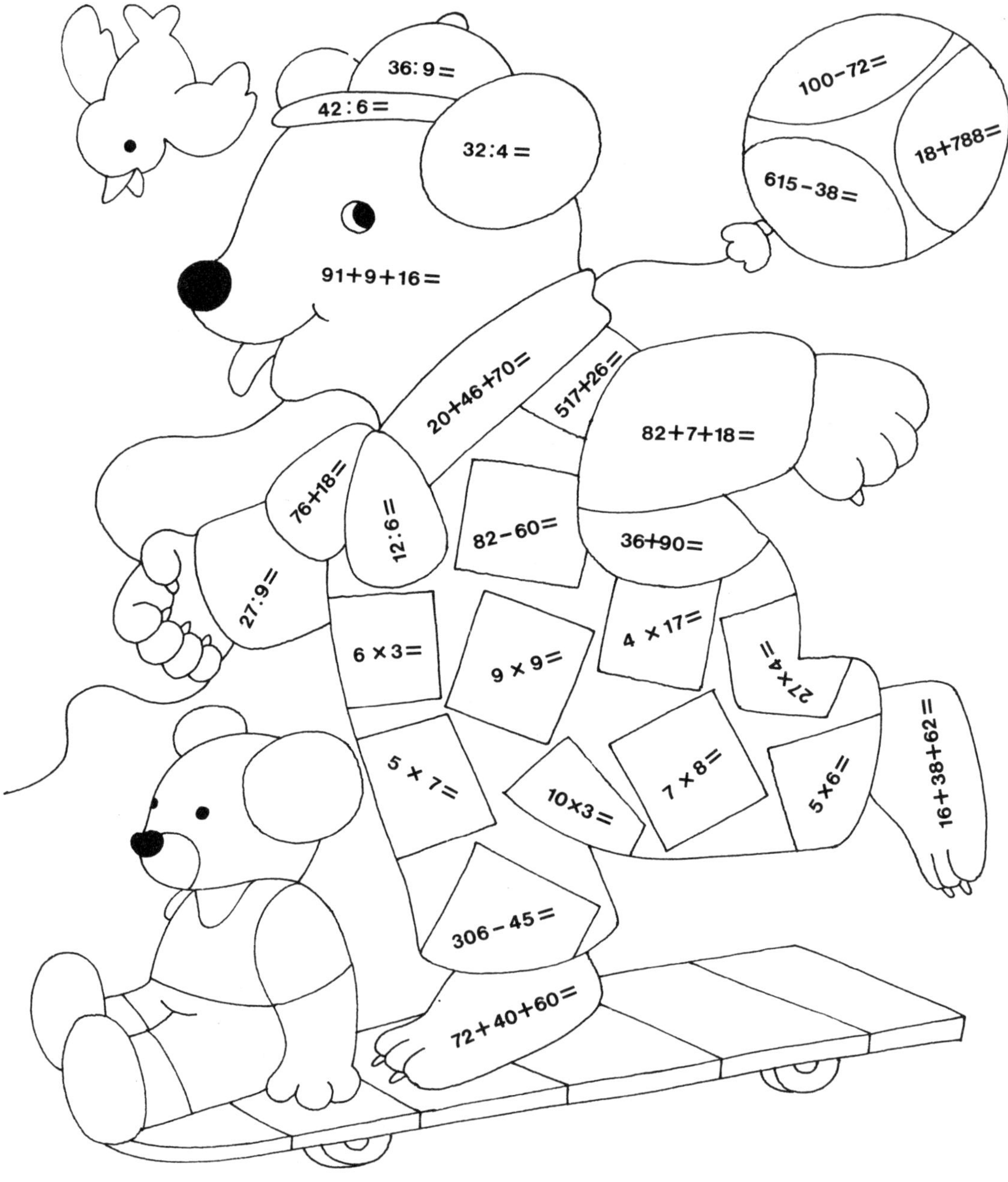

Objectif: s'entraîner aux quatre opérations fondamentales.

Des phrases conjuguées

Voici des phrases. Peux-tu les recopier en remplaçant le pronom je par le pronom nous?N'oublie pas l'accord du verbe.

Ce soir, je vais dormir tôt parce que je suis très fatigué.

....

J'avais de vieilles chaussures. J'en ai acheté de nouvelles.

....

Je suis content. J'ai gagné un vélo à la tombola.

....

Dans ces phrases-ci, remplace le pronom vous par le pronom tu et réécris-les correctement.

Vous étalez de la confiture sur votre tartine.

....

Dimanche, vous vous êtes promenés dans les bois.

....

Pendant la récréation, vous jouez aux billes ou à cache-cache.

....

Vous rangez vos jouets dans votre caisse rouge.

....

Dans ces phrases, remplace le pronom il par le pronom elles.

Il coupe les cheveux de son petit frère.

....

L'année prochaine, il gagnera sûrement la course.

....

Il a conduit la voiture au garage pour la faire réparer.

....

Objectif: exercice de conjugaison.

Le téléphone

Imite l'exemple qui est donné et essaye de trouver un résultat pour les numéros suivants.

Tu composes ce numéro: 54 46 89.
Multiplie le premier chiffre par 1, le deuxième par 2, le troisième par 3 et ainsi de suite. Tu arriveras au résultat suivant:

(5 × 1) + (4 × 2) + (4 × 3) + (6 × 4) + (8 × 5) + (9 × 6) = ...

66 87 19 = (6 × 1) + (6 × 2) + (8 × 3) + (7 × 4) + (1 × 5) + (9 × 6) = ...

22 78 65 = (. × 1) + (. × 2) + (. × 3) + (. × 4) + (. × 5) + (. × 6) = ...

52 28 22 = ...

54 45 47 = ...

46 32 88 = ...

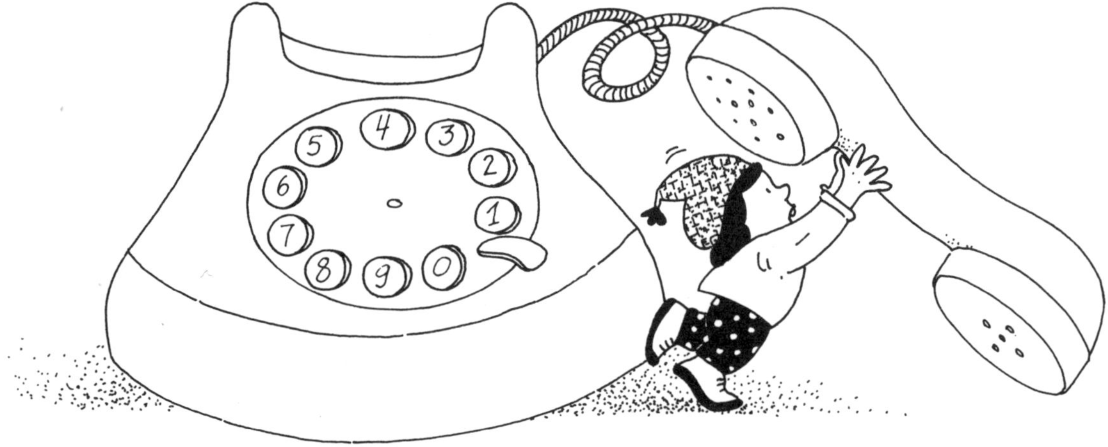

Effectue les opérations suivantes. Attention, il s'agit maintenant de soustraire!

23 64 99 = (2 − 1) + (3 − 2) + (6 − 3) + (4 − 4) + (9 − 5) + (9 − 6) = ...

34 89 78 = ...

26 98 88 = ...

69 96 69 = ...

Objectif: travailler les multiplications, les additions et les soustractions.

Transformer les phrases

Les phrases peuvent être à la forme affirmative, négative ou interrogative. Transforme les phrases comme dans l'exemple suivant:

Sophie joue à la balle.
Sophie ne joue pas à la balle.
Sophie joue-t-elle à la balle?

Tu as faim et tu as envie de manger.

....

....

Nicolas est caché derrière un buisson touffu.

....

....

Hier soir, nous nous sommes couchés tôt.

....

....

Vous aimez manger du gâteau.

....

....

Objectif: apprendre à utiliser les formes négative et interrogative.

Mon calendrier

 Complète les pointillés de ce texte à l'aide du calendrier.

Sophie voudrait déjà remplir son agenda.
Quel est le premier jour du mois? un ....
Quel est le dernier jour du mois? un ....

Tous les mardis et tous les jeudis, Sophie suit des cours de solfège.
Combien de fois doit-elle y aller? ....
Donne les dates des leçons: ....

 Compose toi-même le calendrier de ce mois-ci et réponds aux questions.

lu	ma	me	je	ve	sa	di

De quel mois s'agit-il?
....

C'est un mois de .... jours, avec .... semaines complètes.

Si nous sommes aujourd'hui le 8 du mois, un ....
Quel est le jour de la pleine lune?
Nous serons un ....
le ....

Objectif: connaître le calendrier.

Conjuguer

Complète le tableau, comme dans l'exemple.

PRESENT	IMPARFAIT	FUTUR
Je pars	Maman partait	Nous partirons
Je	Tu étais	Vous ....
Je	Il	Ils auront
Je ris	Anne	Les gens ....
Je	Jérémy écrivait	Papa et toi ....
Je	Tu	Nous jouerons
Je vais	Le laitier	Les enfants ....
Je	Il se couchait	Elles ....
Je	Elle	Les invités mangeront
Je sais	Tu	Vous ....

Choisis un des verbes suivants pour compléter les phrases.

boire – attacher – rire – recevoir – dessiner – inviter – vouloir – avoir – ramper

Etienne .... trois grands verres d'eau après avoir couru.

Tu .... la laisse de ton chien avant d'aller le promener.

Les chenilles .... doucement sur les feuilles du mûrier.

Pour son anniversaire, Nicolas .... dix enfants de sa classe.

Les jeunes chatons .... un pelage tout doux.

Quelle bonne blague! Vous .... tous ensemble.

Pour la Noël, je .... beaucoup de cadeaux.

Cédric .... un arbre. Il .... l'offrir à sa grand-mère.

Objectif: conjuguer différents verbes.

Je colorie

Colorie les cases indiquées de la première grille. Reproduits ensuite le carré de droite dans la grille en bas à gauche.

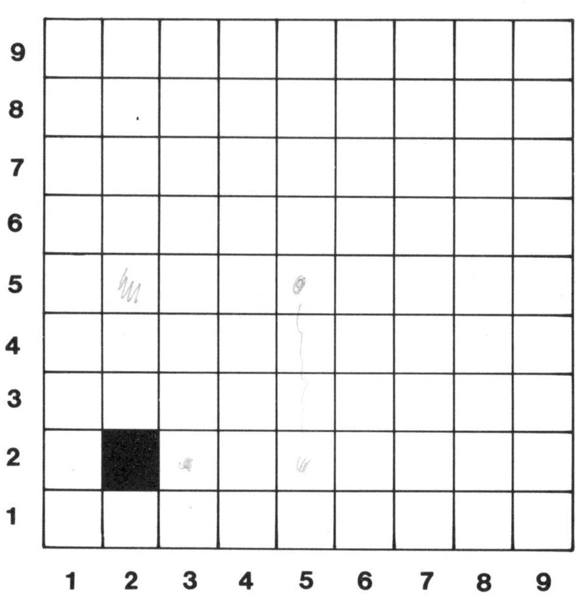

La case 2_2 est déjà coloriée
Colorie en montant jusqu'à 5_2.
Puis, va vers la droite jusqu'à 5_5.
Descends et colorie jusqu'à 2_5. Va enfin vers la gauche jusqu'à 2_3.
La figure qui apparaît est ....
Colorie la case 8_8. Va vers la gauche et colorie jusqu'à 8_2.
Colorie la case 9_2, puis colorie vers la droite jusqu'à 9_8.
La figure qui apparaît est ....

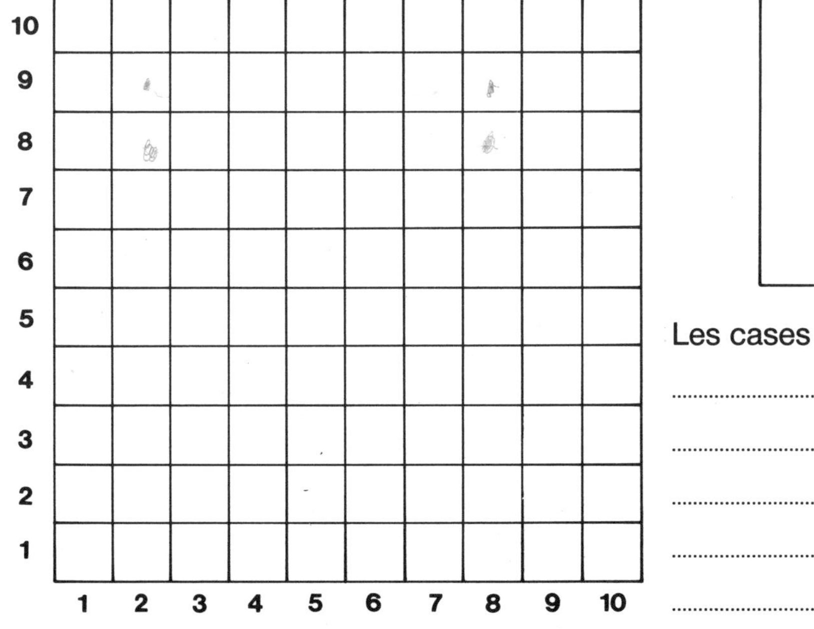

Les cases coloriées sont:
....
....
....
....
....

Objectif: raisonner logiquement.

Des mots et des phrases

Les mots suivants sont écrits à l'envers.
Peux-tu les écrire correctement?

reicipé: epicier

renuejéd: dejeuner

sruetisiv: visiteurs

erutiov: voiture

erbmetpes: septembre

ertsnom: monstre

ruetcart: tracteur

tnahpélé: elephant

erutifnoc: confiture

eéngiara: araignee

Avec chacun de ces mots, fais une longue phrase.

Peux-tu écrire les mots suivants à l'envers?

princesse: essecnirp

matelot: toletam

menuisier: reisiunem

dictionnaire: eriannoitcid

calendrier: reirdnelac

lettres: serttel

marteau: uaetram

soucoupe: epuocuos

Objectif: écrire des mots correctement et construire des phrases avec des mots donnés.

Dessinons

Montre ici ton talent de dessinateur. Recopie le dessin en suivant les petits carrés.

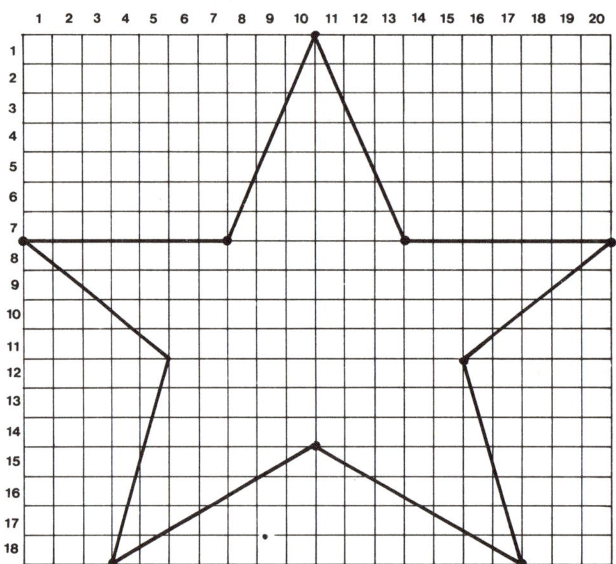

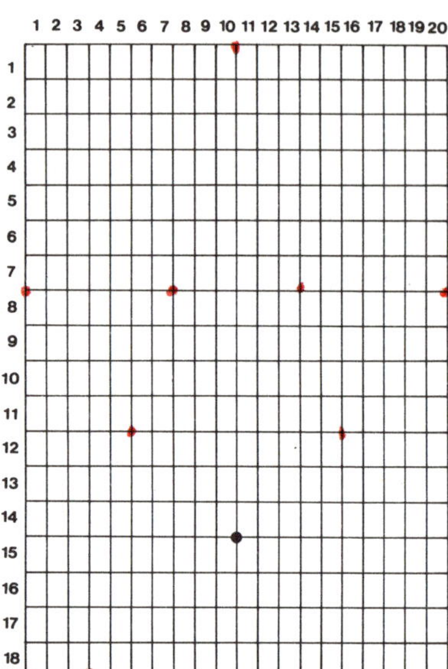

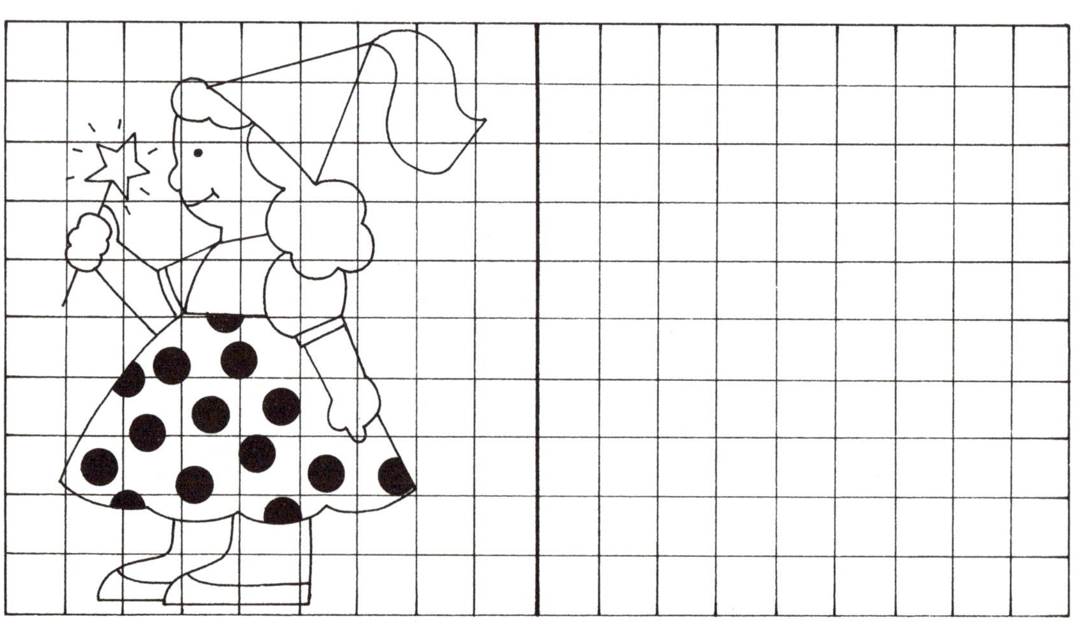

Objectif: dessiner avec logique.

Les phrases subordonnées

Voici des groupes de phrases. Transforme-les chaque fois en une seule phrase, comme dans l'exemple.

> Je dors dans le lit.
> Le lit m'appartient.
> Je dors dans le lit qui m'appartient.

Je téléphone à mon amie Carole.
Mon amie Carole dort peut-être encore.

....

....

J'aime me promener dans les bois.
Les bois retentissent des cris des oiseaux.

....

....

Les enfants vont à la plage.
La plage est couverte de sable fin.

....

....

A quatre heures, je fais mes devoirs.
Mes devoirs sont très difficiles.

....

....

Didier ramasse les pommes.
Les pommes sont tombées du pommier.

....

....

Les oiseaux construisent un nid.
Le nid va accueillir les œufs.

....

....

Objectif: comprendre la notion de phrase subordonnée.

Chez l'épicier

123 L'épicier doit mettre son magasin en ordre. Aide-le à ranger ces poids et ces capacités par ordre croissant (du plus petit au plus grand).

1/2 kg, 1 kg, 100 g, 10 g, 3 kg: ....

2 × 1/2 kg, 2 × 1 kg, 2 × 100 g: ....

50 g, 1/4 kg, 3 × 250 g, 75 g: ....

1 l, 1 cl, 5 dl, 10 l, 1 dl, 40 cl: ....

2 l, 5 dl, 750 cl, 3 l, 10 dl, 75 l: ....

1/5 l, 500 cl, 4 dl, 3 dl, 100 l: ....

123 Compte combien pèse le panier. Le panier lui-même pèse 500 g. Convertis tout en grammes et indique les opérations dans le panier.

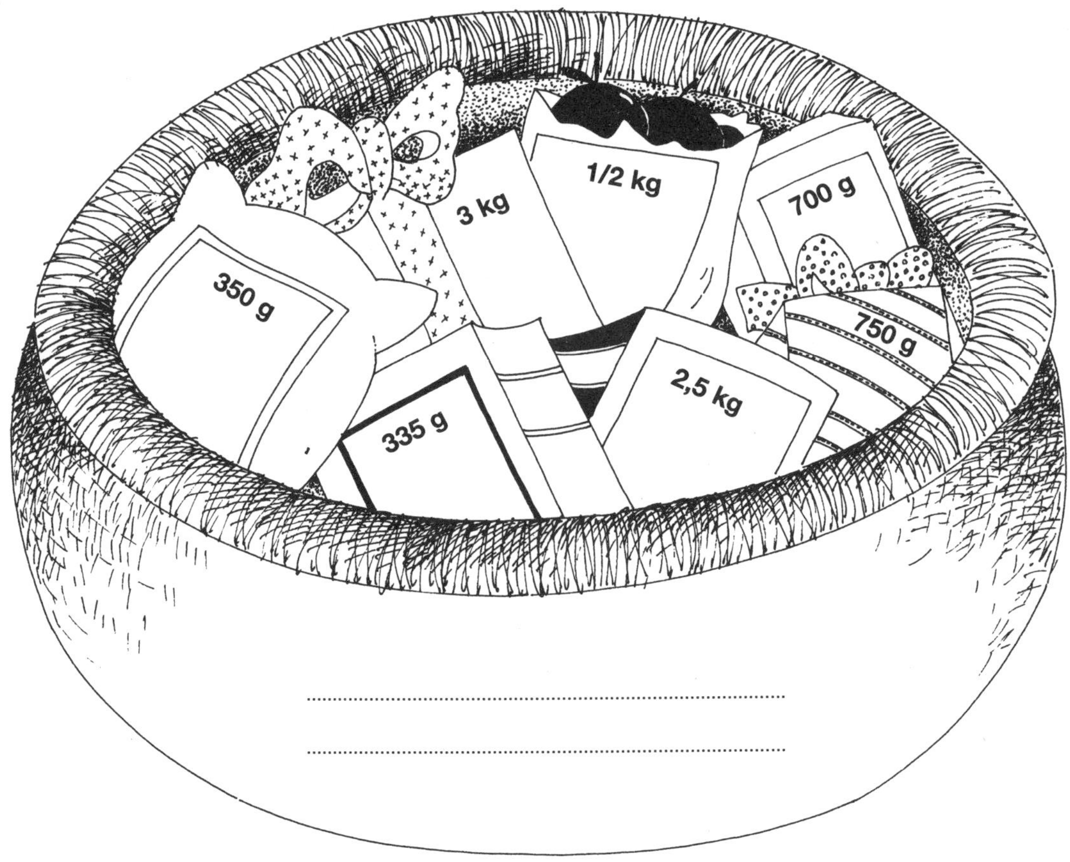

Objectif: se familiariser avec les poids.

Petits exercices d'orthographe

Complète les phrases par les bons mots.

où ou ou

.... sont passés tes amis? Se sont-ils perdus .... se sont-ils cachés?

Veux-tu une poire .... une pomme?

.... as-tu pris ces bonbons?

Marc part en vacances. Sais-tu .... il va aller?

la ou là

As-tu vu .... bouteille de limonade?

Alain pense que .... bouteille est .... sur la table.

Regarde par .... ! Tu verras un beau paysage.

.... petite fille est ...., derrière .... porte.

ce ou se

.... garçon est malade. Il .... couche dans son lit.

Regarde .... petit hérisson. Il .... roule en boule en hérissant ses piquants.

Déborah .... promène dans la forêt. "............... grand arbre est magnifique!", s'exclame-t-elle.

a ou à

Jean-François est allé .... Paris. Il .... pris l'avion.

Elodie .... de nouveaux patins .... roulettes.

Laurent .... faim. Il achète une bonne glace .... la vanille et .... la pistache.

Objectif: comprendre la différence entre ou et où, la et là, ce et se, a et à.

Jongler avec les nombres

Exerce-toi aux soustractions et aux additions que tu connais bien.

100 + 200 = 300	90 + 60 = 150	150 + 60 = ...
200 + 300 = 500	50 + 20 = 70	120 + 20 = ...
700 + 200 = 900	70 + 60 = 130	420 + 70 = ...
300 + 400 = 700	40 + 30 = 70	530 + 20 = ...
500 + 200 = 700	10 + 60 = 70	720 + 90 = ...
400 + 600 = 1000	80 + 30 = 110	750 − 80 = ...
100 + 300 = 400	30 + 20 = 50	680 − 80 = ...
400 + 200 = 600	20 + 90 = 110	460 − 90 = ...
200 + 500 = 700	10 + 70 = 80	320 − 70 = ...
800 + 100 = 900	80 + 10 = 90	150 − 30 = ...

600 − 300 = 300	60 − 30 = 30	160 + 810 = ...
800 − 100 = 700	50 − 10 = 40	140 + 790 = ...
900 − 700 = 200	90 − 80 = 10	530 + 180 = ...
600 − 200 = 400	40 − 20 = 20	220 + 720 = ...
400 − 300 = 100	30 − 10 = 20	390 + 270 = ...
500 − 400 = 100	90 − 50 = 40	760 − 430 = ...
700 − 400 = 300	90 − 60 = 30	840 − 280 = ...
600 − 500 = 100	70 − 50 = 20	510 − 370 = ...
500 − 100 = 400	80 − 20 = 60	620 − 280 = ...
900 − 700 = 200	70 − 40 = 30	830 − 760 = ...

Objectif: additionner et soustraire sans problèmes.

La ponctuation

Place les bons signes de ponctuation dans les phrases suivantes.

Que faites-vous là

Il ne fait pas chaud dit le pompier

Horreur Je vois une araignée

Le soir j'aime marcher sous la pluie

Regarde

Dans le bois le loup est caché

Je pense qu'il va faire froid

Viens-tu avec nous demande David

Est-ce le fils d'Oncle Jacques

Va-t-en je ne veux plus te voir ici

Demain soir nous irons au cinéma

Quelle heure est-il

Qu'il fait sale soupire le cochon

Qui a mangé le dernier biscuit

Peux-tu répondre à ces quelques questions?

Combien de points as-tu utilisés? ....

Combien de virgules? ....

Combien de points-virgules? ....

Combien de points d'interrogation? ....

Combien de points d'exclamation? ....

Combien de guillemets? ....

Objectif: apprendre à utiliser correctement les signes de ponctuation.

Le calendrier des anniversaires

123 Lis les exemples, ensuite écris dans chaque colonne la date en toutes lettres ou en chiffres.

16 février 1987	16–02–87	19-03-81	19 mars 1981
11 juillet1986	....	05-05-87	....
18 octobre 1982	....	28-10-82	....
19 janvier 1984	....	31-03-86	....
08 août 1985	....	24-09-80	....

123. Colorie sur le calendrier le jour de ton anniversaire, celui de ta mère, celui de ton père, celui de ton ami(e) et celui de ton frère ou de ta sœur.

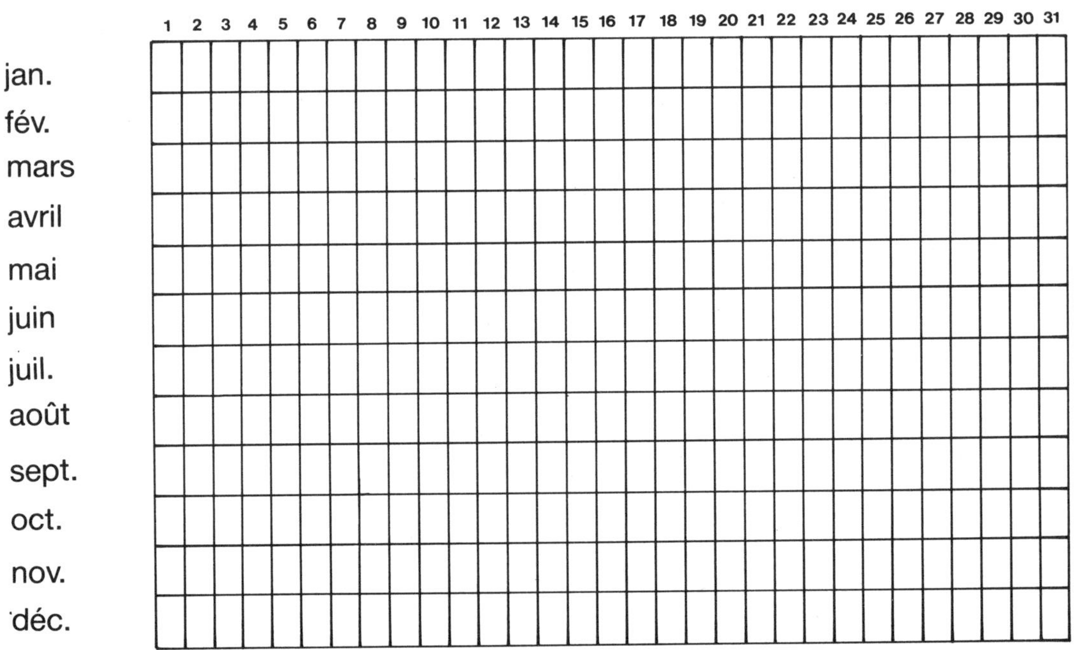

123 Complète ces phrases.

L'année est divisée en .... mois et dans une année, on compte .... jours.
Quand l'année est bissextile, le mois de .... comprend 29 jours.
Dans une année bissextile, il y a donc .... jours.

Objectif: connaître le calendrier.

Les soleils

Complète les soleils en écrivant les mots tout autour.

céleri	carpe	rose	lys
pomme	prune	hareng	salade
hêtre	plie	chêne	poireau
peuplier	hirondelle	cabillaud	bouleau
rouge-gorge	carotte	noisette	kiwi
muguet	moineau	tulipe	merle

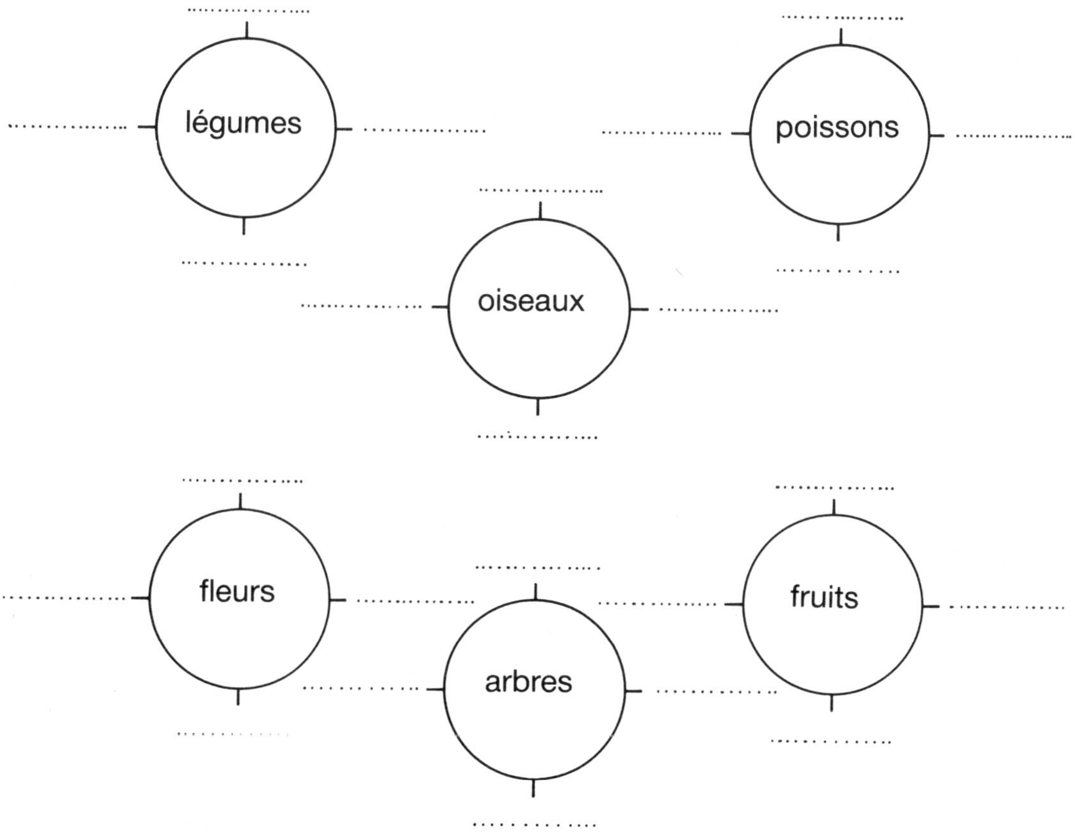

légumes

poissons

oiseaux

fleurs

arbres

fruits

Objectif: classer des mots dans le groupe auquel ils appartiennent.

Les trois angles

Dessine ci-dessous un angle droit puis un angle plus petit et ensuite un angle plus grand que l'angle droit.

un angle droit	un plus petit	un plus grand

Mets un X dans les angles qui sont plus petits que l'angle droit.

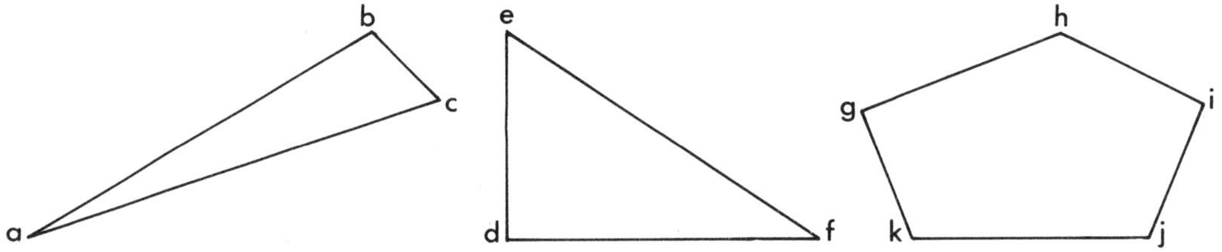

Trace un L à chaque angle droit.

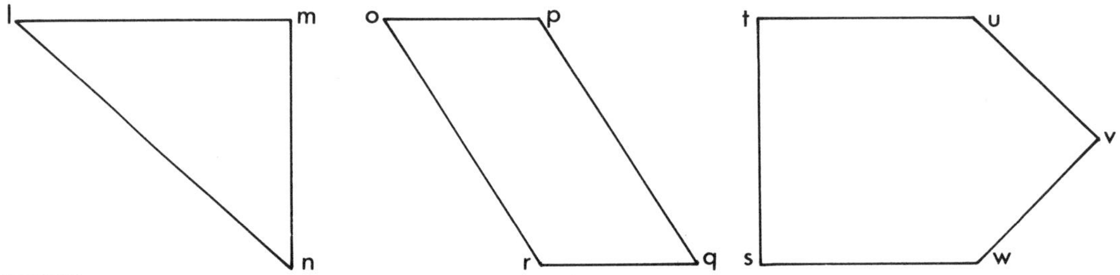

Choisis parmi ces différents signes: $<$, $>$ ou =.

l'angle a .... l'angle s
l'angle k .... l'angle m
l'angle b .... l'angle f
l'angle h .... l'angle q
l'angle t .... l'angle g

l'angle e .... l'angle r
l'angle p .... l'angle d
l'angle w .... l'angle l
l'angle v .... l'angle l
l'angle s .... l'angle v

Objectif: apprendre à ordonner les angles.

Le jeu des animaux

Ecris le nom des espèces sur les pointillés près des dessins. Ensuite, écris les noms des animaux à la bonne place.

ESPECES	ANIMAUX		
mammifères	rat	papillon	moustique
reptiles	brochet	crapaud	pigeon
oiseaux	grenouille	taupe	aigle
insectes	écureuil	poisson rouge	mouche
poissons	hibou	boa	crocodile
amphibiens	chien	abeille	sole
	carpe	moineau	vipère

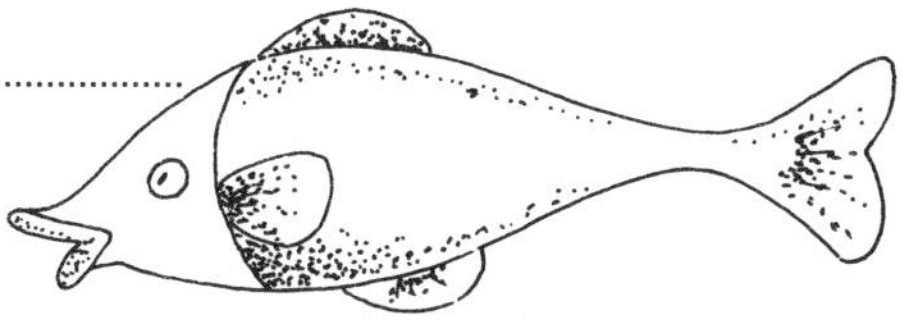

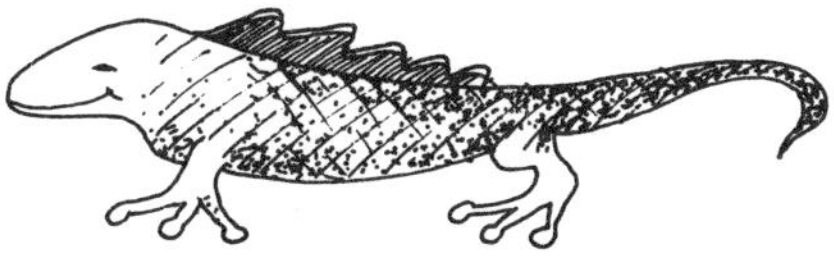

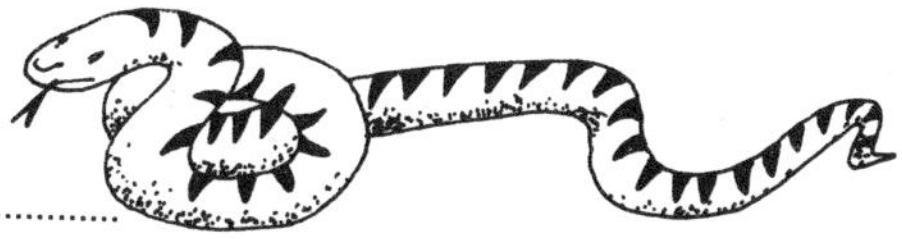

Objectif: classer des animaux selon l'espèce à laquelle ils appartiennent.

Les contraires

Complète le tableau.

chaud	froid
sec	
bon	
faible	
étroit	
vite	
petit	
gros	
malade	
premier	

Ecris des petites phrases avec ces mots, et puis avec leurs contraires.

lent: 1. ....

2. ....

méchant: 1. ....

2. ....

mou: 1. ....

2. ....

géant: 1. ....

2. ....

Objectif: comprendre la notion de contraire et faire des phrases avec des mots et leur contraire.

Comme un combat naval

Pour découvrir deux lettres de l'alphabet, colorie les cases demandées. Si tu suis les consignes, tu feras apparaître un dessin très connu.

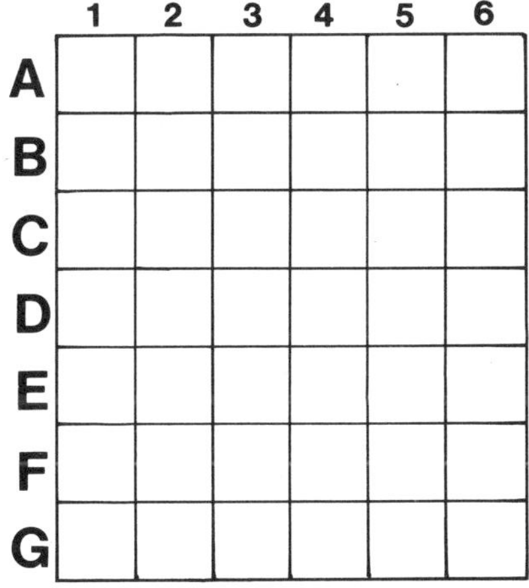

Colorie les cases: 2B, 2C, 2D, 2E, 2F, 3D, 4D, 5B, 5C, 5D, 5E, 5F.
Quelle lettre as-tu dessinée?

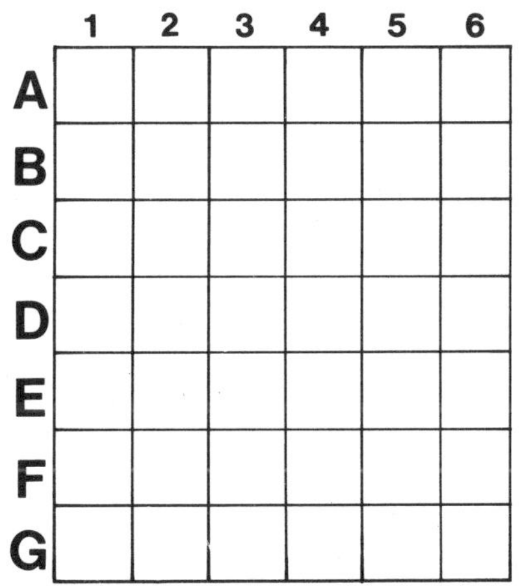

Colorie les cases: 2B, 3B, 4B, 5B, 2C, 2D, 2F, 3F, 4F, 3D, 4D, 5D, 5E, 5F.
Quelle lettre as-tu dessinée?

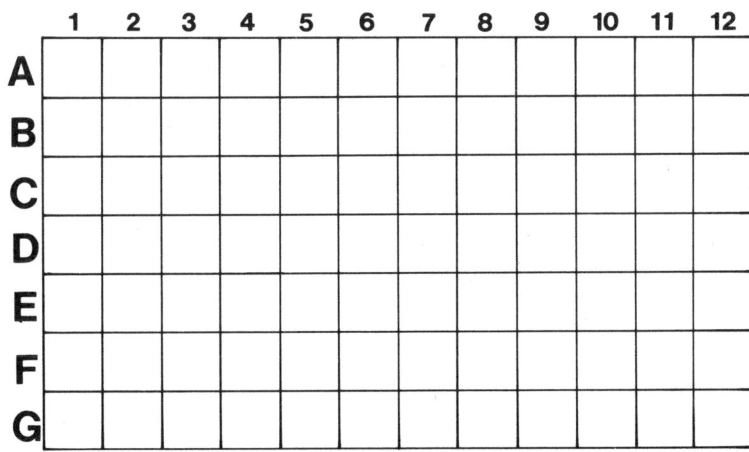

Mets en couleur les cases de 2D à 10D; de 2E à 10E, de 4B à 10B et co - lorie aussi 4C, 6C, 10C, 4F, 5F, 8F, 9F. Que représente ton dessin?

Objectif: raisonner logiquement.

Le jeu des formes

Ces figures ont plusieurs angles. Réponds aux questions ci-dessous, et colorie les formes géométriques comptant plus de 4 angles.

Les formes qui portent les numéros .... ont 5 angles. Celles qui portent les numéros .... ont 4 angles. La forme numéro .... est un triangle.

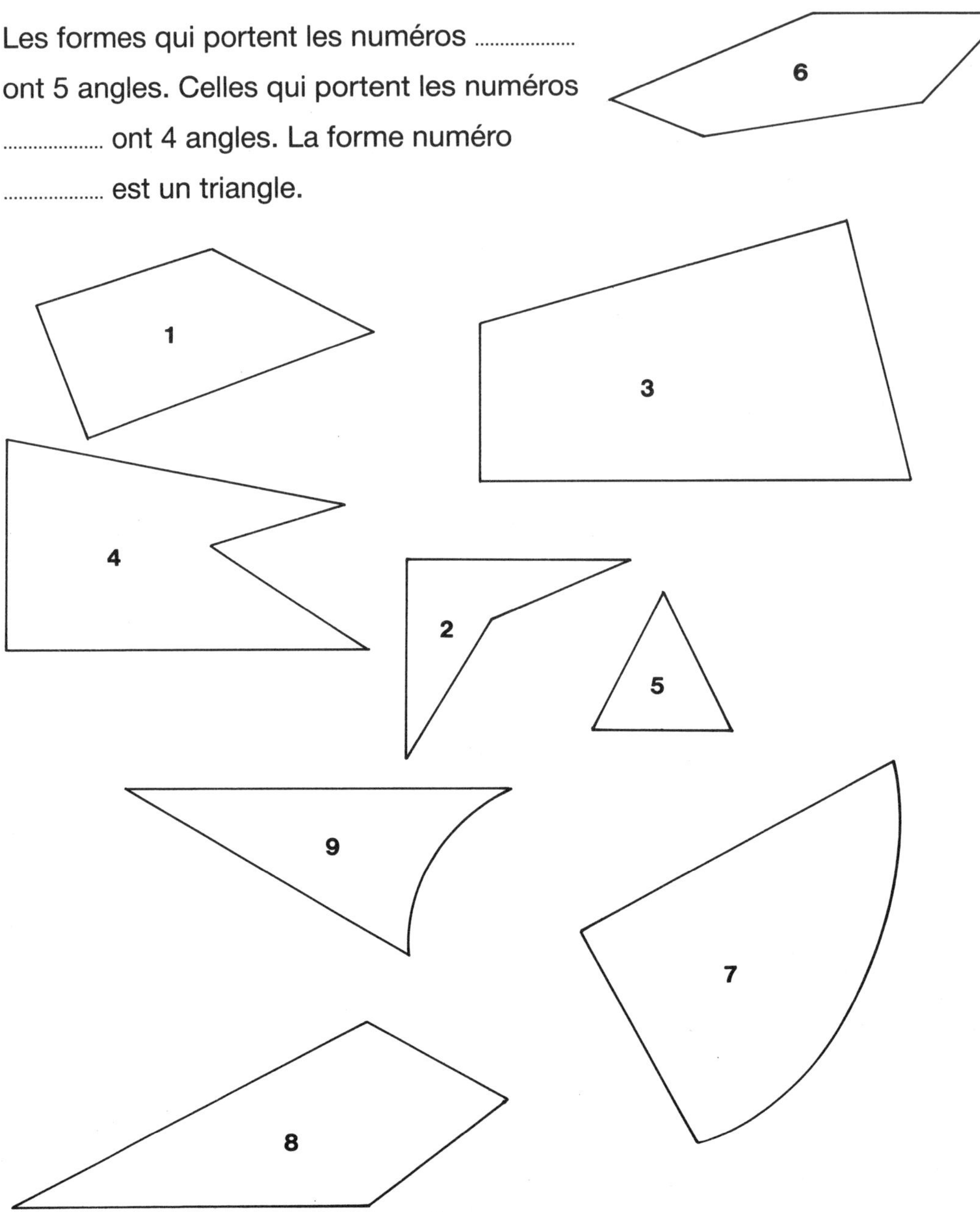

Objectif: reconnaître et différencier les angles multiples.

Les déterminants

Relie les déterminants aux noms lorsque c'est possible. Ensuite, fais des phrases avec les groupes nominaux que tu auras trouvés.

un •
beaucoup de •
ses •
cette •
l' •
certains •
nos •
chaque •

• fleur
• stylos
• professeurs barbus
• amis
• argent
• papa

....

....

....

....

....

....

....

....

....

....

....

....

....

Objectif: relier les noms aux bons déterminants et faire des phrases avec ces groupes nominaux.

Calculer par étapes

Il faut que tu effectues petit à petit chaque opération. Commence l'exercice par le chiffre du haut. Il sera le résultat de ton dernier calcul.

→ = 240	+ 30 =..........	+ 60 =..........	+ 20 =..........	+ 80 =..........	− 60 =..........	− 130 =..........	− 50 =..........	+ 80 = 270

Gauche	Droite
+ 90	+ 10 =..........
− 10 =..........	− 30 =..........
− 130 =..........	− 20 =..........
− 20 =..........	+ 50 =..........
+ 50 =..........	− 10 =..........
− 10 =..........	− 70 =..........
+ 100 =..........	− 100 =..........

− 70 = 170	+ 10 =..........	− 30 =..........	+ 60 =..........	+ 100 =..........	− 90 =..........	− 60 =..........	+ 20 =..........	+ 130 = 230

→ = 300	− 10 =..........	− 100 =..........	− 40 =..........	+ 30 =..........	+ 30 = 210

Gauche	Droite
− 130	+ 50 =..........
+ 40 =..........	− 10 =..........
+ 20 =..........	− 30 =..........
+ 10 =..........	+ 70 =..........
+ 70 =..........	− 50 =..........

+ 90 = 290	+ 20 =..........	− 10 =..........	− 40 =..........	− 20 =..........	+ 10 = 250

Objectif: additionner et soustraire de 0 à 1000.

Des noms au pluriel!

Complète les noms pour qu'ils riment avec le mot représenté. Ecris leur pluriel dans la colonne de droite. Mais attention aux exceptions!

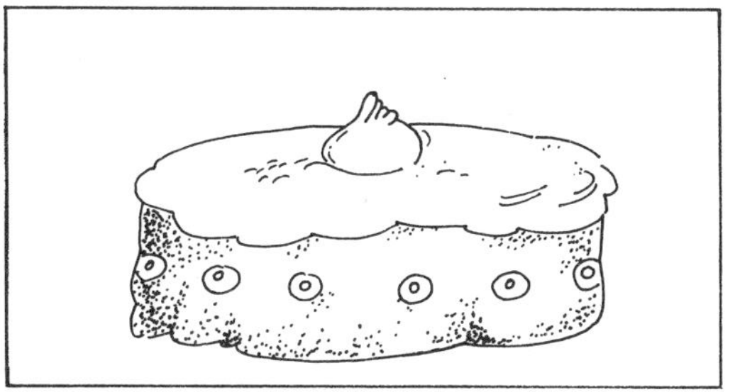

un chât..........	des ....
un rât..........	des ....
un bat..........	des ....
un chap..........	des ....
un mant..........	des ....
un ois..........	des ....
un cad..........	des ....

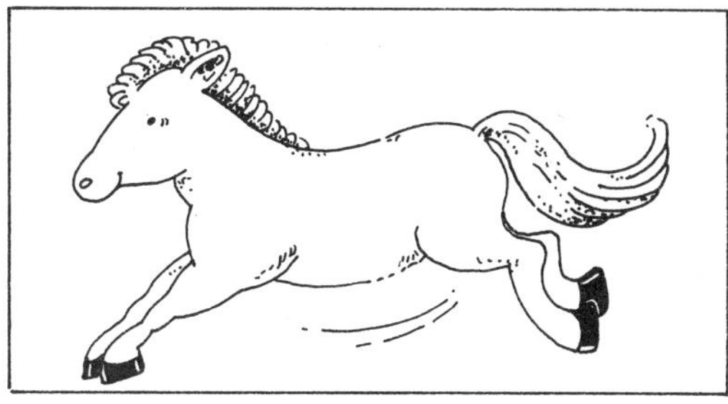

un journ..........	des ....
un génér..........	des ....
un b..........	des ....
un carnav..........	des ....
un boc..........	des ....
un can..........	des ....
un loc..........	des ....

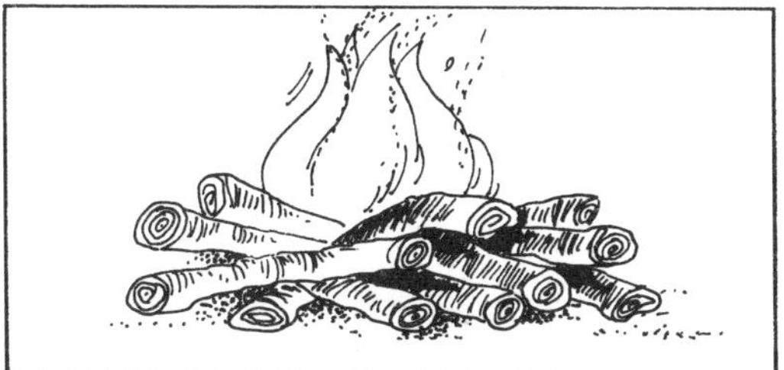

un pn..........	des ....
un chev..........	des ....
un bl..........	des ....
un j..........	des ....
un vi..........	des ....
un cr..........	des ....
un nev..........	des ....

un tr..........	des ....
un ch..........	des ....
un cl..........	des ....
un s..........	des ....
un bij..........	des ....
un hib..........	des ....
un caill..........	des ....

Objectif: connaître le pluriel des noms en eau, al, eu et ou.

La température

123 Observe les thermomètres et essaye de compléter les phrases avec les températures correctes. Ensuite, réponds aux questions.

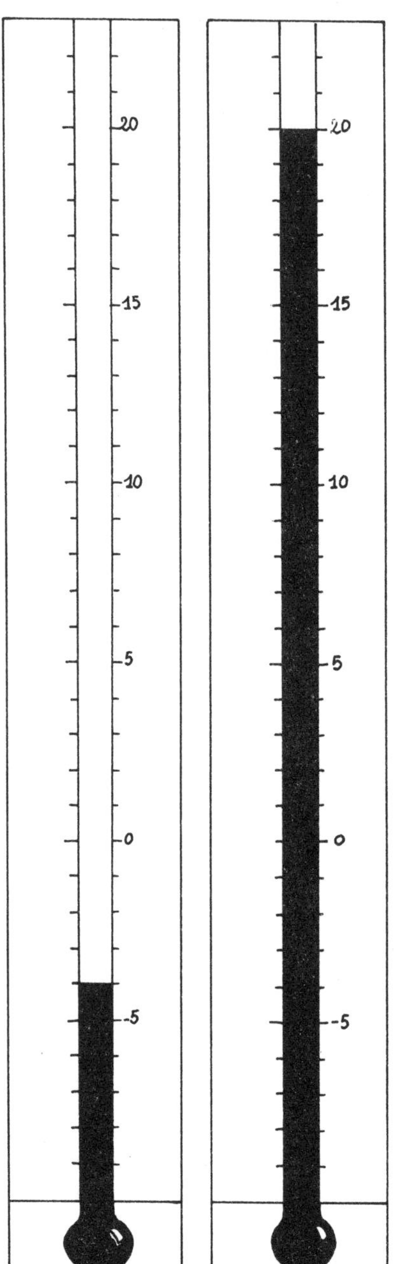

Le thermomètre de gauche indique .... degrés en dessous de zéro.

La température est donc de .... degrés.

Le thermomètre de droite indique .... degrés au-dessus de zéro.

La température est donc de .... degrés.

La différence entre les deux thermomètres est de .... degrés.

Combien de degrés y a-t-il entre:

– 06° et + 05°? Il y a 11 degrés.

– 07° et + 12°? Il y a .... degrés.

+ 12° et + 20°? Il y a .... degrés.

+ 08° et – 02°? Il y a .... degrés.

+ 04° et – 07°? Il y a .... degrés.

Objectif: se familiariser avec les températures.

Au jardin zoologique

Mets les phrases dans le bon ordre pour faire une histoire.
Ensuite, écris l'histoire dans les cadres.

Un singe a pris mon bonnet.
Puis je suis rentré chez moi.
Je suis d'abord allé voir les girafes.
Hier, je suis allé au zoo.
Puis je suis allé voir les singes.
Alors, il l'a donné à une vieille dame.
Elle m'a rendu mon bonnet.
Pour terminer, je suis allé voir les ours.
Il ne voulait pas me le rendre.
Je l'ai remerciée.

Hier, je suis allé au zoo.

....

....

....

....

....

....

....

....

....

Objectif: apprendre à associer des phrases pour construire une histoire.

La montgolfière

Complète les accolades et les ensembles du ballon par le nom des moyens de transport dessinés. Choisis ensuite les bons signes.

A = les moyens de transport à 2 roues = { .... }
B = les moyens de transport à 3 roues = { .... }
C = les moyens de transport à 4 roues = { .... }
D = les moyens de transport à plus de 4 roues = { .... }
E = tous les moyens de transport = { .... }

$\in$ ou $\notin$		$\subset$ ou $\not\subset$	
le tram .... D	le ballon .... B	A .... B	C .... A
le vélo C	le camion C	E C	B .... E
les jambes .... A	la voiture .... B	D .... E	C .... E

Objectif: comprendre la théorie des ensembles.

Les majuscules

Ecris les mots qui doivent commencer par une majuscule dans le dessin. N'oublie pas la majuscule!

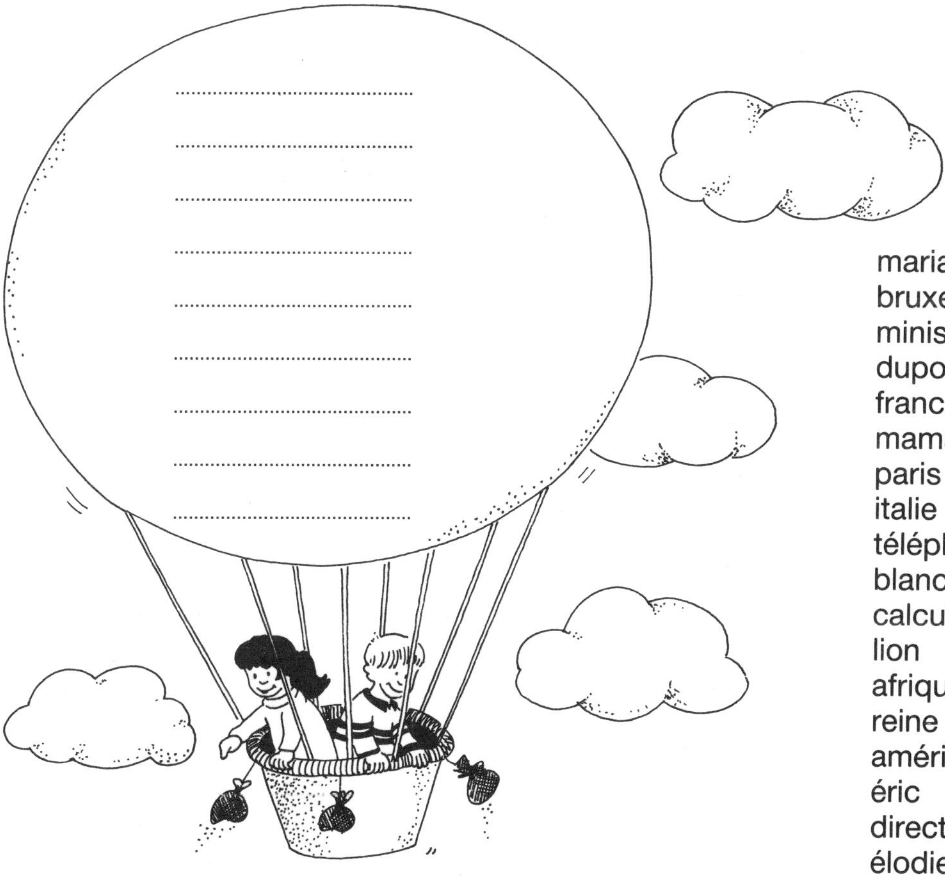

....
....
....
....
....
....
....
....
....

marianne
bruxelles
ministre
dupont
france
maman
paris
italie
téléphone
blanche-neige
calcul
lion
afrique
reine
amérique
éric
directeur
élodie

Quand met-on une majuscule? Ecris oui ou non à côté des phrases.

Après un point d'interrogation ....
A tous les noms communs ....
Au début d'une phrase ....
Après un point d'exclamation ....
Aux derniers mots des phrases ....
A tous les verbes ....
Aux noms propres ....
Après une virgule ....

Objectif: apprendre à utiliser correctement les majuscules.

Le programme télévisé

Voici le tableau du programme de la soirée. Réponds aux questions ci-dessous.

Ce soir
19.45 Journal parlé
20.05 Météo
20.10 Jeu télévisé
20.20 Film
21.45 Documentaire
22.30 Journal parlé

Quel programme dure le plus longtemps? ....

Combien de temps dure le journal parlé? ....

Et le documentaire? ....

Le film dure .... min. plus longtemps que le documentaire.

Quel programme dure le moins longtemps? ....

Entre 20 h et 20 h 30, le téléspectateur peut voir ...... programmes différents.

123 Indique sur les montres le début de chaque programme télévisé.

météo

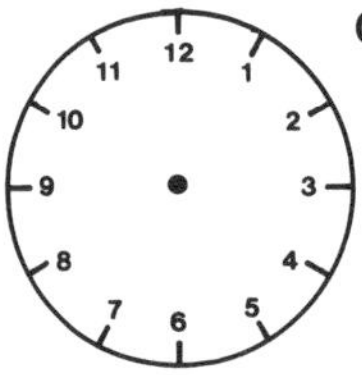

documentaire

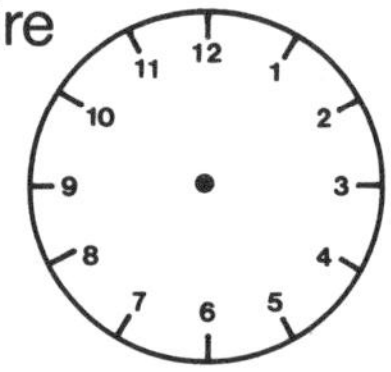

jeu télévisé

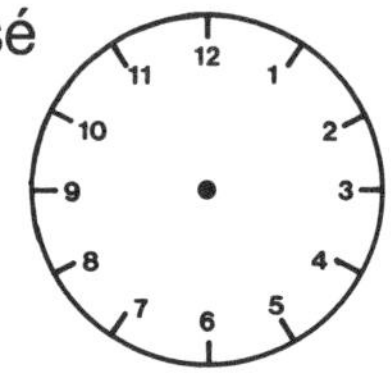

film

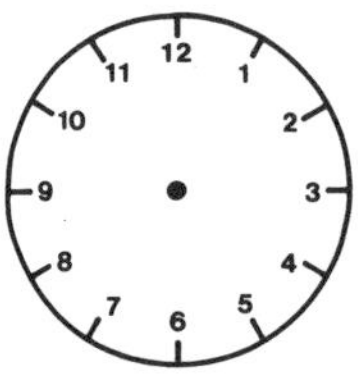

journal parlé

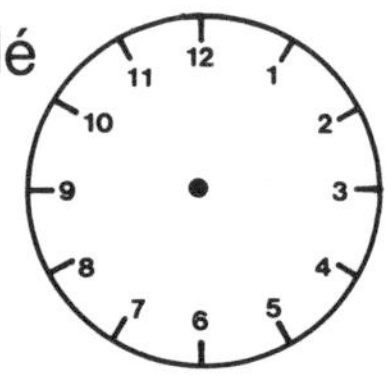

journal parlé

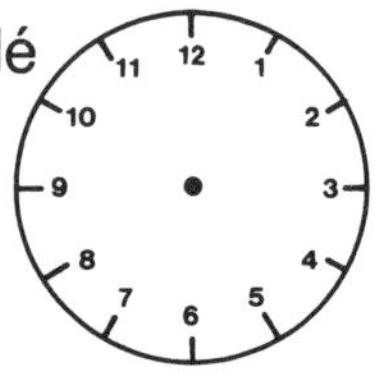

Objectif: calculer l'heure à la minute près.

Les verbes être et avoir

Complète les phrases suivantes par être ou avoir. Mais attention!
Conjugue ces verbes au présent.

Nous .... des clowns drôles.

Nous .... de gros nez rouges et de larges pantalons à carreaux.

Les enfants .... nos amis.

J'............................ peur des araignées. Elles .... horribles.

Julie et toi .... des cheveux blonds cendrés.

A l'école, tu .... attentif. Tu .... souvent de bons points.

Bravo! Bénédicte .... formidable. Elle .... toujours joyeuse et elle .... toujours de bonne humeur.

Vous .... contents. Vous .... congé aujourd'hui.

Il y .... des tas de jouets dans le grenier. Ils .... vieux, mais ils n'............................ pas l'air abîmés. Ils ne............................ pas cassés.

Peux-tu aussi écrire ces phrases au futur et à l'imparfait?
Essaye sur une autre feuille en t'aidant du tableau ci-dessous.

ETRE		AVOIR	
Imparfait	Futur	Imparfait	Futur
J'étais Tu étais Il était Nous étions Vous étiez Ils étaient	Je serai Tu seras Il sera Nous serons Vous serez Ils seront	J'avais Tu avais Il avait Nous avions Vous aviez Ils avaient	J'aurai Tu auras Il aura Nous aurons Vous aurez Ils auront

Objectif: apprendre à utiliser et à conjuguer correctement les verbes être et avoir.

La tirelire de Gérald

Avec quelle clé Gérald arrivera-t-il à ouvrir sa tirelire?
Colorie la bonne carte en vert.

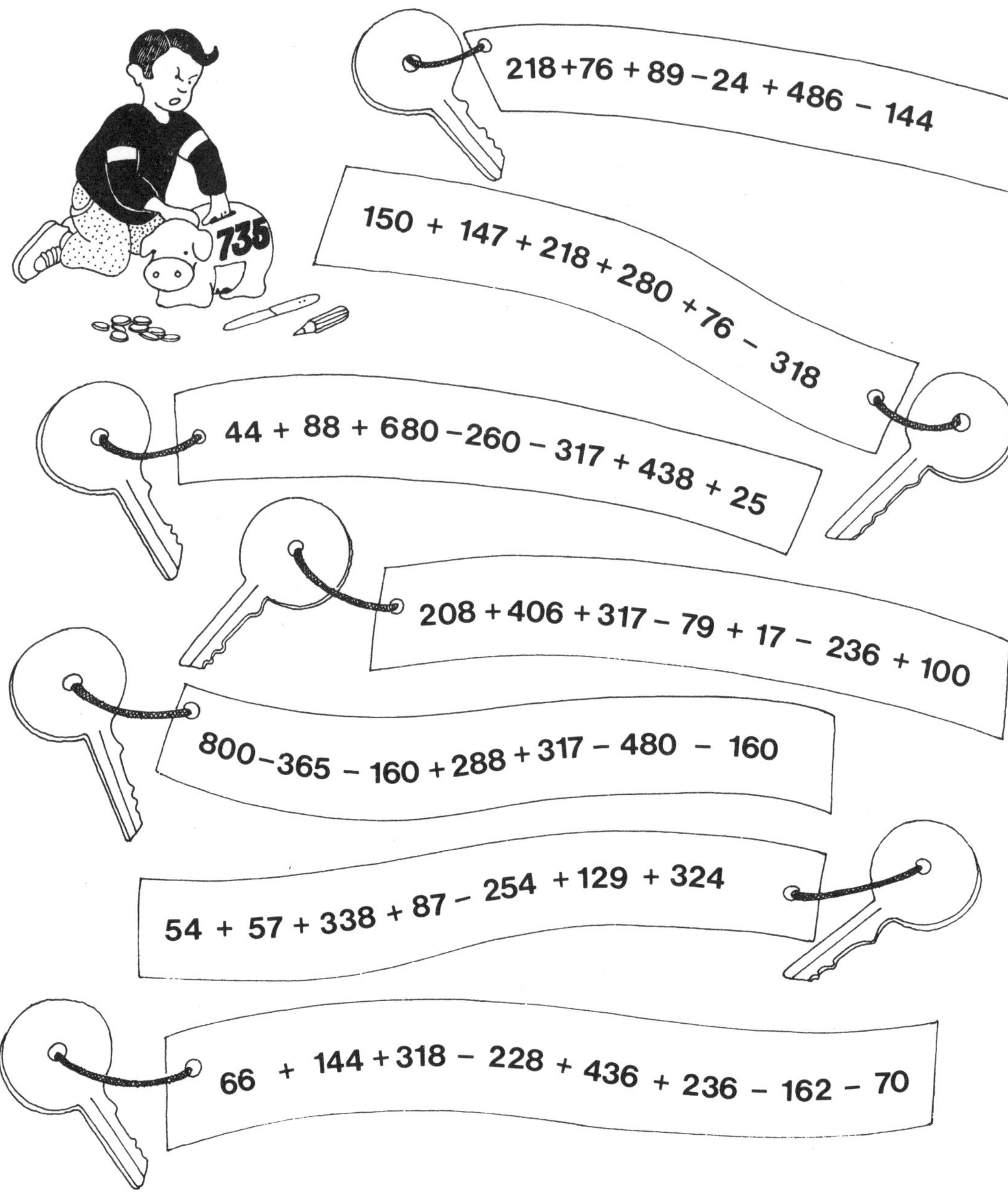

Objectif: faire de longues additions et de longues soustractions.

Des mots croisés

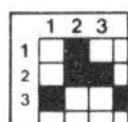

Peux-tu résoudre ces mots croisés?

Horizontalement

1. Pas gros;
   Il mange les enfants.
3. Il roule sur des rails;
   L'oiseau est enfermé dans sa...... .
5. Il a une trompe.
6. Ma, ..., sa.
7. Ils distribuent les lettres.
9. Je lis un ....;
   Entre dix et douze.
11. Je bois du lait dans une ....;
   Pas laid.

Verticalement

1. 100 centimètres;
   On pêche les crevettes avec un ....
3. Il y a en a dans le ciel;
   sous les maisons, il y a les ....
4. Un .... de fleurs.
6. On en trouve à la surface de la mer.
8. Ce n'est pas un nain;
   Il aime les bananes.
10. Belle saison;
   Il protège du froid.

Objectif: exercice de maîtrise du langage.

Dors bien!

Catherine ne peut pas dormir. Elle effectue des opérations. Colorie de la même couleur les moutons ayant le même total sur le ventre.

Objectif: s'entraîner aux quatre opérations fondamentales.

Les compléments de lieu et de temps

Où se trouve Alain? Ecris la réponse sur les lignes, comme dans l'exemple.

dans la voiture

....

....

....

....

....

Regarde bien ces groupes de mots. S'il s'agit de compléments circonstanciels de temps, écris-les dans l'horloge.

à quatre heures	dans mon bain	à la banque	l'année prochaine
le roi Hugues	incroyable	dans le château	horriblement
à ce moment-là	après le dîner	toutes les heures	à vous

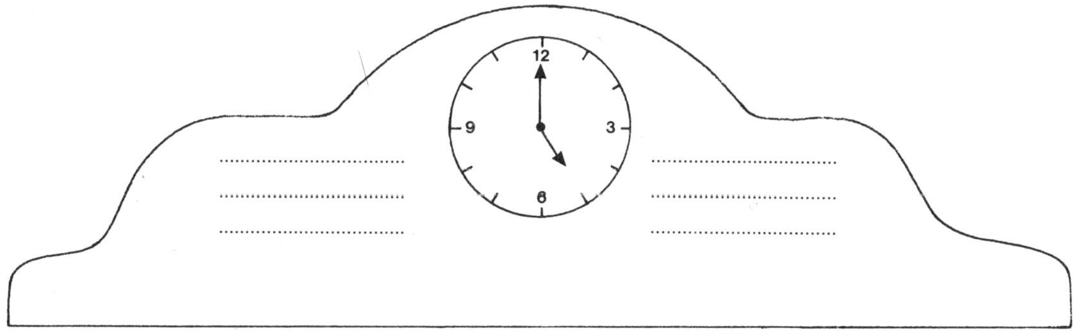

Objectif: comprendre les notions de complément de lieu et de complément de temps.

Les grilles

Dans le sens de la petite flèche, fais tous les calculs de ces deux grilles.

×	1	2	3	4	5	6	7	8	9	10
1										
2										
3										
4										
5										
6						36				
7										
8										
9										
10										

+	21	32	43	54	65
4 × 4	37				
5 × 5				79	
6 × 6					
7 × 7					
8 × 8		96			

Objectif: maîtriser les tables de multiplication.

Une journée à la mer

Regarde d'abord bien les dessins et le texte, puis termine l'histoire suivante.

"Regarde là-bas!" s'écrie Damien.
"Voilà la mer.
Viens vite avec moi à la plage."

Il y a beaucoup de monde.
"Je veux faire voler mon cerf-volant" dit Valérie d'un air décidé.

....

....

....

....

....

....

....

....

....

....

....

....

....

....

Objectif: apprendre à écrire une petite histoire sur un thème donné.

Les panneaux

? Regarde ces panneaux routiers et réponds aux questions.

Madame Sourire vient de Béziers. Elle a déjà parcouru .... km. Puis, elle veut aller à Sète. Elle doit rouler pendant .... km. Convertis cette distance en mètres: .... m.

Madame Idée va à Narbonne mais sa voiture tombe en panne à mi-chemin. Combien lui reste-t-il? .... km.

L'escargot courageux prend la direction de Nîmes. Combien aura-t-il parcouru quand il aura atteint Nîmes? .... m.

A ce carrefour, une société de transport possède trois camions.Le conducteur du premier camion roule en direction d'Alès, le second conducteur va à Narbonne et le troisième à Nîmes.

Combien vont-ils parcourir tous ensemble? .... km. Leur patron arrive à Avignon. Il a fait............. km, c'est-à-dire 1/..... du trajet total des trois conducteurs.

Objectif: apprendre les mesures de distance.

Au présent!

Complète les phrases par les verbes encadrés et conjugue-les au présent.

répondre	jouer
regarder	prendre
conduire	tirer
construire	préparer
finir	faire

Tu .... à cache-cache derrière la maison.

Je .... un délicieux gâteau au chocolat.

Papa .... sur la corde pour faire tomber la branche par terre.

Nicolas et moi .... la magnifique voiture bleue.

Le professeur .... sa craie pour écrire au tableau.

Vous .... tous vos devoirs avant d'aller jouer dehors.

Les maçons .... une belle maison en briques.

Je .... beaucoup d'exercices de français.

Vous .... à toutes les questions que l'on vous pose.

Il .... un train à 100 km/h sans s'arrêter.

Nous .... de faire notre beau bonhomme de neige.

Vous .... vraiment beaucoup de bruit.

Ils .... leurs jouets dans l'armoire avant d'en prendre d'autres.

Tu .... un igloo en hiver avec ton ami.

Maman et moi .... le ciel étoilé par la fenêtre.

Mon petit frère .... avec son ours en peluche.

Objectif: conjuger différents verbes au présent.

Le marché aux poissons

Combien de poissons sont à vendre? La pancarte indique chaque fois la quantité d'un des trois paniers identiques.

Objectif: additionner et multiplier sans problèmes.

Le hérisson

Lis attentivement le texte et réponds aux questions.

Parfois, on appelle les hérissons des porcs-épics, mais ce n'est pas exact. Les porcs-épics vivent dans les pays chauds et leurs piquants peuvent atteindre 40 centimètres de long.
Les piquants du hérisson ne mesurent que quelques centimètres. Ils protègent le hérisson du danger. Pour qu'on ne puisse pas l'attraper, le hérisson se roule en boule et sort ses piquants.
Un hérisson adulte mesure environ 25 centimètres. Il mange surtout des insectes mais aussi des petits animaux, des œufs d'oiseaux, des fruits et des graines. En hiver, il hiberne. A ce moment-là, il se roule en boule. Sa respiration et les battements de son cœur ralentissent.

Le hérisson est-il un porc-épic? Pourquoi? ....

....

....

A quoi servent les piquants du hérisson? ....

....

Que mange le hérisson? ....

....

Qu'est-ce qui change quand le hérisson hiberne? ....

....

....

Objectif: apprendre à comprendre un texte lu.

Un peu de sport

Maud joue au tennis, Anne au ping-pong et Tom au football. Réponds aux questions en utilisant les numéros des articles de sport.

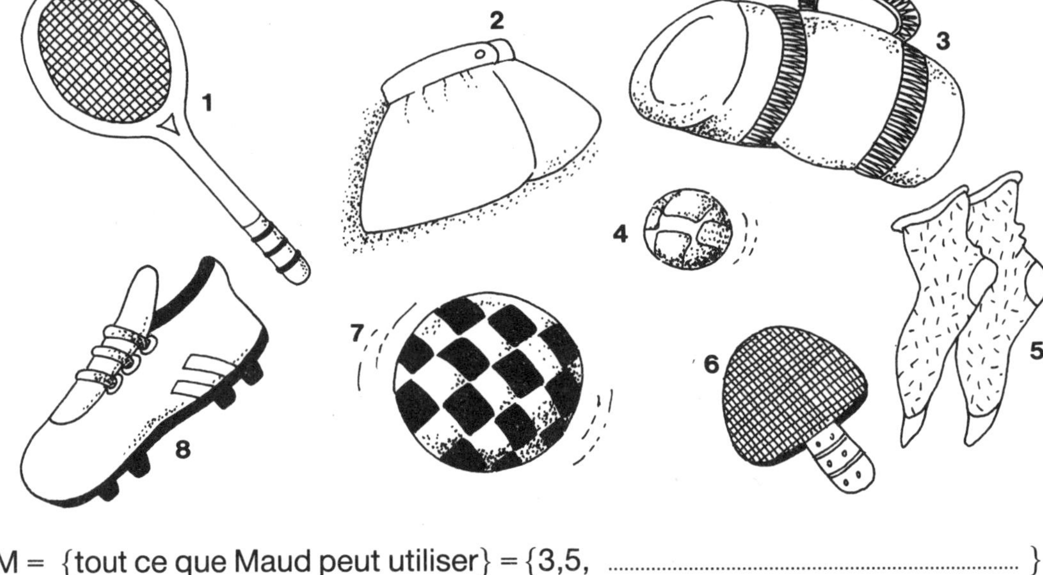

M = {tout ce que Maud peut utiliser} = {3,5, ... }

A = {tout ce que Anne peut utiliser} = {3,5, ... }

T = { .... } = {3,5, ... }

Complète ces ensembles par les numéros corrects.

$M \cap A =$ ....

$A \cap M =$ ....

$T \cap M =$ ....

$M \cap A \cap T =$ ....

$A \setminus (M \cap T) =$ ....

$M \setminus (A \cap T) =$ ....

$M \cup T \cup A =$ ....

$A \cup T =$ ....

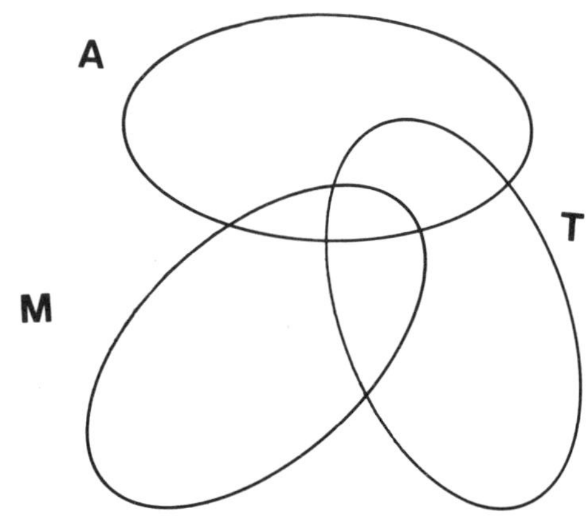

Objectif: connaître la théorie des ensembles.

Le groupe sujet

Lis les phrases suivantes et dessine leur groupe sujet dans les cases.

A six heures, les petits oiseaux commencent à chanter.

Voilà! Jean-François et Cécile sont déjà arrivés.

Dans le grand chêne, les écureuils jouent à cache-cache.

La tarte aux fraises est meilleure que le gâteau aux pommes.

Complète les phrases suivantes par un groupe sujet.

A minuit, ... ont fait un bruit effrayant.

.... aime beaucoup travailler à l'école.

.... mangeons des crêpes à la confiture.

Dans la forêt, ... rampent sur le sol.

En automne, ... ramasse des glands.

.... partent à la mer au mois d'août.

Dans la jungle, ... se perdent très souvent.

Objectif: comprendre la notion de groupe sujet.

Les pommiers

Dans chaque arbre, cherche une valeur identique pour les pommes de la même grandeur. En remontant, tu vérifieras tes solutions.

Objectif: apprendre à diviser.

Des phrases à transformer!

Transforme les phrases, comme indiqué.

Voici des phrases négatives. Peux-tu écrire les phrases affirmatives?

Jean-Louis n'est pas parti en vacances cette année-ci.

....

Elodie ne veut plus aller à l'école.

....

Les oiseaux ne partent pas en Afrique en hiver.

....

Voici des phrases affirmatives. Trouve les phrases interrogatives.

Il a téléphoné à sa grand-mère.

....

Elle a envie de lancer la balle à son frère.

....

Déborah a planté un arbre dans le jardin.

....

Tu as pris un couteau pour couper le pain.

....

Voici des phrases exclamatives. Peux-tu trouver les phrases affirmatives?

Que tu as de beaux yeux!

....

Comme cette petite fille est mignonne!

....

Oh! Quel beau paysage!

....

Objectif: comprendre la notion de transformation de phrase.

L'opération bonbons

+− :× Véronique et Patrick sont peu obéissants. Convertis leurs paroles en chiffres. Compte et fais le total.

a	b	c	d	e	f	g	h	i	j	k	l	m	n	o	p	q	r	s	t	u	v	w	x	y	z
1	2	3	4	5	6	7	8	9	10	11	12	13	14	15	16	17	18	19	20	21	22	23	24	25	26

Exemple:

Hop = 8 + 15 + 16 = 39

Jean, = ...

maman = ...

est = ...

partie. = ...

Tu = ...

prends = ...

les = ...

bonbons? = ...

TOTAL: ....

Oui, = ...

je = ...

vais = ...

les = ...

prendre = ...

dans = ...

l' = ...

armoire = ...

TOTAL: ....

Objectif: raisonner logiquement et jongler avec les calculs.

Faire des phrases

Fais des phrases en utilisant les mots.

anniversaire		s'amuser
animaux		hiberner
automne		feuilles
vacances		voyage
livres		librairie
fumer		santé
instituteur		tableau
Marie	faim	pain
verre	eau	sel
oreiller	lit	dormir

....

....

....

....

....

....

....

....

....

....

Objectif: construire des phrases à partir de mots donnés.

Les séries

Avant de commencer ton travail, demande-toi comment tu vas continuer ces séries.

Objectif: exercice sur les progressions arithmétiques.

Les adjectifs

Complète par un adjectif. Parfois, tu devras aussi écrire le déterminant. Attention! Utilise chaque fois un adjectif différent.

Adjectif — Nom

Déterminant

Un	exercice	facile	Le	vieux	monsieur
Un	sport	....	La	....	dame
....	château	....	....	....	temps
....	animal	....	....	....	voiture
Un	oiseau	....	Le	....	caneton
....	fenêtre	....	....	....	princesse
Un	papillon	....	Le	....	clown
Une	table	....	Le	....	village
....	livre	....	....	....	phrase
Un	trésor	....	La	....	banane
....	porte	....	....	....	téléphone
....	cheval	....	....	....	ordinateur
Une	bouche	....	La	....	capitale
....	couleur	....	....	....	avion
....	pomme	....	....	....	calendrier
Un	bébé	....	La	....	année
....	mari	....	....	....	semaine

Objectif: apprendre à utiliser les adjectifs.

Le cow-boy

Relie les chiffres se trouvant dans les boucles du lasso.
Regarde les instructions ci-dessous.

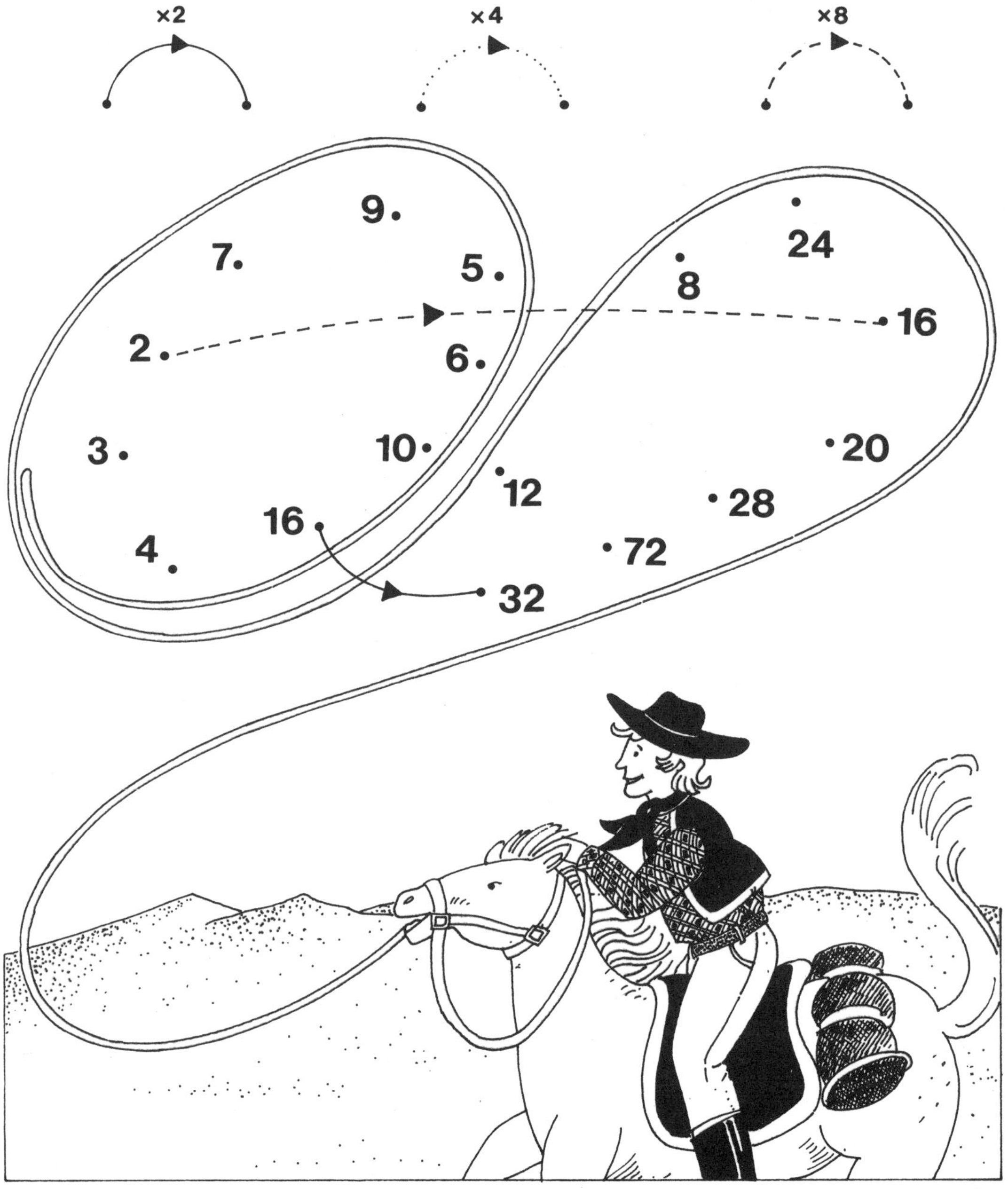

Objectif: raisonner logiquement.

Les groupes permutables

Regarde bien l'exemple. Certains groupes de mots sont permutables.
Déplace les groupes permutables dans les phrases suivantes.

L'instituteur écrit au tableau avec sa craie.
L'instituteur écrit avec sa craie au tableau.
Avec sa craie, l'instituteur écrit au tableau.

Ce matin, maman a acheté des pommes à l'épicerie.

....

....

Hier, j'étais dans mon lit à huit heures.

....

....

Je ferai mes devoirs demain à quatre heures.

....

....

Ajoute au moins deux groupes permutables aux phrases suivantes.
Cécile mange du pain.

....

....

Les lunettes tombent par terre.

....

....

Nous rangeons la maison.

....

....

Objectif: comprendre la notion de groupe permutable.

Le jeu des droites

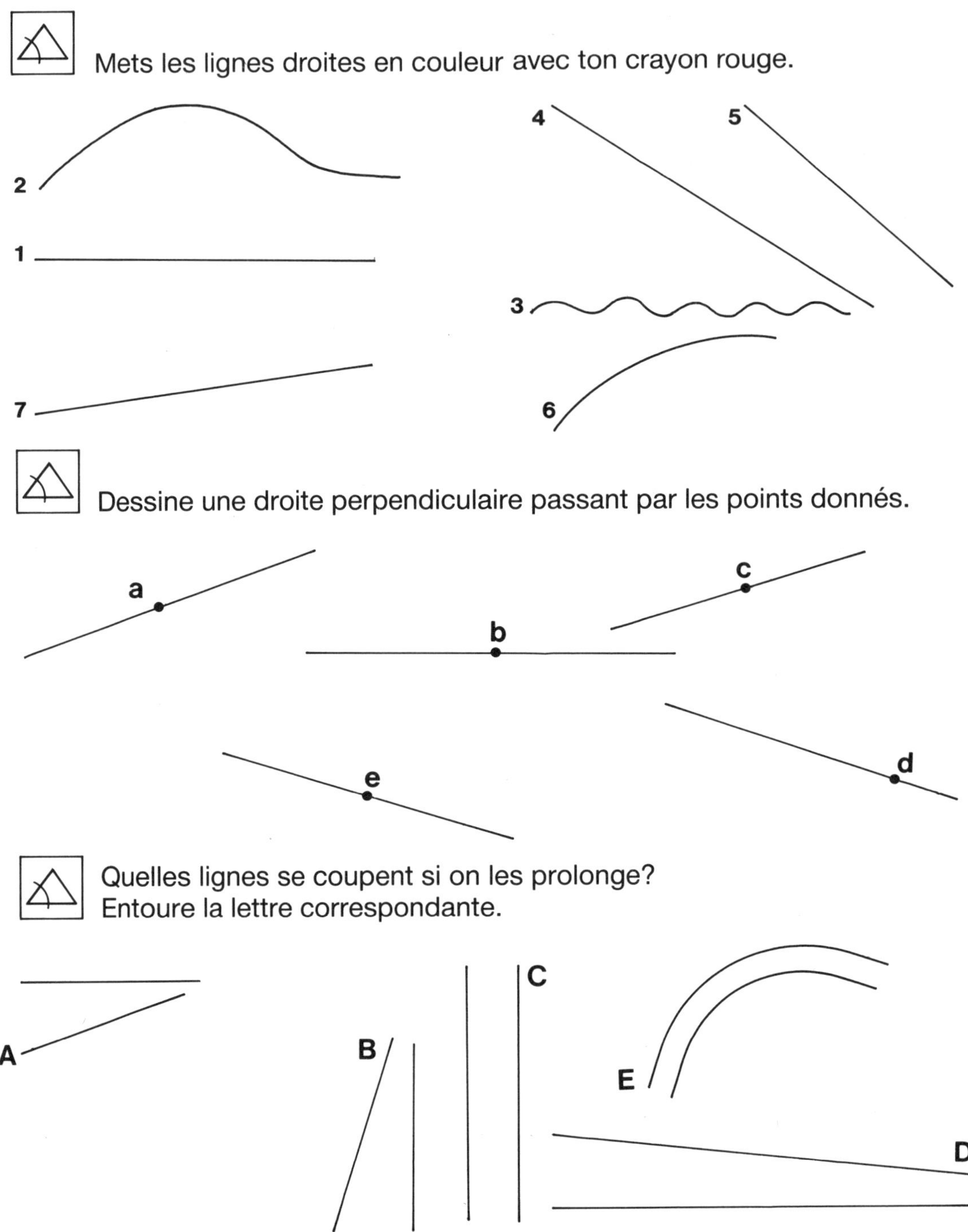

Mets les lignes droites en couleur avec ton crayon rouge.

Dessine une droite perpendiculaire passant par les points donnés.

Quelles lignes se coupent si on les prolonge?
Entoure la lettre correspondante.

Objectif: différencier les droites.

Les balles

Compose des phrases avec les mots de chaque balle. Ecris-les au bas de la page, puis remets-les dans l'ordre pour faire une histoire.

....

....

....

....

....

....

Objectif: construire des phrases à partir de mots donnés.

La pétanque

Jean, Yannick et Vincent jouent à la pétanque. Leur nom est inscrit sur la balle et le cochonnet se trouve au milieu. Qui gagne?

Chacun lance deux balles par partie. Mesure qui se trouve le plus près du cochonnet. Le premier reçoit 3 points, le deuxième reçoit 2 points, le troisième 1 point.

Inscris les points sur le tableau.

Le grand vainqueur est ....

	Partie 1	Partie 2	Partie 3
Jean			
Yannick			
Vincent			

Partie 1

Jean: .... cm.

Yannick: .... cm

Vincent: .... cm

Partie 2

Jean: .... cm

Yannick: .... cm

Vincent: .... cm

Partie 3

Jean: .... cm

Yannick: .... cm

Vincent: .... cm

Objectif: mesurer et établir des relations.

Les quatre saisons

Ecris les saisons et les mots à côté des bons dessins.

neige	champignons	nager	glands
vendanges	sapin de Noël	soleil	crèche
vacances	bourgeons	mai	œufs de Pâques
châtaignes	fleurir	maillot de bain	patiner

Quelle est ta saison préférée?
Peux-tu expliquer pourquoi?

Objectif: classer des mots et apprendre à défendre son avis.

Jouons aux dés

$+ -$ $: \times$ Tu peux jouer avec tes amis. Lance un dé pour avancer. Il faut que tu effectues chaque opération. Si tu es sur un dessin, passe ton tour.

début 1	8×3 2	$(6 \times 5) : 2$ 3	4×5 4	
	$(6 : 3) \times 9$ 9	Retourne à la case départ. 8	$(7 \times 8) : 4$ 7	6×2 6
$72 - 56$ 11	Avance de deux cases. 12	$(48 - 20) : 7$ 13	$(97 - 37) - 48$ 14	
	$84 : 7$ 19	Recule de trois cases. 18	$(8 - 3) \times 4$ 17	$(2 \times 4) \times 3$ 16
$(27 + 8) - 20$ 21	Rejoue. 22	$(6 \times 4) + 1$ 23	Recule de trois cases. 24	fin

Objectif: s'entraîner aux quatre opérations fondamentales.

Expliquer les mots

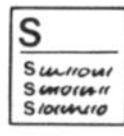

Relie les mots à leur explication puis au dessin.

saxophone.	morceau de bois courbe qui revient vers toi lorsque tu l'as lancé.
boomerang.	ensemble de questions auxquelles il faut répondre.
ordinateur.	belle fleur de nos jardins dont la tige est couverte d'épines.
chandelier.	paraît chaque jour et contient des nouvelles du monde entier.
rose.	appareil destiné à mesurer la température.
journal.	machine avec un cerveau électronique qui aide à résoudre des problèmes difficiles.
architecte.	personne qui dessine les plans de maisons ou d'autres bâtiments.
formulaire.	bougeoir pour plusieurs bougies.
thermomètre.	instrument de musique à vent.

Objectif: enrichir le vocabulaire.

Les moulins à vent

Divise le nombre au centre du moulin par les nombres indiqués en dessous. Place les réponses sur les ailes du moulin.

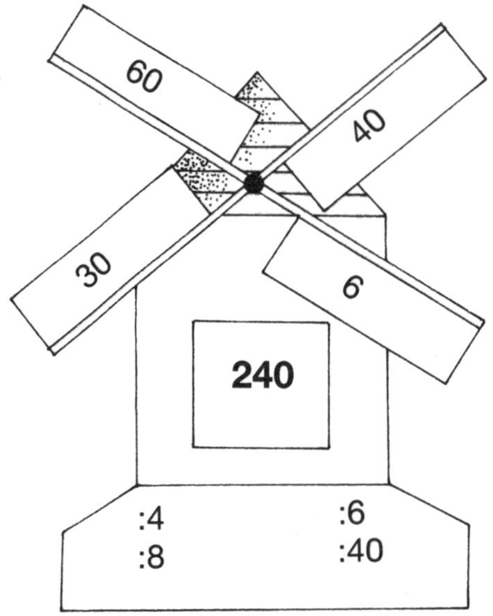

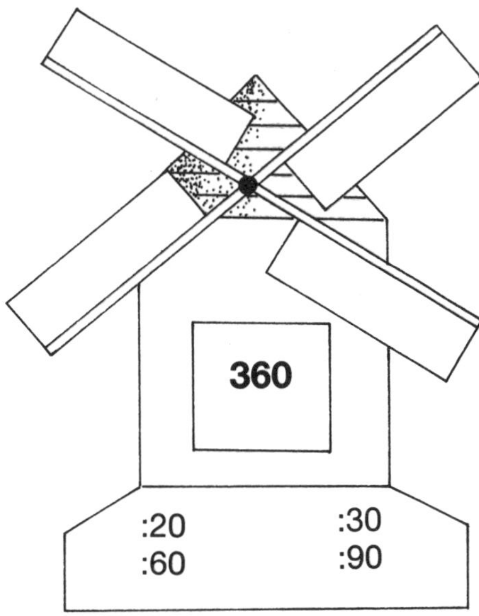

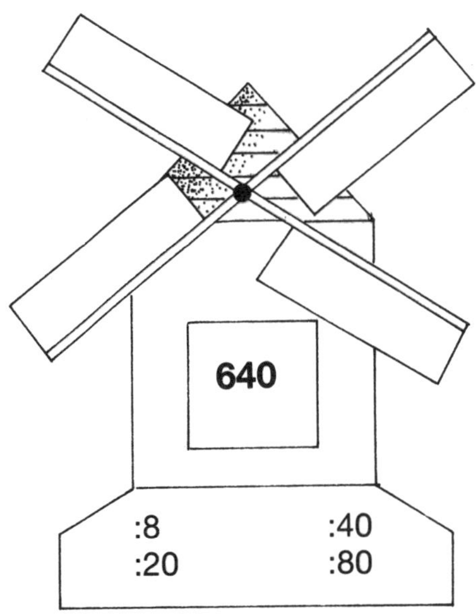

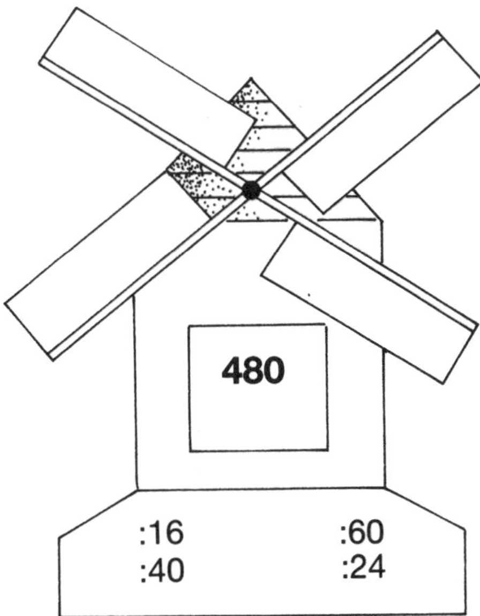

Objectif: travailler les divisions.

Les mots croisés

Essaye de résoudre ces mots croisés.

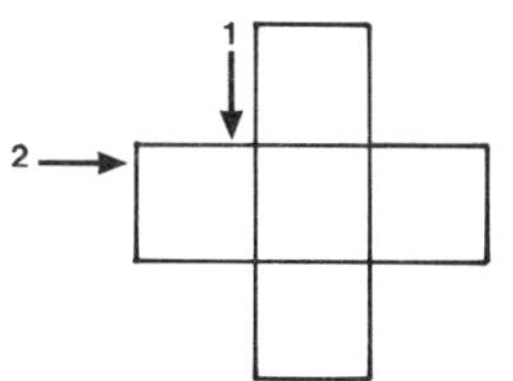

1. on y dort,
2. entre neuf et onze.

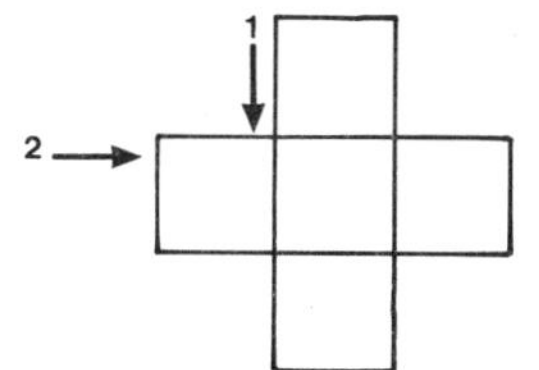

1. ce n'est pas haut,
2. entre avril et juin.

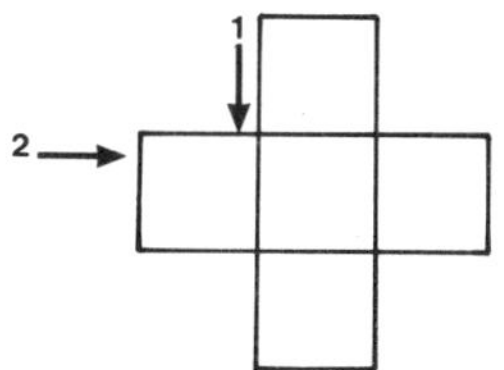

1. ce n'est pas tard,
2. le contraire de oui.

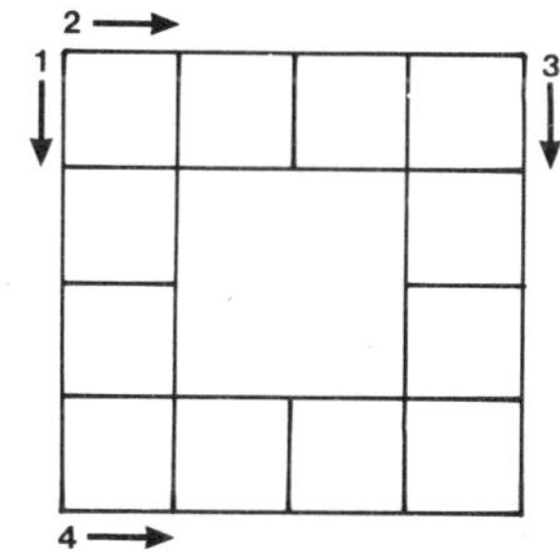

1. le roi des animaux,
2. le contraire de court,
3. il protège la main,
4. le contraire de jour.

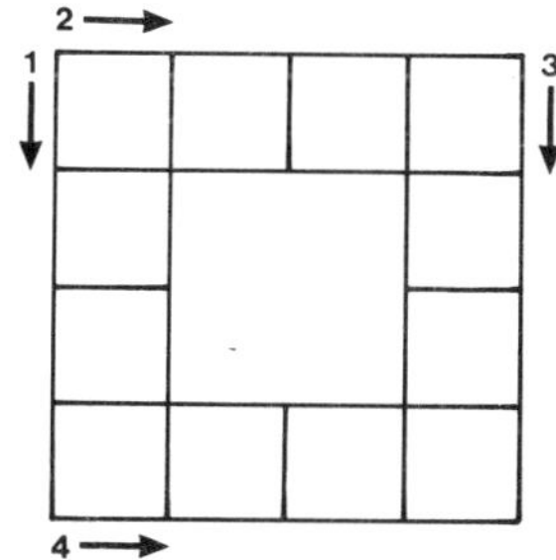

1. on y trouve des arbres,
2. le mâle de la chèvre,
3. on y enferme les oiseaux,
4. le contraire de propre.

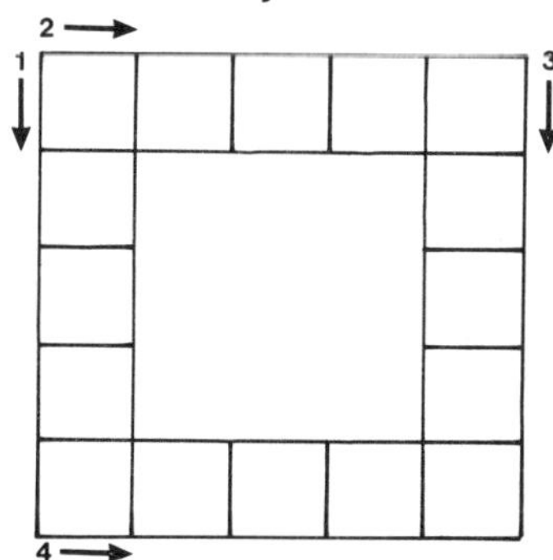

1. moyen de transport,
2. après deux,
3. cet animal aime les bananes,
4. la maison du chien.

1. le contraire de chaud,
2. la rose par exemple,
3. la femme du roi,
4. ce que fait le danseur.

Objectif: exercice de vocabulaire.

Vive la neige!

Additionne tous les chiffres et tu découvriras la valeur du bonhomme de neige complet.

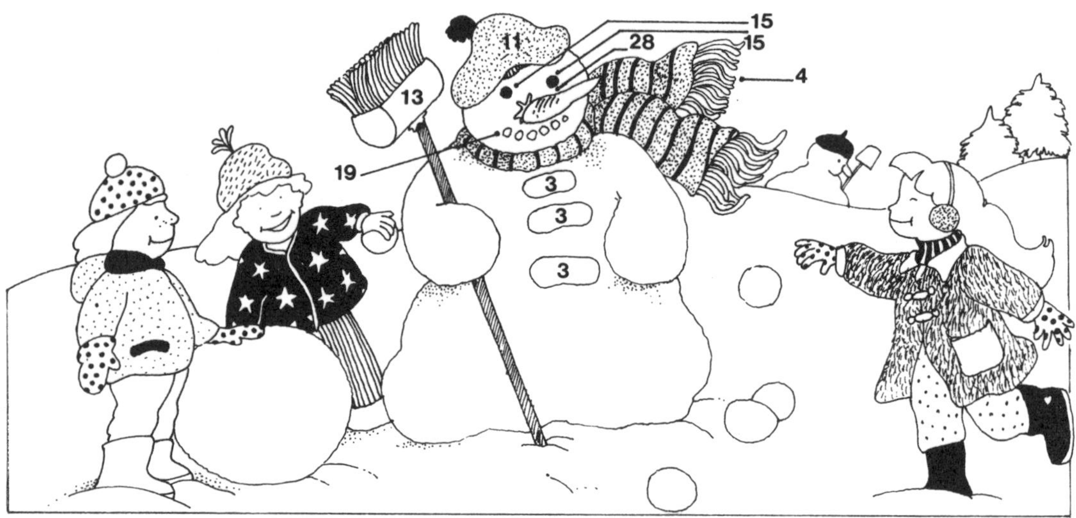

Suivant le modèle, calcule la valeur de ses collègues. Sers-toi du grand bonhomme pour tes opérations.

Objectif: additionner et soustraire sans problèmes.

Jouons avec les voyelles

Ecris les voyelles pour compléter les mots. Pour t'aider, le dessin te montre le genre de mots que tu dois trouver.

METIERS	LEGUMES	INSTRUMENTS
m.....d.....c.....n	ch..... .....-fl..... .....r	g..... .....t.....r.....
b..... .....l.....ng.....r	.....p.....n.....rds	tr.....mp.....tt.....
d.....nt.....st.....	h.....r.....c.....ts	v..... .....l.....n
m.....n..... .....s..... .....r	c.....r.....tt.....	p..... .....n.....
ch..... .....ff..... .....r	s.....l.....d.....	t.....mb..... .....r
ph.....rm.....c..... .....n	c.....nc.....mbr.....	s.....x.....ph.....n.....
.....nst.....t.....t..... .....r	p.....mm.....d.....t.....rr.....	h.....rp.....

VETEMENTS	SPORTS	MOYENS DE TRANSPORT
p.....nt.....l.....n	f..... .....tb.....ll	.....v..... .....n
b.....nn.....t	n.....t.....t..... .....n	tr..... .....n
ch.....m.....s.....	t.....nn.....s	c.....m..... .....n
ch..... .....ss.....tt.....	p.....ng-p.....ng	v..... .....t.....r.....
j.....p.....	j.....d.....	b.....t..... ....
.....ch.....rp.....	g.....mn.....st.....q.....	b.....c.....cl.....tt.....
.....mp.....rm..... .....bl.....	m.....t.....-cr.....ss	....t.....b.....s

Objectif: découvrir des mots en rapport avec des thèmes donnés.

Le football

Lis attentivement les indications ci-dessous.

Laurent, Frédéric et Arnaud désirent tirer des penalties, mais aucun des trois ne veut être gardien de but. Ils trouvent une solution originale. Une corde divise le goal en 9 parties qui ont chacune une valeur précise. En complétant le tableau, tu découvriras qui a le mieux joué:

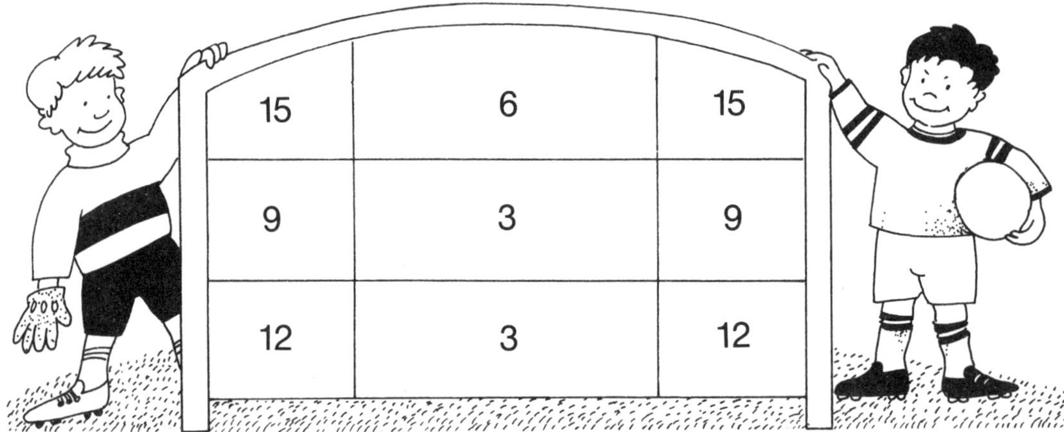

Laurent		Frédéric		Arnaud	
en bas à gauche	12	en haut à droite		sur le poteau	
en haut au milieu		au milieu à droite		à côté du but	
en bas à gauche		à côté du but		en haut à gauche	
à côté du but		au centre		en bas à droite	
total		total		total	

Qui a gagné? ....

Objectif: exercice de compréhension analytique et de calcul.

Les commerces

En dessous du nom du commerce, écris le nom du commerçant et de la commerçante. Tu peux aussi dessiner ce que l'on trouve chez eux.

épicerie	boucherie	librairie	café
....	....	....	....
....	....	....	....
charcuterie	**boulangerie**	**horlogerie**	**mercerie**
....	....	....	....
....	....	....	....
banque	**crémerie**	**pâtisserie**	**salon de coiffure**
....	....	....	....
....	....	....	....
pharmacie	**restaurant**	**confiserie**	**parfumerie**
....	....	....	....
....	....	....	....

Objectif: exercice de vocabulaire et de détermination du féminin d'un nom.

Je sais lire l'heure

123 Les aiguilles ont disparu, dessine-les sur les horloges.

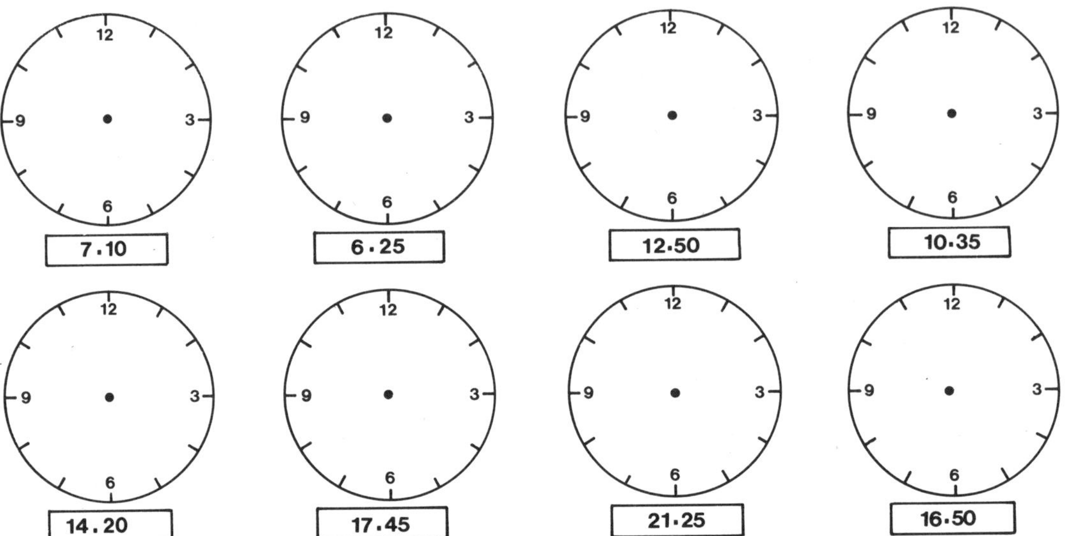

123 Quelle heure est-il? Complète les panneaux en suivant l'heure que l'horloge indique.

Objectif: lire l'heure à la minute près.

Bon appétit!

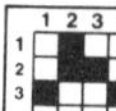

Trouve les réponses des rébus, comme dans l'exemple. Il s'agit chaque fois de bonnes choses à manger.

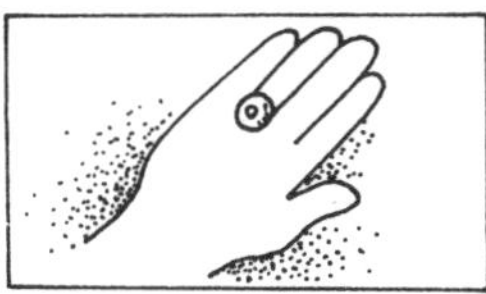

main
m = p

.... main → m = p → pain

Voici d'autres rébus!

noir
r = x

....

laid
i = r

....

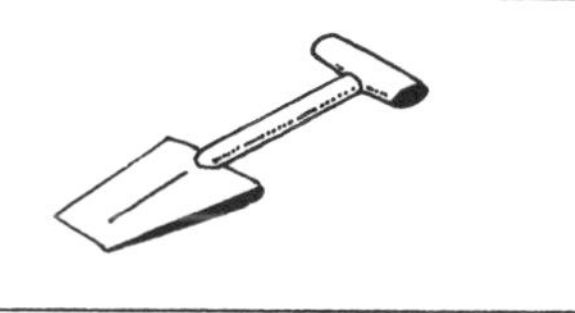

bêche
b = p

....

malade
m = s

....

cou
c = ch

....

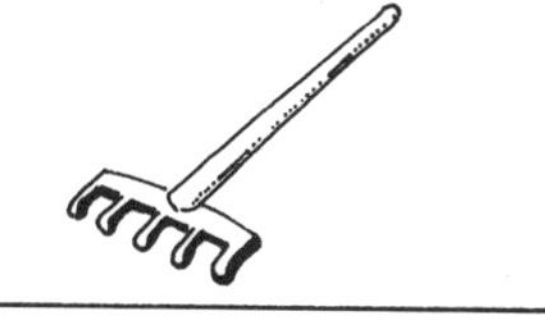

râteau
r = g

....

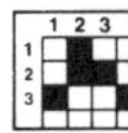

Fais un rébus toi-même, comme dans l'exemple.

....
moule

....
lac

....
pois

Objectif: résoudre des jeux de mots pour mieux maîtriser le langage.

Les Jeux Olympiques

+ − : × Sois bien attentif en lisant ce texte. Indique à côté des dessins qui utilise chaque véhicule.

A l'occasion des Jeux Olympiques, ton pays envoie 145 athlètes. Ils voyagent en avion. Les journalistes partent en bus. Chacun des 2 bus peut transporter 56 personnes. Les directeurs sportifs roulent en voiture. 5 voitures de 4 places chacune sont à leur disposition. Les 480 supporters arrivent en train. Le chef du gouvernement et son épouse prennent l'hélicoptère.

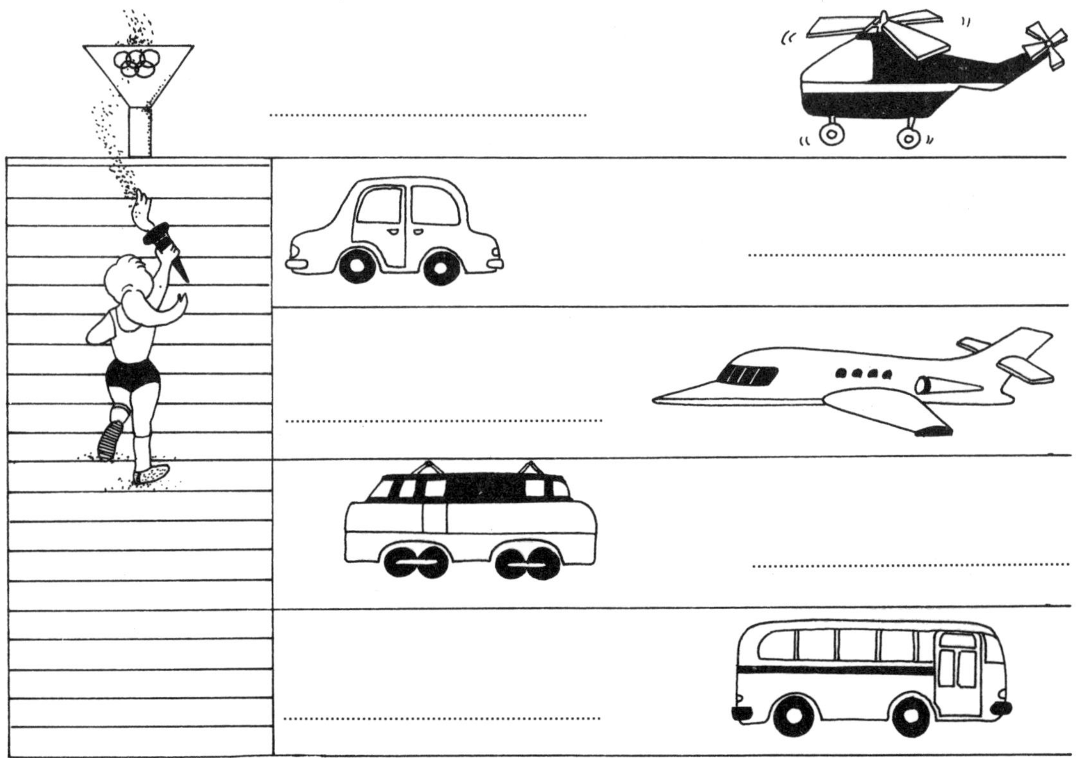

? Peux-tu répondre à ces questions?

Au total, combien de personnes de ton pays vont aux Jeux Olympiques? ....

Combien ont voyagé par la route? ....

Quel est le groupe qui arrive en plus grand nombre? ....

Objectif: apprendre à résoudre des problèmes.

Ecris une histoire

Ecris ce qui se passe sous chaque dessin. Les quatre dessins forment une histoire.

....

....

....

....

....

....

....

....

....

....

Objectif: apprendre à expliquer des événements par écrit.

Les fractions

123 Entraîne-toi aux fractions! Quelles fractions correspondent aux parties noircies?

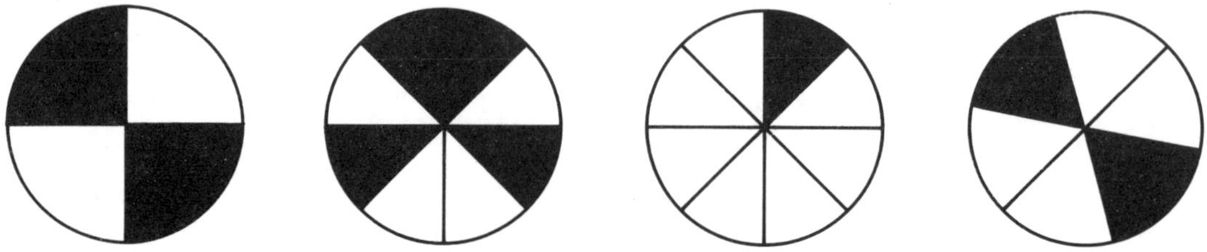

$\frac{\quad}{4}$ $\frac{\quad}{8}$ $\frac{\quad}{8}$ $\frac{\quad}{6}$

$\frac{\quad}{16}$ $\frac{\quad}{4}$ $\frac{\quad}{4}$ $\frac{\quad}{8}$

$\frac{\quad}{12}$ $\frac{\quad}{3}$ $\frac{\quad}{4}$ $\frac{\quad}{6}$

123 Colorie les bonnes portions sur les surfaces ci-dessous.

$\frac{3}{4}$

$\frac{5}{9}$

$\frac{3}{16}$

$\frac{2}{6}$

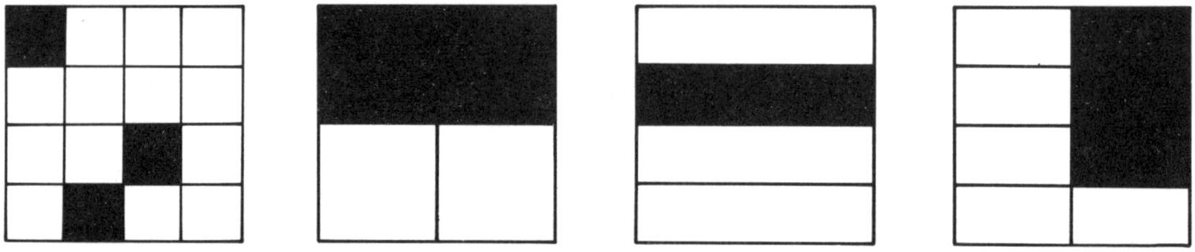

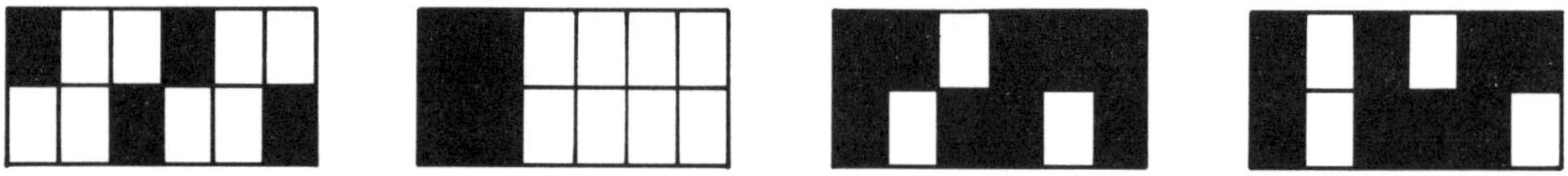

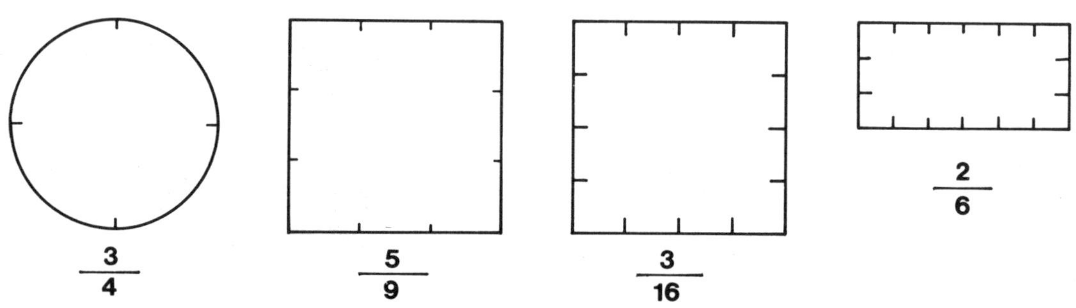

Objectif: s’exercer aux fractions.

En voyage!

Ecris une histoire en utilisant les mots du cadre.

train – wagon – quai – embrasser – gare – papa – cadeau – retour

....

....

....

....

....

....

....

....

....

....

....

....

....

Ecris le titre de ton histoire: ....

....

Attention!
Tous les mots sont-ils bien écrits?
As-tu employé la bonne ponctuation?
Certains mots ne sont-ils pas superflus?
L'histoire a-t-elle un sens?
Certains mots n'apparaissent-ils pas trop souvent?
Peux-tu les remplacer?

Objectif: apprendre à écrire une histoire.

Le slalom

En suivant le slalom de tous les skieurs, effectue les opérations mentionnées.

Commence tes calculs d'après le numéro de dossard de chaque skieur et le nombre mentionné sur chaque porte. A l'arrivée, écris les scores finaux ci-dessous. Virginie a le dossard (5, +), Pierre (37, –), Carole (4, +), Laurence (8,+) et Constance (31,+)

Exemple: Virginie a le dossard 5, + :

5 + 2 + 8 + 5 + 1 + 4 + 6 + 7 + 3 = 41

Qui est le vainqueur? ....

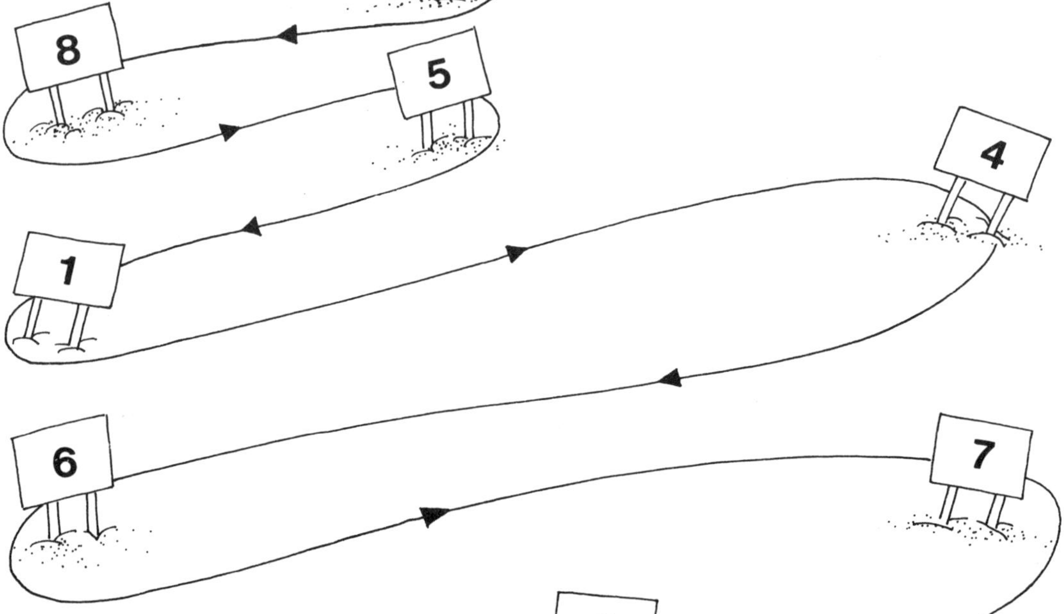

Virginie (5) (+) ....

Pierre (37) (–) ....

Carole (4) (+) ....

Laurence (8) (+) ....

Constance (31) (+) ....

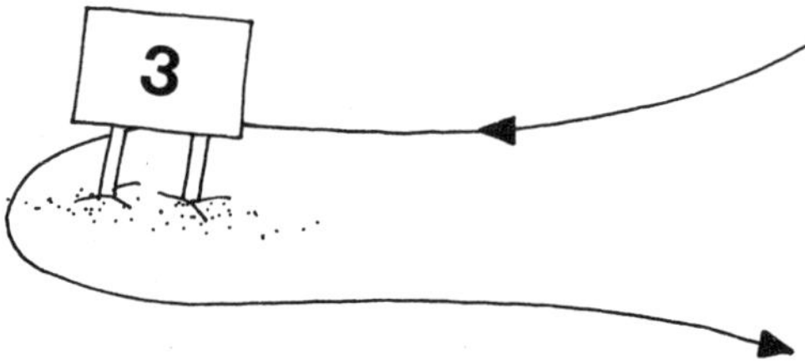

Objectif: travailler les additions et les soustractions.

Sujets et verbes

Relie les sujets et les verbes qui vont ensemble. Ecris de nouvelles phrases plus longues à partir de ces petites phrases.

Ils •
Votre sœur •
Elle •
Les tigres •
Maud et Julie •
Mélanie •
Tu •
Le dompteur •
Les fleurs •
Alain et François •
L'épicière •
Il •
Elles •

• se sont balancés
• es allé danser
• sont arrivées
• est parti
• est revenue

....

....

....

....

....

....

....

....

....

....

....

....

....

Objectif: apprendre à accorder des sujets aux verbes.

Monsieur météo

Tu es Monsieur Météo et tu dois reproduire la température des pays sur cette grille en coloriant chaque bande.

France	■	■	■	■								
Italie												
U.S.A.												
Zaïre												
U.R.S.S.												
Chine												
Maroc												
Espagne												

0° 5° 10° 15° 20° 25° 30° 35° 40° 45° 50° 55°

Objectif: représenter graphiquement des données de température.

Présent, imparfait ou futur simple

Conjugue les verbes au présent, à l'imparfait ou au futur simple d'après le sens de la phrase.

Dimanche prochain, je (travailler) .... dans le jardin.

Quand tu (être) .... grand, tu (devenir) .... instituteur.

Maintenant, je (se cacher) .... derrière la porte.

Tu te laves et tu (se brosser) .... les cheveux.

Dans la rue, nous (devoir) .... faire attention aux voitures.

Les chênes (être) .... des arbres magnifiques.

Hier soir, vous (danser) .... tous dans la salle à manger.

Je dormais profondément car j'(avoir) .... sommeil.

L'hiver prochain, je (faire) .... un beau bonhomme de neige.

Tout à coup, il (entendre) .... un bruit.

Pour ton prochain anniversaire, tu (recevoir) .... un cadeau.

Tout à l'heure, vous (partir) .... en vacances.

Lorsque nous avions faim, nous (manger) .... des biscuits.

Je me demande si Cédric (prendre) .... le train ou l'avion.

Mardi passé, Eric (ranger) .... sa chambre.

Objectif: conjuguer des verbes au présent, à l'imparfait et au futur simple.

Une histoire de pattes

Regarde les dessins. Indique le nombre de pattes de chaque animal et réponds aux différentes questions.

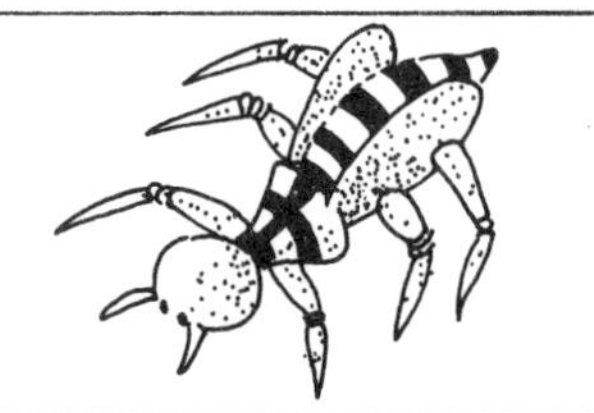

.... pattes .... pattes .... pattes

5 souris = ... 7 araignées = ... 4 guêpes = ...

.... pattes .... pattes .... pattes

9 crocodiles = ... 8 oiseaux = ... 10 écureuils = ...

.... pattes .... pattes .... pattes

3 chats = ... 6 renards = ... 7 cigognes = ...

10 souris et 4 chats = $(10 \times 4) + (4 \times 4) = 40 + 16 = 56$

5 guêpes et 4 oiseaux = ...

3 renards et 5 araignées = ...

4 cigognes et 5 écureuils = ...

Objectif: maîtriser les tables de multiplication.

Voyager!

Réponds aux questions suivantes.

La bicyclette est un moyen de transport connu.
En connais-tu d'autres? Si oui, écris-les ci-dessous.

Quel moyen de transport utilises-tu pour venir à l'école?

Ecris le chemin que tu suis pour aller à l'école:

Selon toi, quel est le moyen de transport le plus pratique?

Pourquoi?

Ecris une aventure qui t'est déjà arrivée sur le chemin de l'école.

Objectif: rédiger des réponses complètes à des questions.

Les sports et les nombres

123 Regarde l'exemple et décompose les nombres de la même façon.

Objectif: établir la différence entre les centaines, les dizaines et les unités.

Les animaux et les plantes

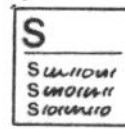

Regarde bien les mots qui sont déjà écrits dans le tableau.
Peux-tu écrire les autres mots à la bonne place?

mammifères – poissons – poisson rouge – serpent – merle – animaux – oiseaux migrateurs – reptiles – cigogne – vache – hirondelle – oiseaux – moineau – oiseaux non-migrateurs

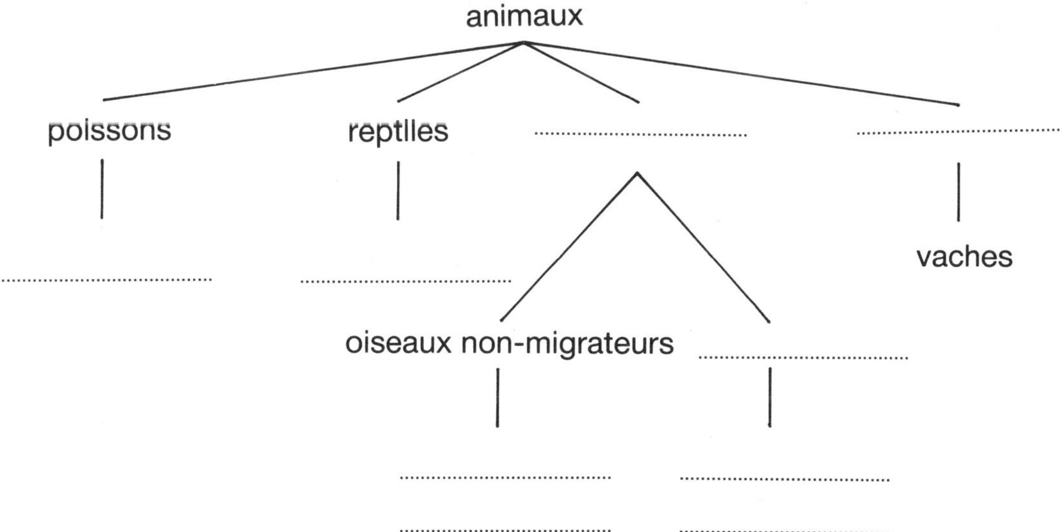

Ecris les noms des fruits à la bonne place.

châtaigne – ananas – abricot – pomme – cerise – orange – poire – citron – groseille – banane – raisins.

fruits de chez nous ....

....

fruits des pays chauds ....

Objectif: apprendre à classer des mots.

Des barres de chocolat

? Anne, Marie, Lucie et Jean jouent au monopoly en payant avec du chocolat. Lis bien le texte et complète le tableau.

Une petite barre comprend 3 morceaux de chocolat, une grande barre 8 morceaux et une tablette 16 morceaux. En bas de page on a indiqué combien chacun doit payer. Combien de barres ou de tablettes vont-ils utiliser et combien de morceaux vont-ils recevoir en retour. Trace des croix dans les bonnes cases. (On signale à gauche du tableau ce que chacun possède).

Anne
1 grande barre
5 petites barres

Marie
2 grandes barres
9 petites barres

Lucie
3 tablettes
1 petite barre

Jean
5 tablettes
2 petites barres

grande barre	petite barre	tablette	reste
×	××××		××

Anne:
10 morceaux
Marie:
24 morceaux
Lucie:
33 morceaux
Jean:
22 morceaux

Objectif: répartir des sommes.

Les adjectifs

Complète les phrases par un des adjectifs et accorde-le. Tu peux employer plusieurs fois le même adjectif.

principal	gros
paresseux	mignon
beau	délicieux
dernier	vert
final	admiratif
nouveau	jaune

La .... tante Hilda ne passe plus par la porte.

"Comme nous sommes ....", disent-ils en se regardant dans le miroir.

Attention à la ponctuation! N'oubliez surtout pas les points ....

La balle .... rebondit sur le gazon ....

Cette tarte aux fraises est vraiment ....

Ces filles .... n'aiment pas beaucoup travailler.

Les .... vélos arrivés ont perdu la course.

Les .... tasses ne sont pas encore ébréchées.

"Comme tu as bien travaillé!", dit maman, ...

Je trouve que ma nouvelle poupée est vraiment très ....

Les routes .... se rejoignent au centre du village.

J'ai reçu de .... bracelets multicolores à l'occasion de mon anniversaire.

Maintenant, c'est vraiment l'hiver. Les .... feuilles sont tombées des arbres.

Les canaris .... sifflent dans leur cage.

Objectif: revoir la règle de l'accord de l'adjectif.

<, > ou =

123 Résous toutes les opérations puis choisis le bon signe.

38 + 9	☐	29 – 3	9 × 3	☐	54 : 2
13 + 8	☐	6 × 7	33 : 3	☐	4 : 2
38 : 2	☐	60 : 3	53 – 10	☐	25 × 4
54 – 5	☐	70 – 11	10 × 10	☐	9 : 3
2 × 9	☐	6 × 3	30 – 6	☐	38 : 2
3 × 20	☐	44 – 6	84 – 8	☐	32 : 2
30 – 4	☐	53 – 8	28 × 3	☐	5 × 13
45 + 3	☐	54 – 5	4 – 2	☐	2 × 1
63 – 7	☐	72 + 9	10 + 12	☐	60 – 6
21 – 11	☐	3 + 7	74 – 62	☐	28 : 4
29 + 9	☐	24 – 8	58 – 43	☐	3 – 2
25 + 9	☐	4 × 9	19 – 7	☐	9 × 20

Objectif: calculer et utiliser les signes <, > et =.

Petits problèmes d'orthographe

Complète les phrases avec le bon mot.

Ce ou se

Cédric .... demande .... qu'il va faire demain.

.... bel arbre est planté dans le jardin.

Samantha .... couche dans son lit et .... met à dormir.

.... vieux monsieur .... promène dans la forêt avec son chien.

Laissez .... chat tranquille! Il aime .... rouler en boule dans son panier.

Son ou sont

Qu'est-ce que c'est? Ce .... des bonbons.

Marie a perdu .... portefeuille. Elle a demandé à .... amie de l'aider à le retrouver.

Où .... passés David et Anne? Ils se ....cachés derrière la maison.

Le chien et .... petit chiot .... dans leur niche.

Tout ou tous

.... les enfants vont à l'école.

C'est l'automne, les arbres sont .... rouges.

"Que fais-tu?" demande Julien .... étonné. J'ai .... mangé.

Le garde-forestier surveille .... les animaux de la forêt.

Ce chemin est .... mouillé parce qu'il a plu.

Objectif: utiliser ce ou se, son ou sont, tout et tous à bon escient.

La fête

Florence et Lucette se rendent à une grande fête.
Compte combien a coûté ce cadeau.

Pas de fête sans une grande tarte. Effectue les opérations et relie-les à la réponse correcte dans la tarte.

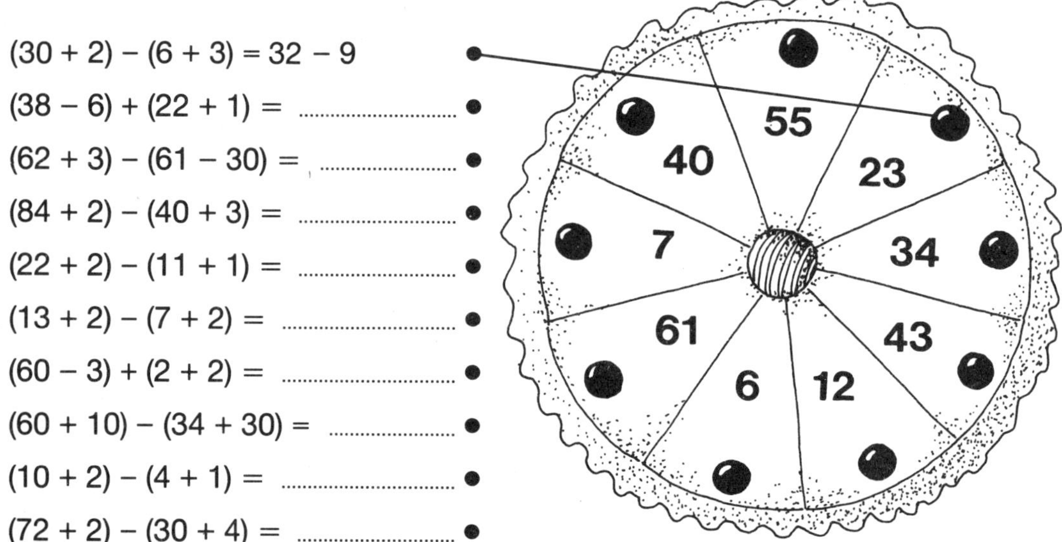

(30 + 2) – (6 + 3) = 32 – 9

(38 – 6) + (22 + 1) = ...

(62 + 3) – (61 – 30) = ...

(84 + 2) – (40 + 3) = ...

(22 + 2) – (11 + 1) = ...

(13 + 2) – (7 + 2) = ...

(60 – 3) + (2 + 2) = ...

(60 + 10) – (34 + 30) = ...

(10 + 2) – (4 + 1) = ...

(72 + 2) – (30 + 4) = ...

Objectif: calculer sans difficultés.

Le corps humain

Voici un squelette. Ecris les mots de la colonne ci-dessous .

cerveau
pied
cou
genou
hanche
omoplate
coude
cheville
main
poignet

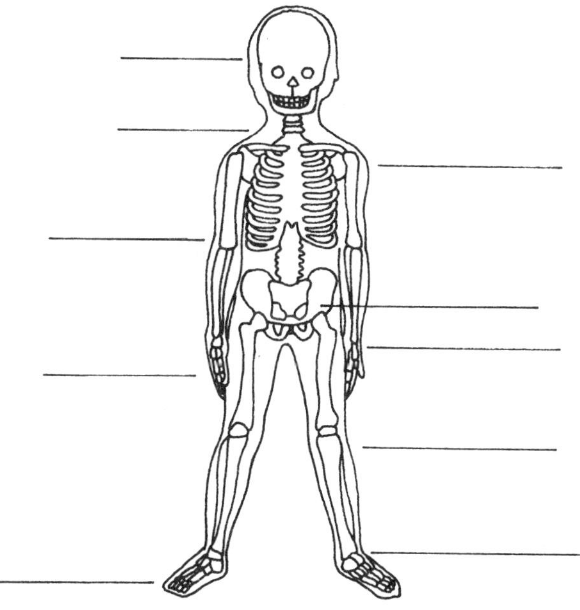

Complète les phrases suivantes.

Je sens avec mon ....

Je regarde avec mes ....

Je goûte avec ma ....

J’écoute avec mes ....

Je mors avec mes ....

Je marche avec mes ....

Je prends avec mes ....

Je respire avec mes ....

Remets les mots par ordre alphabétique.

mémoire – cerveau – estomac – virus – sourcil – tibia

....

intestin – sang – cil – muscle – cœur – os – orteil

....

Objectif: maîtriser le vocabulaire en rapport avec le corps humain.

La belle princesse

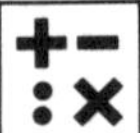

Fais les calculs demandés et colorie selon les réponses obtenues.
(30 = en vert, 96 = en jaune, 12 = en bleu, 60 = en brun, 84 = en rouge).

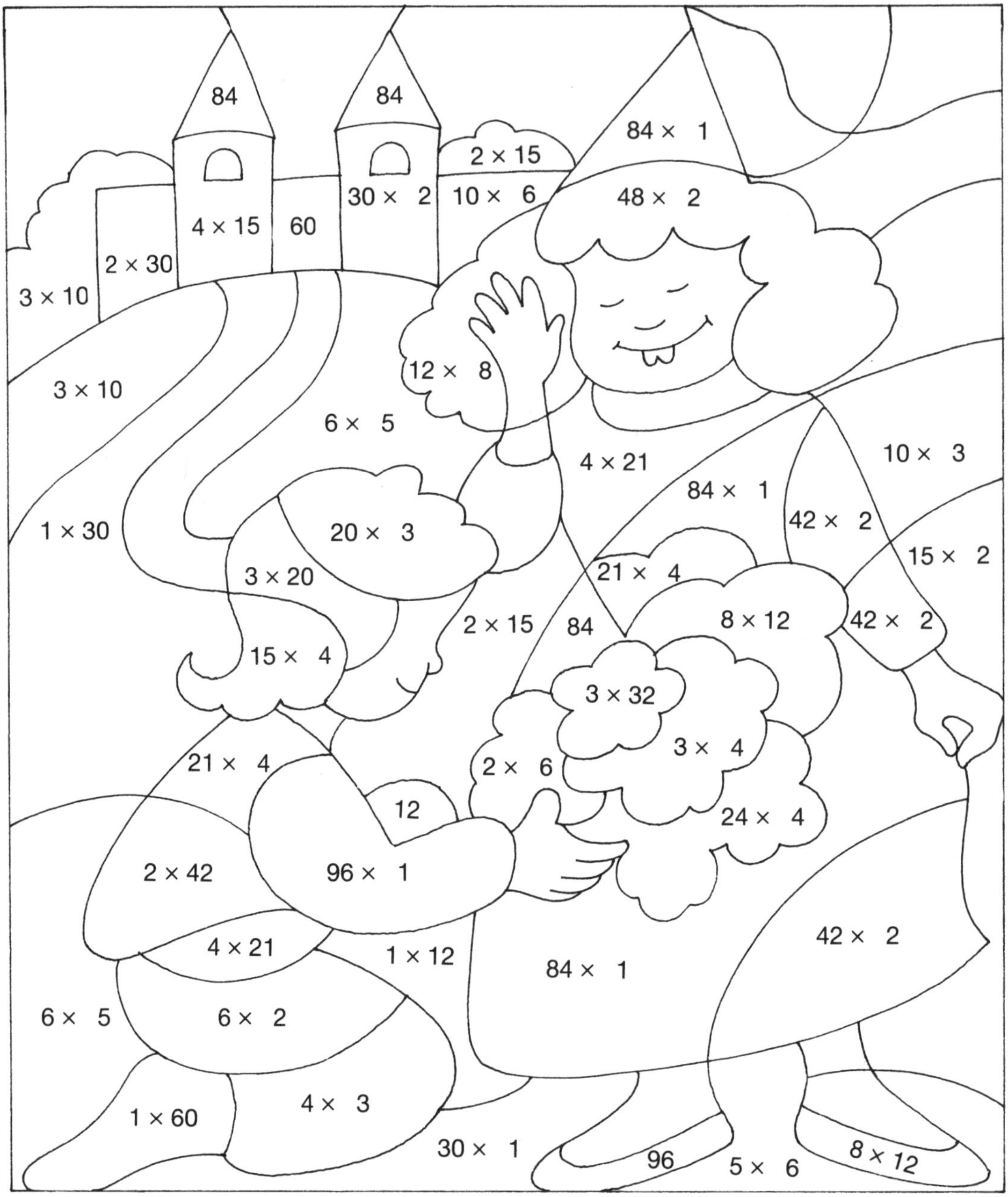

84
84
84 × 1
2 × 15
30 × 2
10 × 6
48 × 2
4 × 15
60
2 × 30
3 × 10
12 × 8
3 × 10
6 × 5
4 × 21
10 × 3
84 × 1
42 × 2
1 × 30
20 × 3
15 × 2
21 × 4
3 × 20
8 × 12
42 × 2
2 × 15
84
15 × 4
3 × 32
3 × 4
21 × 4
2 × 6
12
24 × 4
2 × 42
96 × 1
42 × 2
4 × 21
1 × 12
84 × 1
6 × 5
6 × 2
4 × 3
1 × 60
30 × 1
96
5 × 6
8 × 12

Objectif: maîtriser les tables de multiplication.

Deux histoires!

Colorie de manière identique les phrases qui appartiennent à la même histoire.

Dehors, il y a de l'orage.	Le feu passe à l'orange.
Des éclairs traversent le ciel.	Papa freine.
La voiture s'arrête.	"Quel temps" pense Alain.
"Plus tard, je conduirai" dit Alain.	Un craquement sinistre retentit.
Une branche tombe sur le poulailler.	"Où iras-tu?" demande papa.
Les poules commencent à caqueter.	"En Allemagne, en Italie et en Suisse.
Mais je n'ai pas encore mon permis."	Alain va vite voir dehors.
"Ça viendra" dit papa.	Il retire la branche.
Les poules sont contentes.	"Tu l'auras à 18 ans."
Alain rentre à la maison.	"18 ans!" soupire Alain.
"Un peu de patience" dit papa.	Ses vêtements sont tout mouillés.

Trouve un titre pour chaque histoire et écris-le ci-dessous.

Titre de la première histoire: ....

Titre de la deuxième histoire: ....

Objectif: construire des histoires à partir de phrases.

Le tir à l'arc

+ − : ×

Compte le résultat de chaque joueur et note-le sous chaque cible.

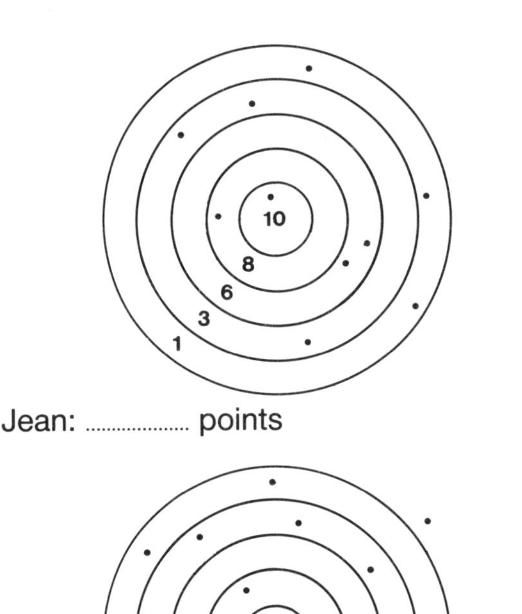

Jean: .... points

Marc: ....points

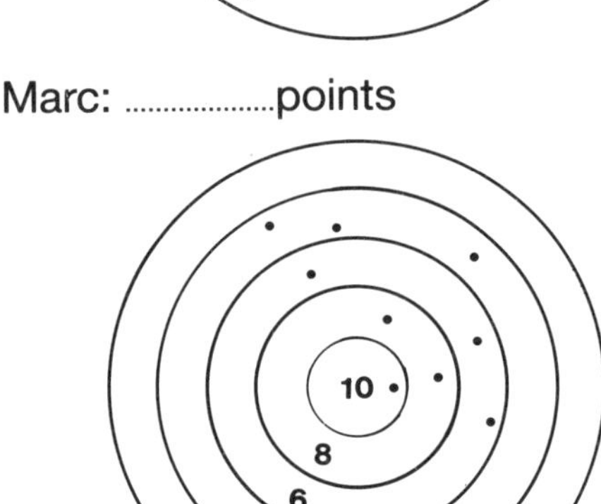

Pierre: .... points

Luc: .... points

classement

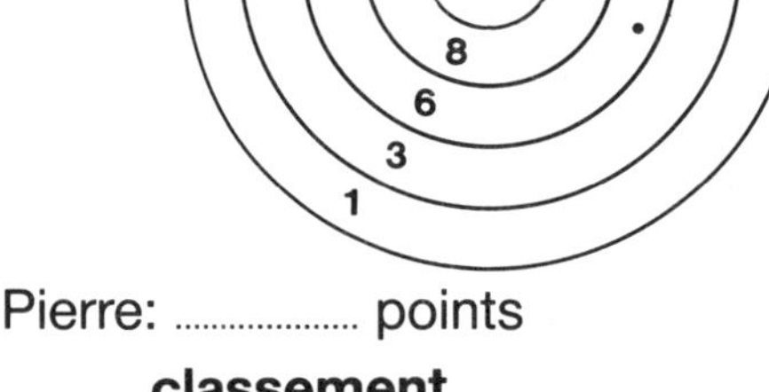

1	
2	
3	
4	
5	

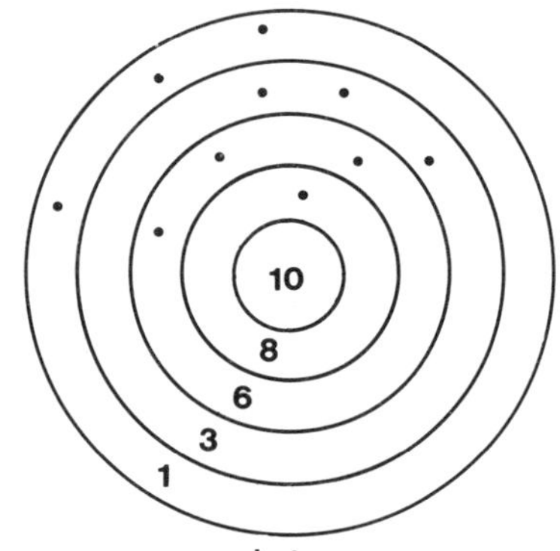

Paul: .... points

Objectif: s'entraîner à l'addition.

Les surfaces qui tournent

Ces formes tournent sur elles-mêmes et dans les deux sens.
Achève leur dessin en imitant l'exemple.

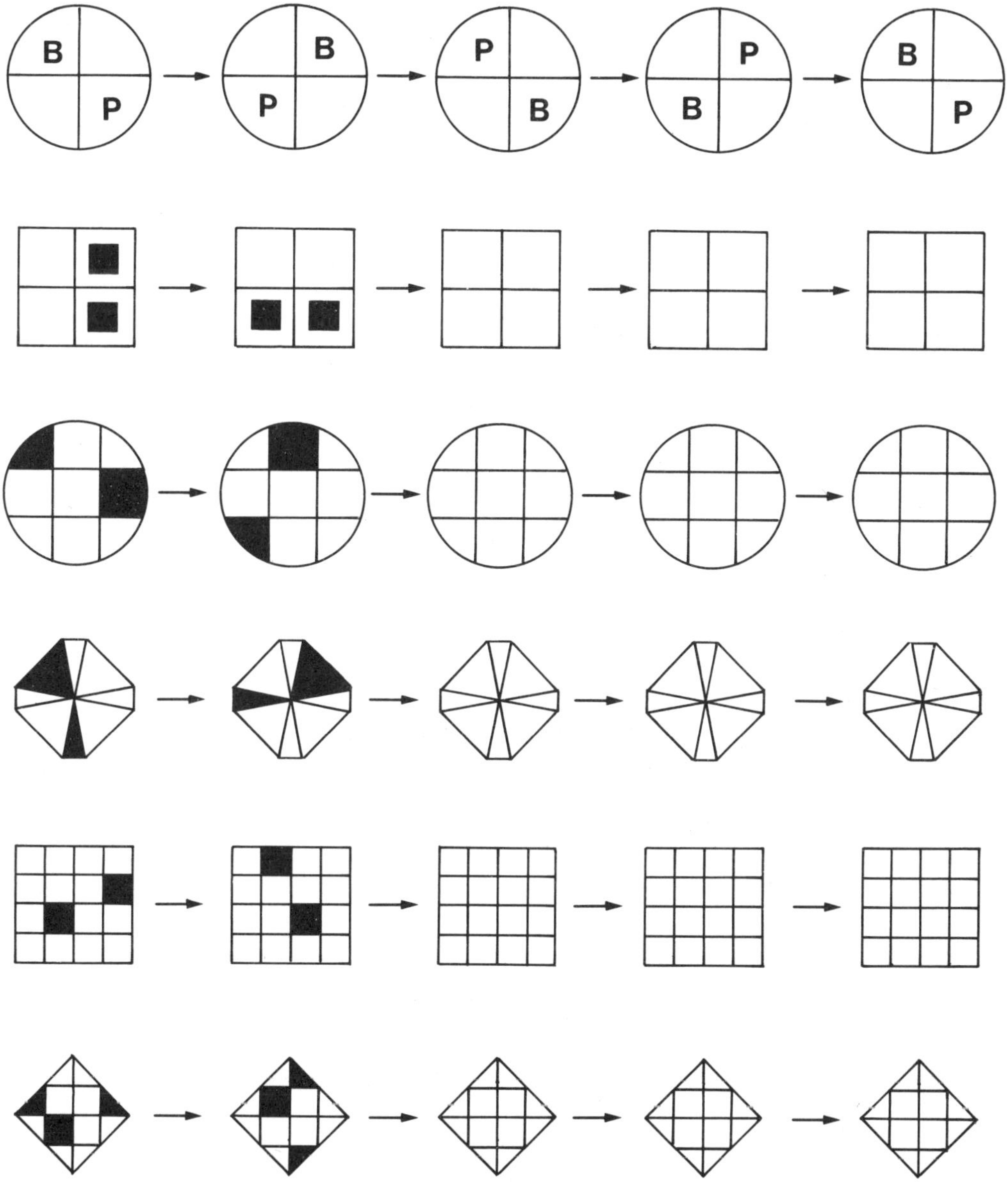

B P → B P → P B → P B → B P

Objectif: raisonner logiquement.

Le dessin mystérieux

Relie les mots par ordre alphabétique pour suivre la piste du patineur.

album • nuage •

niche • • table • tasse

facile • alphabet

sûre •

moto • ogre •

savon •  • oblique

terrain •

fil •

lumière •

fusée • • bon

salon •

escargot • • te

parc •

zigzag • ombre

domino

lac •

• ici

quatre• zéro• violon

• île • vache

échelle• • kayak

• yaourt • judo • buvard

Les échelles de mots

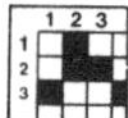

Complète les échelles en suivant bien les instructions, comme dans l'exemple.

Ecris un mot sur chaque échelon. Chaque mot de la première échelle doit commencer par la dernière lettre du mot précédent. Sur la deuxième échelle, écris les mots au pluriel et sur la dernière, écris un adjectif qui va avec le mot.

NOM	NOM PLURIEL	ADJECTIF
....	....	....
....	....	....
....	....	....
....	....	....
....	....	....
....	....	....
....	....	....
....	....	....
tableau	....	....
lacet	lacets	long
soleil	soleils	brillant

Objectif: jouer avec les mots pour mieux maîtriser le langage.

Le bassin de natation

? Tu es capable de compléter les pointillés du texte.

Lucie, Florence, Géraldine et Evelyne vont participer à quatre compétitions de natation: le 200 m, le 400 m, le 600 m et le 800 m. Chaque amie aura nagé en tout .... m, c'est-à-dire .... km.

Ensemble, elles auront nagé .... km.

Demain, ce sera la course relais, le 400 m et le 800 m. Chacune nagera .... m dans le 400 mètres et .... m dans le 800 mètres. Elles se remplacent l'une l'autre pendant la course et parcourent la même distance. A la fin de la journée, elles auront nagé chacune .... m. Quelle est la distance totale de ces deux courses? .... m.

Combien de longueurs nagent-elles en bassin de 50 m pour une course de

200 m: .... longueurs	600 m: .... longueurs
400 m: .... longueurs (ensemble)	400 m: .... longueurs chacune
800 m: .... longueurs (ensemble)	800 m: .... longueurs chacune

La compétition a commencé. Quand Florence se trouve au bout du bassin après une longueur, elle a une avance de 10 m sur Lucie. Lucie nage 15 m devant Géraldine, mais Evelyne a 30 m d'avance sur Géraldine.
Evelyne est en avance de .... m sur Florence et de .... m sur Lucie.

Objectif: résoudre des problèmes de distance.